Edition KWV

Die „Edition KWV" beinhaltet hochwertige Werke aus dem Bereich der Wirtschaftswissenschaften. Alle Werke in der Reihe erschienen ursprünglich im Kölner Wissenschaftsverlag, dessen Programm Springer Gabler 2018 übernommen hat.

Weitere Bände in der Reihe http://www.springer.com/series/16033

Svenja Knöpfler

Soziales Kapital in interorganisationalen Projekten

Eine empirische Studie des interorganisationalen Wissenserwerbs im deutschen Maschinen- und Anlagenbau

Svenja Knöpfler
Wiesbaden, Deutschland

Bis 2018 erschien der Titel im Kölner Wissenschaftsverlag, Köln
Dissertation Universität zu Köln, 2008

Edition KWV
ISBN 978-3-658-24660-0   ISBN 978-3-658-24661-7   (eBook)
https://doi.org/10.1007/978-3-658-24661-7

Die Deutsche Nationalbibliothek verzeichnet diese Publikation in der Deutschen Nationalbibliografie; detaillierte bibliografische Daten sind im Internet über http://dnb.d-nb.de abrufbar.

Springer Gabler
© Springer Fachmedien Wiesbaden GmbH, ein Teil von Springer Nature 2009, Nachdruck 2019
Ursprünglich erschienen bei Kölner Wissenschaftsverlag, Köln, 2009
Das Werk einschließlich aller seiner Teile ist urheberrechtlich geschützt. Jede Verwertung, die nicht ausdrücklich vom Urheberrechtsgesetz zugelassen ist, bedarf der vorherigen Zustimmung des Verlags. Das gilt insbesondere für Vervielfältigungen, Bearbeitungen, Übersetzungen, Mikroverfilmungen und die Einspeicherung und Verarbeitung in elektronischen Systemen.
Die Wiedergabe von allgemein beschreibenden Bezeichnungen, Marken, Unternehmensnamen etc. in diesem Werk bedeutet nicht, dass diese frei durch jedermann benutzt werden dürfen. Die Berechtigung zur Benutzung unterliegt, auch ohne gesonderten Hinweis hierzu, den Regeln des Markenrechts. Die Rechte des jeweiligen Zeicheninhabers sind zu beachten.
Der Verlag, die Autoren und die Herausgeber gehen davon aus, dass die Angaben und Informationen in diesem Werk zum Zeitpunkt der Veröffentlichung vollständig und korrekt sind. Weder der Verlag, noch die Autoren oder die Herausgeber übernehmen, ausdrücklich oder implizit, Gewähr für den Inhalt des Werkes, etwaige Fehler oder Äußerungen. Der Verlag bleibt im Hinblick auf geografische Zuordnungen und Gebietsbezeichnungen in veröffentlichten Karten und Institutionsadressen neutral.

Springer Gabler ist ein Imprint der eingetragenen Gesellschaft Springer Fachmedien Wiesbaden GmbH und ist ein Teil von Springer Nature
Die Anschrift der Gesellschaft ist: Abraham-Lincoln-Str. 46, 65189 Wiesbaden, Germany

Meinen Eltern
und meiner Großmutter

Geleitwort

Viele Unternehmen sind bestrebt, durch Lernen und Innovation ihre Wettbewerbsfähigkeit zu stärken. Als eine besonders reichhaltige Quelle für neues Wissen und darauf aufbauende Innovationen gelten in Forschung wie Praxis Projekte mit anderen Unternehmen. Denn solche interorganisationalen Projekte bringen in der Regel hoch spezialisierte Unternehmen zusammen, die jeweils unterschiedliche Beiträge zur gemeinsamen Wertschöpfung leisten, so dass die Partner in diesen Projekten Kenntnisse und Fähigkeiten für sich erlangen können, über die sie selbst jeweils nicht verfügen.

Die Dissertationsschrift von Svenja Knöpfler widmet sich der bedeutenden, jedoch in der Forschung bislang noch kaum untersuchten Frage, wie die besondere Gestaltung der sozialen Beziehungen unter den Projektpartnern - deren soziales Kapital - ihre Fähigkeit beeinflusst, Wissen ihrer Projektpartner zu erlangen, das ihnen hilft, neue Produkte zu entwickeln, neue Märkte zu erschließen, ihr Projektmanagement zu verbessern und Prozessinnovationen zu generieren. Svenja Knöpfler leitet aus einer gelungenen Verbindung der Literaturen zu Projekten, organisationalem Lernen und sozialem Kapital Hypothesen ab, die erklären helfen, welche Bedingungen den interorganisationalen Wissenserwerb befördern. Sie überprüft diese Hypothesen dann auf Basis einer exzellent durchgeführten empirischen Untersuchung von 218 interorganisationalen Projekten im deutschen Maschinen- und Anlagenbau, die sich anspruchsvoller Analysemethoden bedient.

Die Dissertationsschrift erweitert die Forschung um innovative Befunde. Sie präsentiert u.a. theoretische und empirische Evidenz dafür, dass die Stärke der Beziehungen unter den Projektmitgliedern, die Ähnlichkeit ihrer Denkmuster und die Heterogenität und Innovativität der Partner den interorganisationalen Wissenserwerb befördern. Die Arbeit zeigt überdies auf, dass soziales Kapital entgegen weiten Teilen der Literatur zumindest im vorliegenden Untersuchungskontext nicht nur positive Wirkungen auf den Wissenserwerb hat. Ein überraschendes und daher auch ausführlich diskutiertes weiteres Ergebnis ist, dass die verschiedenen Indikatoren sozialen Kapitals nicht in einheitlicher Weise auf den Erwerb unterschiedlicher Wissensarten wirken. Insgesamt zeigt die Dissertationsschrift von Svenja Knöpfler auf, dass die Forschung zum Wissenserwerb in interorganisationalen Projekten ein differenzierteres Bild davon entwickeln muss, wie die Projektpartner das Lernpotenzial realisieren können, welches ihnen interorganisationale Projekte eröffnen.

Köln, im Dezember 2008
Prof. Dr. Mark Ebers

Vorwort

Seit Beginn meines Studiums haben mich die unterschiedlichsten Formen der Kooperation zwischen Unternehmen fasziniert. Dadurch motiviert beschäftigte ich mich in meiner Dissertation mit der interorganisationalen Zusammenarbeit auf Projektbasis. Von besonderem Interesse war dabei für mich der soziale Faktor, genauer die Zusammenarbeit von Beschäftigten unterschiedlicher Unternehmen.

Während der Entstehung der Dissertation begleiteten viele Menschen meinen Weg und unterstützten mich. Einige möchte ich daher an dieser Stelle persönlich herausstellen:

Meinem Doktorvater, Herrn Prof. Dr. Mark Ebers, gilt besonderer Dank. Durch seine kritisch-konstruktive Art beeinflusste er meine Entwicklungsschritte maßgeblich. Dadurch lernte ich eigene Wege zu gehen – sowohl in der Forschung als auch in meinen Tätigkeiten am Seminar für ABWL, Unternehmensentwicklung und Organisation.

Mein herzlicher Dank gilt Herrn Prof. Dr. Erich Frese für das Koreferat sowie Herrn Prof. Dr. Dirk Sliwka, für die Übernahme des Prüfungsvorsitzes. Bedanken möchte ich mich weiterhin bei Herrn Prof. Dr. Ludwig Kuntz, der sich kurzfristig bereit erklärte, der Disputation als Prüfer beizuwohnen.

Danken möchte ich weiterhin meinen Kollegen, Stephanie Auer-Neuberg, Vera Bartsch, Michael Beier, Daniela Berndt, Dr. Andreas Böhringer, Ilka Bukowsky, PD Dr. Matthias Graumann, Dr. Indre Maurer, Maren Schlömer und Thorsten Semrau. Die Zusammenarbeit mit ihnen werde ich in guter Erinnerung halten. Dankbar bin ich weiterhin den aktuellen sowie den ehemaligen studentischen Hilfskräften. Ein herzliches Dankeschön auch an Frau Margareta Pyka-Krönes sowie Frau Elke Nassr, die zu einer freundlichen und kollegialen Atmosphäre beigetragen haben.

Besonders hervorheben möchte ich aus dem Kollegenkreis Vera Bartsch und Dr. Indre Maurer, mit denen ich in unserem gemeinsamen Forschungsprojekt vor allem in der Anfangszeit der Dissertation sehr eng zusammenarbeitete. Für diese Zeit möchte ich mich herzlich bedanken. Vor allem, weil neben dem notwendigem Ernst und der Professionalität der Spaß und die Freude an der Arbeit nicht zu kurz kamen. Es war schön, diese Schritte gemeinsam zu gehen.

Ohne die tatkräftige und großzügige Unterstützung von Vertretern des deutschen Maschinen- und Anlagenbaus wäre die empirische Studie, die der Arbeit zugrunde liegt, nicht möglich gewesen. Dafür möchte ich allen 218 Projektleitern danken, die sich neben dem Projektgeschäft die Zeit genommen haben, den umfangreichen Fragebogen auszufüllen. Besonders bedanken möchte ich mich für die zahlreichen spannenden Gespräche und die interessanten Einblicke in die Branche. Nicht nur das fachliche Know-how und die Führungsqualitäten sondern vor allem die Menschlichkeit der Gesprächspartner beeindruckten und prägten mich maßgebend. Namentlich herausstellen möchte ich hier Markus Bodenmeier, Dr. Wilfried Kopp, Heinz-Wilhelm Loeven, Dr. Ralf Sick-Sonntag, Jürgen Walcher, Andre Wefers, Hille Wefers, Manfred Wefers, Axel Wippermann und Christoph Wirtz, die sich in vielen persönlichen Gesprächen Zeit für das Forschungsprojekt genommen haben. Ich war beeindruckt davon, mit welcher Selbstverständlichkeit sie ihr Netzwerk an Kontakten in ihrem eigenen oder auch in weiteren Unternehmen mit mir teilten.

Freundschaftliche Unterstützung erhielt ich von einigen lieben Menschen. Danken möchte ich hier insbesondere Dr. Sten Frenzel, Anne Schröter sowie Thorsten Semrau, die mich mit wertvoller inhaltlicher Kritik und seelischer Unterstützung begleitet haben. Allen anderen Freunden, die in den letzten Jahren mein Leben bereicherten, möchte ich ebenso danken.

Die wichtigsten Personen möchte ich zum Schluss nennen: Meine Eltern, Birgit und Peter Knöpfler sowie meine Großmutter Lisa Schneider. Sie unterstützen mich nun schon über viele Jahre hinweg bei all meinen Vorhaben großzügig und liebevoll – nicht zuletzt bei diesem Promotionsprojekt. Dafür bin ich sehr dankbar und widme ihnen diese Arbeit.

Köln, im Dezember 2008
Svenja Knöpfler

Inhaltsverzeichnis

Abbildungsverzeichnis XV
Tabellenverzeichnis XVI
Anhangsverzeichnis XVII
Abkürzungsverzeichnis XVIII

1 Einleitung 1
   1.1 Problemstellung und Ableitung der Forschungsfragen 1
   1.2 Aufbau der Arbeit 4
2 Interorganisationale Projekte 7
   2.1 Definition und Charakteristika von interorganisationalen Projekten 7
   2.2 Einordnung von interorganisationalen Projekten in die Literatur 11
      2.2.1 Einordnung in die Literatur zu Projekten 11
      2.2.2 Einordnung in die Literatur zur interorganisationalen Zusammenarbeit 17
   2.3 Zusammenfassende Einordnung in den aufgezeigten Literaturkontext 24
3 Interorganisationaler Wissenserwerb 27
   3.1 Definition des interorganisationalen Wissenserwerbs 27
   3.2 Inhalte des interorganisational zu erwerbenden Wissens 32
   3.3 Relevanz des interorganisationalen Wissenserwerbs im Rahmen des organisationalen Lernens 34
      3.3.1 Interorganisationaler Wissenserwerb als erste Stufe organisationalen Lernens 35
      3.3.2 Literatur zu organisationalem Lernen 37
   3.4 Einflussgrößen auf einen interorganisationalen Wissenserwerb 40
      3.4.1 Überblick über mögliche Einflussgrößen auf einen interorganisationalen Wissenserwerb 40
      3.4.2 Einflussgrößen auf einen interorganisationalen Wissenserwerb 41
         3.4.2.1 Eigenschaften des Senders 41
         3.4.2.2 Eigenschaften des Empfängers 43
         3.4.2.3 Eigenschaften des Wissens 45
         3.4.2.4 Eigenschaften des Transferkanals 47

4 Wissenserwerb durch soziales Kapital in interorganisationalen Projekten 51

4.1 Definition und Rahmenkonzept von sozialem Kapital 51
4.1.1 Soziales Kapital allgemein und in interorganisationalen Projekten 51
    4.1.1.1 Definition von sozialem Kapital 51
    4.1.1.2 Ursprünge der Literatur des sozialen Kapitals 52
    4.1.1.3 Dimensionen des sozialen Kapitals 54
4.1.2 Betrachtungsebenen des sozialen Kapitals 55
4.1.3 Soziales Kapital in interorganisationalen Projekten 59

4.2 Konzeptioneller Rahmen für die Hypothesenbildung 62

4.3 Hypothesenbildung 67
4.3.1 Übersicht über die Hypothesen 67
4.3.2 Strukturelle Dimension 69
    4.3.2.1 Beschreibung der strukturellen Dimension 69
    4.3.2.2 Heterogenität der Partner und interorganisationaler Wissenserwerb 71
    4.3.2.3 Anzahl an Verbindungen und interorganisationaler Wissenserwerb 73
    4.3.2.4 Interaktionseffekte der Innovativität der Partner mit der Heterogenität der Partner und der Anzahl an Verbindungen 75
4.3.3 Relationale Dimension 77
    4.3.3.1 Beschreibung der relationalen Dimension 77
    4.3.3.2 Stärke der Beziehung und interorganisationaler Wissenserwerb ... 78
    4.3.3.3 Vertrauen und interorganisationaler Wissenserwerb 80
4.3.4 Kognitive Dimension 83
    4.3.4.1 Beschreibung der kognitiven Dimension 83
    4.3.4.2 Ähnliche Denkmuster und interorganisationaler Wissenserwerb .. 83
    4.3.4.3 Gemeinsame Ziele und interorganisationaler Wissenserwerb 85
4.3.5 Wirkungen der Variablen des sozialen Kapitals untereinander 87
    4.3.5.1 Anzahl an Verbindungen und Heterogenität der Partner 87
    4.3.5.2 Anzahl an Verbindungen und Stärke der Beziehung 88
    4.3.5.3 Heterogenität der Partner und ähnliche Denkmuster 89
    4.3.5.4 Stärke der Beziehung und Vertrauen 90
    4.3.5.5 Stärke der Beziehung und ähnliche Denkmuster 91
    4.3.5.6 Ähnliche Denkmuster und gemeinsame Ziele 92
    4.3.5.7 Gemeinsame Ziele und Stärke der Beziehung 92
    4.3.5.8 Gemeinsame Ziele und Vertrauen 93

5 Empirische Untersuchung 95
5.1 Stichprobe und Abbildung der Branche 95
5.1.1 Der deutsche Maschinen- und Anlagenbau 95
5.1.1.1 Branchenbeschreibung 95
5.1.1.2 Organisation des deutschen Maschinen- und Anlagenbaus 96
5.1.1.3 Eignung der Branche für die empirische Studie 98
5.1.1.4 Beispielprojekte 101
5.1.2 Ablauf der Datenerhebung 102
5.1.3 Zusammensetzung der Stichprobe 107
5.2 Operationalisierung der theoretischen Konstrukte 111
5.2.1 Operationalisierung der unabhängigen und abhängigen Variablen 111
5.2.1.1 Messtheoretische Grundlagen 111
5.2.1.2 Faktorenanalysen zur Überprüfung der theoretisch aufgestellten Zusammengehörigkeit der Variablen 113
5.2.1.3 Überprüfung der Reliabilität und Validität 119
5.2.2 Operationalisierung der Kontrollvariablen 128
5.2.2.1 Kontrollvariablen für theoretisch begründete Einflussfaktoren auf den interorganisationalen Wissenserwerb 128
5.2.2.2 Allgemeine Kontrollvariablen 132

6 Auswertung und Darstellung der Ergebnisse der empirischen Untersuchung 137
6.1 Statistische Auswertung des Modells 137
6.1.1 Auswahl der Analysemethode 137
6.1.2 Vorgehen bei der statistischen Auswertung 138
6.1.3 Ergebnismodell mit Gütekriterien 139
6.2 Übersicht über bestätigte und nicht bestätigte Hypothesen 142
6.3 Diskussion der Ergebnisse 144
6.3.1 Abhängige Variable: Interorganisationaler Wissenserwerb 145
6.3.1.1 Wissenserwerb Märkte und Produkte 145
6.3.1.2 Wissenserwerb interne Prozesse und Projektmanagement 151
6.3.1.3 Zusammenfassende Einordnung der abhängigen Variablen in das Konzept von Exploration und Exploitation 156
6.3.2 Unabhängige Variablen: Soziales Kapital 159
6.3.2.1 Erklärungskonzept Explorations- und Exploitations-Wissen 159
6.3.2.2 Stärke der Beziehung und Wissenserwerb Märkte und Produkte 162
6.3.2.3 Vertrauen und Wissenserwerb interne Prozesse und Projektmanagement 164

6.3.3 Zusammenfassende Betrachtung der abhängigen und unabhängigen Variablen 170
6.3.4 Wirkungen der Variablen des sozialen Kapitals untereinander 171

7 Schlussbetrachtung 175
7.1 Zusammenfassung der Ergebnisse 175
7.2 Kritische Würdigung und Implikationen für die weitere Forschung. 178

Literaturverzeichnis 205

Abbildungsverzeichnis

Abbildung 1: Gesamtzusammenhang der Arbeit 4
Abbildung 2: Exemplarische Darstellung eines interorganisationalen Projektes 10
Abbildung 3: Klassifizierung von Projekten nach Anzahl der betrachteten Projekte und Organisationen 12
Abbildung 4: Klassifizierung von strategischen Allianzen nach der Bindungsintensität 21
Abbildung 5: Elemente des interorganisationalen Wissenserwerbs 32
Abbildung 6: Interorganisationaler Wissenserwerb als erste Stufe organisationalen Lernens 36
Abbildung 7: Einflussgrößen auf den interorganisationalen Wissenserwerb 41
Abbildung 8: Referenzgruppen des sozialen Kapitals 56
Abbildung 9: Betrachtungsebenen von sozialem Kapital 57
Abbildung 10: Soziales Kapital in interorganisationalen Projekten 60
Abbildung 11: Soziales Kapitals, interorganisationales Projekt und der interorganisationalen Wissenserwerb 64
Abbildung 12: Vergleich strukturelle versus relationale und kognitive Dimension des sozialen Kapitals 65
Abbildung 13: OMA-Modell: Argumentationsgerüst für die Hypothesen 66
Abbildung 14: Übersicht über die Hypothesen 68
Abbildung 15: Ergebnismodell mit unabhängigen, abhängigen und Kontrollvariablen 139
Abbildung 16: Wirkungszusammenhänge Vertrauen, Existenz eines Vertrages und Wissenserwerb interne Prozesse, Projektmanagement 166

Tabellenverzeichnis

Tabelle 1:	Klassifizierung des deutschen Maschinen- und Anlagenbaus nach NACE-Codes	97
Tabelle 2:	Abbildung der Branche in der Stichprobe nach NACE-Codes	108
Tabelle 3:	Ergebnisse der explorativen Hauptkomponentenanalysen	115
Tabelle 4:	Ergebnisse der konfirmatorischen Faktorenanalyse: Wirkungen der Indikatoren auf die jeweiligen Variablen	117
Tabelle 5:	Gütekriterien der konfirmatorischen Faktorenanalyse	118
Tabelle 6:	Cronbachs-Alpha-Werte der abhängigen und unabhängigen Variablen	120
Tabelle 7:	Korrelationstabelle der abhängigen Variablen	122
Tabelle 8:	Trennschärfetest Stärke der Beziehung und Indikator 6	124
Tabelle 9:	Trennschärfetest Stärke der Beziehung und Indikator 2a	125
Tabelle 10:	Korrelationstabelle für die unabhängigen Variablen	126
Tabelle 11:	Trennschärfetest Wissenserwerb Märkte und Produkte und Indikator 8b	127
Tabelle 12:	Gütekriterien für das Ergebnismodell	140
Tabelle 13:	Übersicht über die bestätigten und nicht bestätigten Hypothesen	143

Anhangsverzeichnis

Anhang 1:	Übersicht über die Indikatoren der unabhängigen und abhängigen Variablen	183
Anhang 2:	Experteninterviews im Ablauf der Datenerhebung	185
Anhang 3:	Techniken für die Motivierung zur Beteiligung an der Befragung	187
Anhang 4:	Informationsblatt für das Forschungsprojekt	189
Anhang 5:	Erläuterungen der Gütemaße der explorativen Faktorenanalyse	191
Anhang 6:	Statistische Bedeutung der Gütekriterien in Strukturgleichungsmodellen	192
Anhang 7:	Explorative Faktorenanalyse der strukturelle Dimension nach Eliminierung des Indikators 2a	193
Anhang 8:	Indikatoren der Kontrollvariablen für die theoretisch begründeten Einflussfaktoren auf den interorganisationalen Wissenserwerb	194
Anhang 9:	Indikatoren der allgemeinen Kontrollvariablen	197
Anhang 10:	Teilmodell mit verringerter Anzahl an Kontrollvariablen	200
Anhang 11:	T-Test: Wissenserwerb Märkte und Produkte mit Wissenserwerb interne Prozesse und Projektmanagement	201
Anhang 12:	Zusätzliche Kontrollvariable für die Diskussion: Existenz eines Vertrages	202
Anhang 13:	Ergebnismodell erweitert um Kontrollvariable Existenz eines Vertrages	203

Abkürzungsverzeichnis

AGFI	Adjusted-Goodness-of-Fit-Index
AMOS	Analysis of Moment Structures
ARGE	Arbeitsgemeinschaft
BIFOA	Verein zur Förderung der Betriebswirtschaftslehre an der Universität zu Köln e.V.
bzw.	beziehungsweise
ca.	circa
χ^2	Chi-Quadrat
df	Freiheitsgrade
DIN	Deutsches Institut für Normung e.V.
et al.	et alii (lateinisch für „und andere")
e.V.	eingetragener Verein
f.	folgende
ff.	fortfolgende
F&E	Forschung und Entwicklung
GbR	Gesellschaft bürgerlichen Rechts
GFI	Goodness-of-Fit-Index
IHK	Industrie und Handelskammer
IKB	Deutsche Industriebank AG
KMO-Kriterium	Kaiser-Meyer-Olkin-Kriterium
NACE	Nomenclature statistique des activités économiques dans la Communauté européenne (französisch für „Statistische Systematik der Wirtschaftszweige in der Europäischen Gemeinschaft")
PBO	projektbasierte Organisation
RMSEA	Root Mean Square Error of Approximation
S.	Seite
SOFI	Soziologisches Forschungsinstitut Göttingen
Sp.	Spalte
VDI	Verein deutscher Ingenieure e.V.
VDMA	Verband Deutscher Maschinen- und Anlagenbau e.V.
z.B.	zum Beispiel
ZEW	Zentrum für Europäische Wirtschaftsforschung

1 Einleitung

Um in wissensintensiven Branchen wettbewerbsfähig zu bleiben, müssen Organisationen kontinuierlich neues Wissen erwerben (Dougherty 1992, S. 179ff.). Neues, vor allem externes Wissen kann ein wichtiger Impuls für organisatorischen Wandel, den Innovationsprozess oder eine Verbesserung für die Organisation darstellen (Cohen/Levinthal 1990, S. 128f.; Inkpen/Tsang 2005, S. 146).

Gerade die Zusammenarbeit in einem interorganisationalen Projekt bietet die Chance, Wissen von Partnerorganisationen zu erwerben. Die unterschiedlichsten Autoren nennen die interorganisationale Zusammenarbeit deshalb wichtige „Vehikel für Lernen", aufgrund der unterschiedlichen Wissenshintergründe, die dabei zusammentreffen (Grant/Baden-Fuller 2004, S. 64; Inkpen 2002, S. 268).

1.1 Problemstellung und Ableitung der Forschungsfragen

Projektarbeit, und hier insbesondere die Zusammenarbeit zwischen hoch spezialisierten, rechtlich selbständigen Partnerorganisationen, gilt als bedeutende und weit verbreitete Form moderner Leistungserstellung. So werden heute bereits Softwareprodukte, Filme, Gebäude sowie Produktions- und Fertigungsanlagen in sogenannten interorganisationalen Projekten geplant, entwickelt und erstellt (DeFillippi/Arthur 1998, S. 125; Hagedoorn 2002; Hobday 2000, S. 874).

Trotz ihrer weitreichenden praktischen Bedeutung wird die interorganisationale Projektzusammenarbeit in der Literatur bis dato vernachlässigt. Charakteristisch für interorganisationale Projekte ist der temporäre Zusammenschluss von rechtlich unabhängigen Organisationen mit dem Ziel, eine komplexe Leistung gemeinsam zu erstellen (Grandori/Cacciatori 2006, S. 2; Sydow/Windeler 1999, S. 217ff.). Während der Spezialfall der interorganisationalen Projekte in der Literatur nur wenig Aufmerksamkeit erlangt, sind zwei ähnliche Literaturstränge stark vertreten: die Literatur zur Zusammenarbeit auf Projektbasis (z.B. Hobday 2000, S. 874; Marr/Steiner 2004; Söderlund 2004, S. 658; Whitley 2006, S. 77ff.) sowie die interorganisationale Zusammenarbeit (Salk/Simonin 2003, S. 254; Staber 2004, Sp. 932; Wathne/Roos/von Krogh 1996, S. 57). In beiden Literatursträngen stellen interorganisationale Projekte einen Spezialfall dar, der nur selten betrachtet wird. Sowohl die Literatur zu Projekten als auch die Literatur zur interorganisationalen Zusammenarbeit hat sich in den letzten Jahren in neue Themengebiete, wie das Lernen oder den Wissenserwerb von internen oder externen Partnern, weiterentwickelt (z.B. Grant/Baden-Fuller 2004, S. 64; Inkpen/Tsang 2005, S. 146; Salk/Simonin 2003, S. 253; Sydow/Lindkvist/DeFillippi 2004, S. 1480). Das Gebiet der interorganisationalen Projekte ist dabei allerdings auch in diesen Themengebieten unterrepräsentiert. Interorganisationale Projekte können jedoch als Chance gesehen werden, Wissen von Partnerorganisationen zu erwerben und so ihre langfristige Innovativität zu sichern.

Die projektbasierte interorganisationale Zusammenarbeit bietet einer Organisation Einblicke in andere Organisationen und birgt dadurch die Möglichkeit, Wissen von den Partnerorganisationen zu erwerben (Inkpen 2002; Kale/Singh/Perlmutter 2000; Lundin/Midler 1998; Mowery/Oxley/Silverman 1996; Muthusamy/White 2005). Diese Aneignung von Wissen von den Partnerorganisationen, die in einem interorganisationalen Projekt passiert, wird interorganisationaler Wissenserwerb genannt. Die Organisation, die das Wissen erwirbt, steht in der vorliegenden Arbeit im Fokus der Betrachtung und wird deshalb fokale Organisation genannt.

Im Kontext der interorganisationalen Projekte stellt sich die Frage, welche Stellhebel den Wissenserwerb von anderen Individuen oder Organisationen fördern. Ein Stellhebel, der in den letzten Jahren Aufmerksamkeit in der Literatur erreicht hat, ist das soziale Kapital. Soziales Kapital verkörpert das Wohlwollen zwischen Akteuren, das aufgrund von Beziehungen zwischen Individuen oder Organisationen entsteht. Ein positiver Effekt, den dieses Wohlwollen nach sich ziehen kann, ist beispielsweise der Erwerb von Wissen für die fokale Organisation (Adler/Kwon 2002, S. 23; Portes 1998, S. 6).

Das soziale Kapital in interorganisationalen Projekten wird jedoch bis dato noch wenig erforscht (Bresnen et al. 2005, S. 237f.). Im inter- beziehungsweise im intraorganisationalen Kontext beschäftigt sich eine Reihe von Autoren mit der Wirkung des sozialen Kapitals auf den Wissenserwerb. Unter den Autoren besteht weitgehende Einigkeit darüber, dass die Ausgestaltung von Beziehungen einen wichtigen Einflussfaktor für Organisationen darstellt, Wissen von externen Quellen zu erwerben (z.B. Adler/Kwon 2002; Inkpen/Tsang 2005; Nahapiet/Ghoshal 1998; Tsai/Ghoshal 1998).

Obwohl das Konzept des sozialen Kapitals in der Literatur stark verbreitet ist, wird es sehr uneinheitlich definiert und gebraucht. In einem Übersichtsartikel von 2002 bezeichnen Adler und Kwon soziales Kapital daher als ein Überkonzept, ein sogenanntes „Umbrella Concept", bei dem die verschiedensten Definitionen und Konzepte unter einen Begriff gefasst werden (Adler/Kwon 2002, S. 18). Um die Fülle der Veröffentlichungen im Kontext des sozialen Kapitals zu strukturieren, etablieren Nahapiet und Ghoshal in einer vielzitierten Veröffentlichung von 1998 drei Dimensionen des sozialen Kapitals (Nahapiet/Ghoshal 1998, S. 244). Die *strukturelle Dimension* bezieht sich auf die Konfiguration des Beziehungsgefüges, die *relationale Dimension* beschreibt die Art der Beziehung zwischen den einzelnen Akteuren, insbesondere die persönlichen Verbindungen. Die *kognitive Dimension* bezieht sich auf einen Vergleich der kognitiven Strukturen der Akteure (Nahapiet/Ghoshal 1998, S. 244). Die vorliegende Arbeit baut auf dieser Kategorisierung des sozialen Kapitals auf.

Nur wenige Autoren haben bisher die Wirkung aller drei Dimensionen in einem gemeinsamen Rahmen auf bestimmte Einflussgrößen, wie den Wissenserwerb, großzahlig untersucht. Weiterhin ist die empirische Forschung über die Wirkungen der Dimensionen und deren Variablen untereinander noch wenig ausgeprägt. In der vorliegenden Arbeit soll daher der Gesamtrahmen des Konzepts überprüft werden. Einerseits, wie die Kombination aller drei Dimensionen des sozialen Kapitals auf den interorganisationalen Wissenserwerb wirkt. Andererseits, wie die einzelnen Variablen des sozialen Kapitals untereinander in Verbindung stehen. Damit werden zwei Forschungslücken bearbeitet, die in der einschlägigen Literatur als relevant angesehen werden (Nahapiet/Ghoshal 1998, S. 261).

Zunächst ist den meisten Veröffentlichungen zu sozialem Kapital die These gemein, dass es den Wissenserwerb positiv beeinflusst (z.B. Adler/Kwon 2002; Baker 2000; Moran 2005; Zaheer/Bell 2005). Die Ausgangsthese der vorliegenden Arbeit lautet daher: In Abhängigkeit des sozialen Kapitals in einem interorganisationalen Projekt kann eine fokale Organisation mehr Wissen erwerben. Daraus ergibt sich folgende erste Forschungsfrage:

> Forschungsfrage 1:
> Welche Konstellation des sozialen Kapitals kann den Wissenserwerb einer fokalen Organisation in interorganisationalen Projekten fördern?

Das erste Ziel der vorliegenden Arbeit ist die theoretische Erarbeitung und empirische Überprüfung von Hypothesen, die eine positive Wirkung der ausgewählten Variablen des sozialen Kapitals auf den interorganisationalen Wissenserwerb in interorganisationalen Projekten postulieren.

In weiteren Veröffentlichungen werden die Beziehungen der Variablen des sozialen Kapitals untereinander betrachtet, die dann in einem zweiten Schritt zumeist auf den interorganisationalen Wissenserwerb wirken. Die Veröffentlichungen in diesem Gebiet finden jedoch selten vor dem Hintergrund eines einheitlichen Konzepts statt. Aus diesem Grund lautet die zweite Forschungsfrage wie folgt:

> Forschungsfrage 2:
> Welche Wirkungen haben die Variablen des sozialen Kapitals in interorganisationalen Projekten untereinander?

Das zweite Ziel der Arbeit besteht darin, die in der Literatur vorkommenden Wirkungen der Variablen untereinander theoretisch aufzustellen und empirisch zu überprüfen. Dafür erfolgt zunächst eine Verankerung der Variablen in dem Gesamtkonzept der drei Dimensionen des sozialen Kapitals.

1.2 Aufbau der Arbeit

Um die beiden Forschungsfragen zu beantworten, wird in der vorliegenden Arbeit zunächst auf die einzelnen relevanten Elemente eingegangen: die interorganisationalen Projekte, den interorganisationalen Wissenserwerb und das soziale Kapital. Abbildung 1 verdeutlicht die Zusammenhänge grafisch.

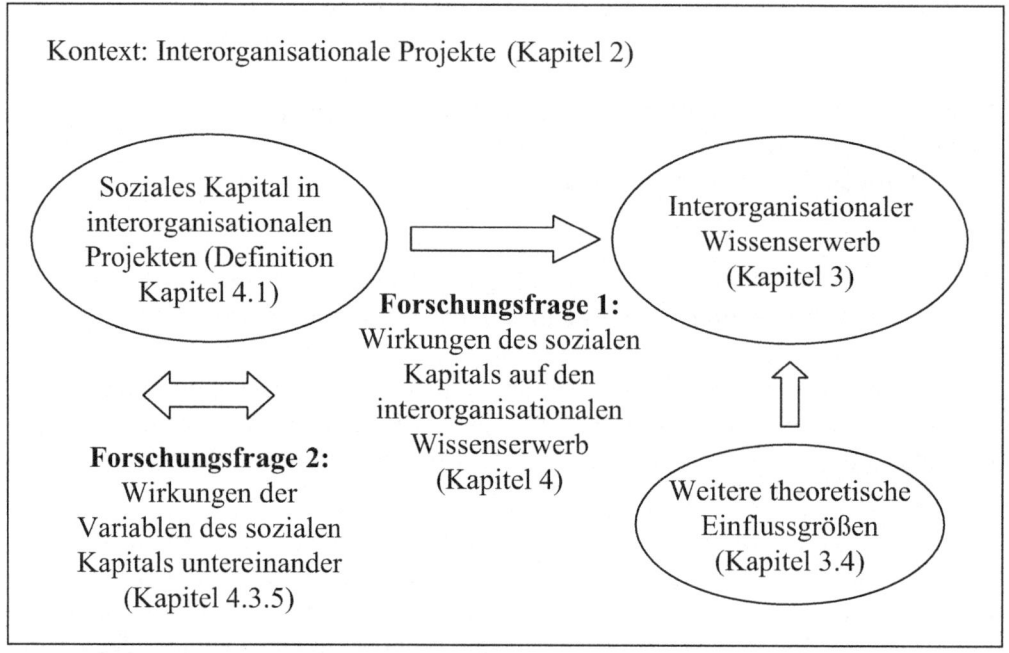

Abbildung 1: Gesamtzusammenhang der Arbeit

Nach einer Einleitung in *Kapitel 1*, in der die Zielsetzung und der Aufbau der Arbeit dargelegt werden, wird in *Kapitel 2* die geltende Definition von interorganisationalen Projekten vorgestellt. Diese beinhaltet die projektbasierte, temporär befristete Zusammenarbeit mehrerer Organisationen mit dem Ziel einen einzigartigen Output zu produzieren. Nach einer Definition von interorganisationalen Projekten wird die bisher spärliche Behandlung der interorganisationalen Projekte in der theoretischen Literatur herausgestellt. Um eine Literaturgrundlage für die Arbeit zu schaffen, werden interorganisationale Projekte in die aktuelle Literatur eingeordnet. Die beiden voneinander unabhängigen Literaturstränge, die Literatur zu Projekten sowie die Literatur zur interorganisationalen Zusammenarbeit, bilden die Grundlage für die Erforschung von interorganisationalen Projekten. Während die Projektliteratur auf den Aspekt der temporär beschränkten Zusammenarbeit der Akteure fokussiert, wird in der interorganisationalen Zusammenarbeit insbesondere der Aspekt der Zusammenarbeit mehrerer Organisationen thematisiert. Beide

Literaturgebiete haben sich, im Gegensatz zu den interorganisationalen Projekten, in den letzten Jahren in neue Themengebiete weiterentwickelt. Zu nennen sind das Gebiet des Wissenserwerbs sowie die Beziehung der Organisationen zueinander, auch genannt soziales Kapital.

Aufgrund der steigenden Relevanz des Wissenserwerbs in der verwandten Literatur sowie der Notwendigkeit, neues Wissen in Organisationen zu bringen, kann eine nähere Beschäftigung mit dem interorganisationalen Wissenserwerb legitimiert werden. Der interorganisationale Wissenserwerb wird in *Kapitel 3* zunächst definiert als die Aneignung von für die fokale Organisation neuem Wissen. Dem interorganisationalen Wissenserwerb liegt der Prozess des Transfers des Wissens von der Partnerorganisation zu der fokalen Organisation zugrunde. In dem Kapitel werden weiterhin die Inhalte des interorganisational zu erwerbenden Wissens dargestellt. Diese lassen sich in zwei Arten kategorisieren: In den interorganisationalen Projekten kann zum einen Wissen über neue Märkte oder neue Produkte beziehungsweise Produktweiterentwicklungen erworben werden, sogenanntes Markt- und Produktwissen. Zum anderen erhält die fokale Organisation Einsicht in die internen Prozesse und das Projektmanagement der Partnerorganisationen und kann sich so Wissen über interne Prozesse und Projektmanagement aneignen. An die beiden inhaltlichen Arten des interorganisational zu erwerbenden Wissens anknüpfend, wird weiterhin die Relevanz eines interorganisationalen Wissenserwerbs, insbesondere im Kontext des organisationalen Lernens, dargelegt. Hierzu werden vier Ansätze des organisationalen Lernens vorgestellt, da sie die Grundlage für den interorganisationalen Wissenserwerb bilden. Weiterhin werden mögliche Einflussgrößen auf einen interorganisationalen Wissenserwerb aufgezeigt, die sich in der Literatur in den verschiedensten Veröffentlichungen finden. Diese beeinflussen schwerpunktmäßig den Prozess des Wissenstransfers.

In *Kapitel 4* dagegen stehen statt des Prozesses des Wissenstransfers die Beziehungen zwischen den Beteiligten im Vordergrund. Das Kapitel schließt an den Einflussfaktoren auf den interorganisationalen Wissenserwerb an und stellt den für die Arbeit im Fokus stehenden Stellhebel dar: das soziale Kapital. Nach einer Definition von sozialem Kapital im Allgemeinen sowie der Einbettung in die Ursprünge des Konzepts wird das soziale Kapital in interorganisationalen Projekten definiert. Entscheidend ist dabei die Sichtweise aus der Perspektive der fokalen Projekteinheit einer Organisation. Das soziale Kapital verkörpert das Wohlwollen der beteiligten Akteure, das durch die Beziehungen zwischen der fokalen Organisation und den Partnerorganisationen entsteht. Dieses Wohlwollen kann positive Effekte für die fokale Projekteinheit mit sich ziehen. Im Anschluss an die Definition wird der konzeptionelle Rahmen der Arbeit vorgestellt. Dieser dient der Begründung der nachfolgend aufgestellten Hypothesen. Die Hypothesen werden nach den drei Dimensionen des sozialen Kapitals strukturiert. Im Anschluss an die Hypothesen zu den Wirkungen des sozialen Kapitals auf den interorganisationalen Wissenserwerb werden Hypothesen zu den in der Literatur gefundenen Wirkungen der Variablen untereinander aufgestellt und begründet.

Nach Darlegung der theoretischen Basis wird in *Kapitel 5* die empirische Untersuchung vorgestellt. Um die Hypothesen zu testen, wurden 218 interorganisationale Projekte im deutschen Maschinen- und Anlagenbau untersucht. Nach einer Beschreibung der Branche werden der Ablauf der Erhebung sowie die Stichprobe dargestellt. Im zweiten Teil des Kapitels wird die Operationalisierung der theoretischen Konstrukte demonstriert. Dazu wird zunächst die Operationalisierung der abhängigen und unabhängigen Variablen beschrieben. Außerdem werden hierzu neben den messtheoretischen Grundlagen auch die Reliabilität und Validität der verwendeten Messmethoden aufgezeigt. Im Anschluss werden die Kontrollvariablen operationalisiert. Hierbei werden für die theoretisch begründeten Einflussfaktoren, die in Kapitel 3 neben dem sozialen Kapital gefunden werden, Kontrollvariablen gebildet. Weiterhin werden auch noch allgemeine Kontrollvariablen aufgestellt. Diese finden sich sowohl auf Ebene des interorganisationalen Projektes als auch auf Ebene der fokalen Organisation.

In *Kapitel 6* werden die Hypothesen ausgewertet und die Ergebnisse der empirischen Studie dargelegt. Dazu werden zunächst die statistischen Grundlagen des verwendeten Modells vorgestellt und das Ergebnismodell mit den Gütekriterien präsentiert. Daran anschließend folgt eine Übersicht über bestätigte und nicht bestätigte Hypothesen. Einen Großteil des sechsten Kapitels nimmt die Diskussion der Ergebnisse ein, da in der empirischen Studie zu den aufgestellten Hypothesen teilweise divergierende Ergebnisse erzielt werden. Hierzu werden Erklärungsmöglichkeiten aufgezeigt. Eine mögliche Begründung scheint in den beiden inhaltlichen Arten des interorganisational zu erwerbenden Wissens zu liegen. Die unabhängigen Variablen wirken unterschiedlich auf die jeweiligen abhängigen Variablen. Deshalb wird zunächst eine mögliche Erklärung für die Differenzen der abhängigen Variablen vorgestellt. Anschließend werden die abweichenden Wirkungen des sozialen Kapitals analysiert.

Die Arbeit schließt in *Kapitel 7* mit dem Fazit, in dem die wichtigsten Ergebnisse der Arbeit zusammengefasst und Implikationen für weitere Forschung betrachtet werden.

2 Interorganisationale Projekte

Das zweite Kapitel beschäftigt sich einerseits mit der Definition und den Charakteristika von interorganisationalen Projekten. Dazu wird zunächst der Begriff des Projektes definiert. Darauf aufbauend werden dessen Charakteristika aufgezeigt. Zum Zweiten werden in diesem Kapitel interorganisationale Projekte in die aktuelle Literatur zu Projekten sowie zur interorganisationalen Zusammenarbeit eingebettet, um damit die Literaturgrundlage für die interorganisationalen Projekte zu bilden.

2.1 Definition und Charakteristika von interorganisationalen Projekten

Um die Basis für eine Definition von interorganisationalen Projekten zu legen, soll hier zunächst der Projektbegriff geklärt werden. Projekte werden in der Literatur wie folgt definiert:

> „Laut DIN 69901 versteht man unter einem Projekt ‚ein Vorhaben, das im Wesentlichen durch die Einmaligkeit der Bedingungen in ihrer Gesamtheit gekennzeichnet ist, z.B. Zielvorgabe, zeitliche, finanzielle, personelle und andere Begrenzungen, Abgrenzungen gegenüber anderen Vorhaben und projektspezifische Organisation'." (Marr/Steiner 2004, Sp. 1197; DIN 1987)

Ein Projekt zeichnet sich, anlehnend an die oben genannte Definition, durch folgende Charakteristika aus (Haberfellner 1992, Sp. 2090; Marr/Steiner 2004, Sp. 1197):

- Eindeutige Aufgabenstellung oder Zielsetzung
- Klarer zeitlicher Rahmen und festgelegtes Budget
- Beteiligung verschiedener Personen und Stellen
- Begrenzter Ressourceneinsatz
- Komplexität
- Relative Neuartigkeit oder Einmaligkeit der Aufgabe und dadurch Suche nach innovativen Lösungen

In der Literatur zu Projekten werden zumeist Projekte betrachtet, die von einer einzelnen Organisation durchgeführt werden. Heutzutage werden jedoch in vielen Branchen, wie beispielsweise dem Maschinen- und Anlagenbau, der Bauindustrie, der Filmbranche und der Softwareindustrie, Projekte häufig nicht nur von einzelnen Organisationen durchgeführt, sondern in Zusammenarbeit und Koordination mit weiteren Organisationen wie Lieferanten, Kunden, Konkurrenten oder gleichberechtigten Partnern (DeFillippi/Arthur 1998, S. 125; Fong/Lung 2007, S. 157f.; Hobday 2000, S. 873). Diese Art der Zusammenarbeit wird als interorganisationales Projekt bezeichnet. Für die vorliegende Arbeit soll folgende Definition für interorganisationale Projekte gelten:

> *Unter interorganisationalen Projekten wird die temporär befristete Zusammenarbeit zwischen mindestens zwei rechtlich selbständigen Organisationen verstanden, die das Ziel verfolgen, einen bestimmten einzigartigen Output zu produzieren (abgeleitet aus Beck 1994, S. 25; Grandori/Cacciatori 2006, S. 2; Sydow/Windeler 1999, S. 217ff.).*

In der Literatur werden an unterschiedlichen Stellen Charakteristika von interorganisationalen Projekten genannt, welche diese Definition konkretisieren und wie folgt zusammengefasst werden können:

a) Temporäre Befristung mit dem Ziel, eine Aufgabe zu erfüllen

b) Einzigartigkeit, Komplexität und Neuartigkeitsgrad der zur erstellenden Leistung

c) Zusammenarbeit von mindestens zwei rechtlich unabhängigen Organisationen

Zu a): Temporäre Befristung mit dem Ziel, eine Aufgabe zu erfüllen

Kennzeichnend für interorganisationale Projekte ist die Beschränkung des Projektes auf einen vorher festgelegten Zeitraum. Die interorganisationale Zusammenarbeit der Partnerorganisationen ist zeitlich auf die Erfüllung einer festgelegten Projektaufgabe beschränkt. Mit Erfüllung des festgesetzten Ziels, der Erstellung eines Produkts oder einer Dienstleistung, wird demnach auch die interorganisationale Zusammenarbeit beendet (Beck 1994, S. 23; DeFillippi/Arthur 1998, S. 129; Sydow/Windeler 1999, S. 217; Whitley 2006, S. 77).

Zu b): Einzigartigkeit, Komplexität und Neuartigkeitsgrad der zu erstellenden Leistung

Interorganisationale Projekte zeichnen sich weiterhin durch die Einzigartigkeit der zu erstellenden Leistung aus (Grandori/Cacciatori 2006, S. 4). In den meisten Fällen handelt es sich bei der zu erstellenden Leistung um eine Einzelfertigung oder um die Produktion von nach Kundenwunsch angefertigten Produkten oder Dienstleistungen (Gann/Salter 2000, S. 959; Prencipe/Tell 2001, S. 1374). Darüber hinaus werden die zu erstellenden Produkte als äußerst komplex, nicht-routiniert und neuartig beschrieben (z.B. Beck 1994, S. 25; DeFillippi/Arthur 1998, S. 207; Gann/Salter 2000, S. 959; Hobday 2000, S. 873). Hier lassen sich auch die sogenannten „komplexen Produktsysteme" (Complex Product Systems) einordnen, die einen eigenen Literaturstrang bilden. Dies sind hochtechnologische, kapitalintensive, komplexe und speziell angefertigte Industriegüter, die wiederum aus vielen speziell angefertigten Einzelkomponenten bestehen (Hobday 1998, S. 690; Hobday 2000, S. 873; Prencipe/Tell 2001, S. 1374).

Zu c): Zusammenarbeit von rechtlich unabhängigen Organisationen

Die Komplexität der zu erstellenden Leistung ist gleichzeitig auch Ursache für die temporäre Zusammenarbeit von Spezialisten verschiedener Fachbereiche und damit der Zusammenarbeit unterschiedlicher Organisationen (DeFillippi/Arthur 1998, S. 125; Madauss 2000, S. 113). Damit ein interorganisationales Projekt vorliegt, müssen mindestens zwei Organisation gemeinsam in einem Projekt zusammenarbeiten (Beck 1994, S. 25). So werden beispielsweise die oben erwähnten komplexen Produktsysteme in interorganisationaler Zusammenarbeit mit Hauptvertragspartnern, Systemintegratoren, Nutzern, Käufern, Lieferanten, kleinen und mittelständischen Organisationen sowie teilweise auch mit staatlichen Behörden produziert (Hobday 2000, S. 873). Die Partner geben jedoch ihre rechtliche Selbständigkeit nicht auf und operieren weiterhin als unabhängige Organisationen (Sydow/Windeler 1999, S. 217).

Für die Zusammenarbeit mehrerer Organisationen ist insbesondere das interorganisationale Projektmanagement entscheidend. Hierbei tritt eine Institution in den Vordergrund, um die Projektleitung des interorganisationalen Projektes zu übernehmen. Die Projektleitung liegt in der Regel bei einer der beteiligten Organisationen und wird von einer oder mehreren Personen übernommen. Bei der Projektleitung und dem Projektmanagement liegt der Fokus in der Planung, Kontrolle und Steuerung des Projektes zwischen den beteiligten Organisationen (Beck 1994, S. 25). Es können verschiedene Formen der Projektzusammenarbeit gewählt werden, die je nach Intensität der Zusammenarbeit und Haftung unterschiedlich sind.

Es sollen im Folgenden kurz einige häufige Formen vorgestellt werden: Bei der *Einzelauftragsorganisation* koordiniert der Auftraggeber selbst die autonomen Subsysteme, indem er Einzelaufträge an unterschiedliche Organisationen vergibt und eigenverantwortlich haftet. Eine weitere Möglichkeit für den Auftraggeber ist die Vergabe des interorganisationalen Projektes an einen *Generalunternehmer*. Dieser schließt im eigenen Namen Verträge mit den weiteren beteiligten Organisationen ab, übernimmt die Planung und Steuerung des Projektes und trägt das volle Risiko. Weiterhin kann ein *Konsortium* oder eine *Arbeitsgemeinschaft* (ARGE) gebildet werden. Die ARGE ist eine Interessengemeinschaft im Sinne des bürgerlichen Rechts. Hier kümmern sich die Projektorganisationen gemeinsam um die Projektdurchführung. Die Partnerorganisationen der ARGE schließen mit dem Auftraggeber Einzelverträge und haften jeweils eigenverantwortlich. Im Gegensatz dazu haften die Partnerorganisationen bei dem Konsortium gemeinsam und wählen fast ausnahmslos die Form einer Gesellschaft bürgerlichen Rechts (GbR)[1]. Auch bei der ARGE und dem Konsortium wird jedoch ein Projektleiter beziehungsweise

---

[1] Die gemeinschaftliche Haftung der GbR widerspricht nicht dem Kriterium der rechtlichen Unabhängigkeit der beteiligten Partnerorganisationen. Im Innenverhältnis bleiben die Partnerorganisationen weiterhin unabhängig. Im Außenverhältnis haften die Partnerorganisationen beziehungsweise deren Tochtergesellschaften jedoch als Gesamtschuldner für entstehende Verbindlichkeiten der Projektgesellschaft.

eine projektleitende Organisation bestimmt (Beck 1994, S. 26ff.; Bleicher 1991, S. 139ff.; Korbmacher 1991, S. 81ff.; Madauss 2000, S. 114ff.).

Zusammenfassend werden die Definition und die Charakteristika des klassischen Projektes für die Definition und die Charakteristika des interorganisationalen Projektes um die Zusammenarbeit mehrerer Organisationen erweitert (c). Der in der Definition von Projekten aufgeführte begrenzte Ressourceneinsatz wird bei den interorganisationalen Projekten nicht explizit genannt, ist aber auch hier relevant. Häufig sind begrenzte Ressourcen einer Organisation der Grund für interorganisationale Projektzusammenarbeit (Madauss 2000, S. 113).

Exemplarisches interorganisationales Projekt

Mit dem Ziel, ein interorganisationales Projekt grafisch deutlich zu machen und die zugrundeliegenden Begriffe zu klären ist in der folgenden Abbildung 2 ein interorganisationales Projekt exemplarisch dargestellt.

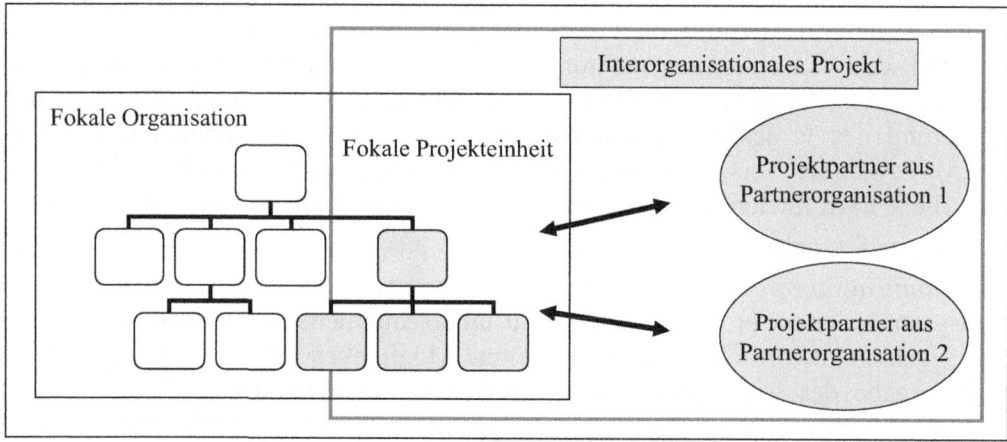

Abbildung 2: Exemplarische Darstellung eines interorganisationalen Projektes

Die Abbildung zeigt insbesondere die Zusammenarbeit unterschiedlicher Organisationen. Im Mittelpunkt des Betrachtungsinteresses der vorliegenden Arbeit steht stets eine Organisation, die die *fokale Organisation* genannt wird. Die *fokale Projekteinheit* repräsentiert den Teil der fokalen Organisation, der im interorganisationalen Projekt involviert ist. Die fokale Projekteinheit arbeitet in dem interorganisationalen Projekt mit Projektpartnern aus unterschiedlichen Partnerorganisationen zusammen. Dabei kann es vorkommen, dass einzelne Einheiten gleichzeitig in der interorganisationalen Projekteinheit und in der Hierarchie der fokalen Organisation eingesetzt werden.

2.2 Einordnung von interorganisationalen Projekten in die Literatur

Der Begriff des interorganisationalen Projektes wird in der Literatur bis heute nur wenig diskutiert. Bereits 1994 hat Beck in seiner Arbeit „Interorganisationales Projekt-Management, eine alternative Kooperationsform" auf die bisher unzureichende Behandlung von interorganisationalem Projektmanagement in der Literatur aufmerksam gemacht (Beck 1994, S. 6). Seitdem haben interorganisationale Projekte in der Forschung weiterhin nur geringfügige Betrachtung erfahren, obwohl sie in der Praxis eine häufige Form der Leistungserstellung darstellen.

Dagegen wird zwei ähnlichen Forschungssträngen hohe Aufmerksamkeit gewidmet: der Literatur zu Projekten allgemein sowie der Literatur zur interorganisationalen Zusammenarbeit. Da diese an vielen Stellen Parallelen zu interorganisationalen Projekten aufweisen, sollen sie im Folgenden aufgezeigt werden, um die Literaturbasis zu bilden. Zusätzlich werden die Parallelen und Hintergründe der beiden Forschungsstränge für interorganisationale Projekte dargestellt.

2.2.1 Einordnung in die Literatur zu Projekten

In einem Literaturüberblick über die wichtigsten Veröffentlichungen der letzten zehn Jahre klassifiziert Söderlund die Literatur zu Projekten in vier Gruppen und stellt das interorganisationale Projekt als eine der Gruppen vor[2]. Die Einteilung wird anhand von zwei Kriterien gebildet: Zum Einen die Anzahl an Organisationen, die den Rahmen des Projektes bilden. Mögliche Unterscheidungen sind hier eine einzelne Organisation und die Zusammenarbeit mehrerer Organisationen. Zweitens die Anzahl der untersuchten Projekte. Der Betrachtungsgegenstand bezieht sich entweder auf ein Projekt oder auf die Koordination mehrerer Projekte (Söderlund 2004, S. 658). Daraus ergeben sich die folgenden vier Unterscheidungen:

- Quadrant I: Fokus auf ein Projekt in einer einzelnen Organisation
- Quadrant II: Fokus auf ein Projekt in Zusammenarbeit mit mehreren Organisationen
- Quadrant III: Fokus auf mehrere Projekte in einer einzelnen Organisation
- Quadrant IV: Fokus auf mehrere Projekte in Zusammenarbeit mit mehreren Organisationen

Die resultierende Gesamt-Matrix ist in Abbildung 3 dargestellt.

---

[2] Der Literaturüberblick basiert auf der Analyse von zwei Datensets: der Literatur in einer großen Auswahl der bedeutenden Zeitschriften im Bereich Management und Organisation, wie beispielsweise Administrative Science Quaterly, Strategic Management Journal, Academy of Management Journal und Organization Studies, sowie Artikeln im International Journal of Project Management im Zeitraum von 1993 bis 2002.

	Einzelne Organisation	Mehrere Organisationen
Einzelnes Projekt	Quadrant I: Klassisches Projektmanagement, temporäre Organisation	Quadrant II: Interorganisationale Projekte
Mehrere Projekte	Quadrant III: Multiprojektorganisationen, projektbasierte Organisation	Quadrant IV: Projektumwelten

Abbildung 3: Klassifizierung von Projekten nach Anzahl der betrachteten Projekte und Organisationen
(in Anlehnung an Söderlund 2004, S. 658)

Quadrant I: Klassisches Projektmanagement, temporäre Organisation

Die klassische Form des Projektmanagements bildet das Grundgerüst der interorganisationalen Projektzusammenarbeit. Die Literatur im Bereich des klassischen Projektmanagements beschäftigt sich vor allem mit der Planung, Steuerung und Durchführung von Projekten (z.B. Burghardt 1993; Haberfellner 1992; Marr/Steiner 2004; Platz/Schmelzer 1986; Rinza 1994) sowie mit Erfolgsmessung und Erfolgsfaktoren des Projektmanagements (z.B. Atkinson 1999; Cooke-Davies 2002; Pinto/Covin 1989; Shenhar et al. 2001). Es zeigt sich, dass die Literatur zum Projektmanagement weitgehend normativen Charakter hat und vorwiegend aus Regeln und Best Practice-Empfehlungen zur erfolgreichen Abwicklung von Projekten besteht (Ekstedt et al. 1999, S. 58; Lundin 1995, S. 315; Packendorff 1995). Hierunter lässt sich auch eine große Menge an Projektmanagement-Lehrbüchern einordnen (z.B. Kerzner 2006; Litke 2007; Meredith/Mantel 2003).

Diese normative Behandlung von Projekten kritisierend, ist circa 1995 ein anzahlmäßig überschaubarer Forschungsstrang zur sogenannten temporären Organisation entstanden. Die temporäre Organisation ist dem Projekt in seinen Merkmalen sehr ähnlich³. In Abgrenzung zu der Projektliteratur haben die Vertreter der Literatur zur temporären Organisation das Ziel, komplexere Themen in den Vordergrund zu stellen und auch das Verhalten der beteiligten Personen zu analysieren (Söderlund 2004, S. 659). Während in der Projektmanagementliteratur die geringe Anzahl an empirischen Studien kritisiert wird und Projekte eher als Werkzeuge anstatt als Organisation gesehen werden, stehen in der Literatur zur temporären Organisation thematisch die Herausforderungen aufgrund der Diversität der Projekte und empirische Studien im Vordergrund (Lundin 1995, S. 315; Packendorff 1995, S. 326). Die temporäre Organisation legt den Fokus auf ein einzelnes Projekt, losgelöst von der permanenten Organisation.

Die temporäre Organisation weist im Gegensatz zum klassischen Projektmanagement in einzelnen Beiträgen Schnittstellen zu anderen Formen der oben dargestellten Klassifizierungs-Matrix auf. So werden dort, wie im Quadrant III, die Beziehungen und Lernpotentiale zwischen unterschiedlichen Projekten einer Organisation sowie die Einbettung der temporären Organisation in eine permanente Organisation thematisiert (DeFillippi/Arthur 1998; Ekstedt et al. 1999; Lowendahl 1995; Lundin/Söderholm 1995; Midler 1995). Weiterhin schließt die Betrachtung der temporären Organisation die Zusammenarbeit mehrerer Organisationen an einer Aufgabe nicht explizit aus und thematisiert diese auch in einigen Beiträgen (z.B. Grabher 2002, S. 208; Hellgren/Stjernberg 1995; Lowendahl 1995). Damit grenzt die temporäre Organisation auch an dem interorganisationalen Projekt an und bildet, wie auch die klassische Projektmanagementliteratur, eine wichtige Grundlage dafür.

Quadrant II: Interorganisationale Projekte

In der Literatur zum klassischen Projektmanagement wird der Aspekt der interorganisationalen Projektzusammenarbeit von einigen wenigen Autoren als Spezialform von Projekten zumeist in knapper Form thematisiert, ansonsten aber selten verwendet (z.B. Corsten 2000, S. 81ff.; Madauss 2000, S. 113ff.; VDI-Gesellschaft 1991, S. 30ff.). Betrachtet werden hier zumeist mögliche Gründe für eine organisationsübergreifende Zusammenarbeit wie Kapazitätserfordernisse, Verteilung des Projektrisikos und der Finanzierung auf mehrere Partner oder Auflagen des Bestellers (Contractor/Lorange 2002, S. 9ff.; Fischer et al. 2002, S. 523; Madauss 2000, S. 113).

Söderlund unterteilt die Literatur zu interorganisationalen Projekten in zwei Richtungen: den Fokus von Verträgen und Verhalten in interorganisationalen Pro-

---

³ Die temporäre Organisation ist über folgende Merkmale definiert: (1) organisierte und gemeinsame Aktion mit dem Ziel einen nicht-routinierten Prozess zu erschaffen oder ein nicht-routiniertes Produkt zu vervollständigen; (2) mit einem vorbestimmten zeitlichen Endpunkt; (3) mit bestimmten Kriterien, um das Ergebnis zu evaluieren; (4) sehr komplex in den unterschiedlichen Rollen und der Anzahl der Rollen, so dass eine bewusste Organisation notwendig ist (Packendorff 1995, S. 327).

jekten sowie einen Netzwerkaspekt, der die Beziehungen zwischen den Akteuren betrachtet (Söderlund 2004, S. 661).

Einerseits werden Themen der Steuerung von interorganisationalen Projekten durch Verträge sowie die Rolle von Vertrauen und Macht betrachtet (z.B. Dahlgren/Söderlund 2001; Grandori/Cacciatori 2006; Hobbs/Andersen 2001; Kadefors 2004; Nishiguchi 2001; Söderlund/Andersson 1998). Beiträge, die sich in diesem Zusammenhang explizit auf interorganisationale Projekte beziehen, können allerdings nur sehr vereinzelt gefunden werden. In dem von Söderlund angegebenen Literaturstrang beschäftigen sich nur zwei Artikel damit (Dahlgren/Söderlund 2001; Grandori/Cacciatori 2006). Die restlichen von Söderlund genannten Quellen betrachten ähnliche Formen wie Allianzen und Netzwerke. Es zeigt sich hier bereits die mangelnde Abgrenzung von interorganisationalen Projekten und anderen Formen von interorganisationaler Zusammenarbeit (für eine Vergleichbarkeit dieser Formen mit den interorganisationalen Projekten siehe Kapitel 2.2.2).

Der Forschungsfokus auf die Beziehung der Akteure in den interorganisationalen Projekten dagegen kann nach Söderlund auf eine Gruppe von Beiträgen im Projektmarketing limitiert werden, die die Beziehungen der Akteure in industriellen Großprojekten unter Marketinggesichtspunkten betrachten (z.B. Cova/Holstius 1993; Gunter/Bonaccorsi 1996; Mattsson 1973)[4]. Als ein weiterer Aspekt wird in dem Bereich der interorganisationalen Projekte die zeitliche Perspektive der Beziehung thematisiert. Grabher argumentiert, dass eine langfristige Beziehung in interorganisationalen Projekten relevant für den Aufbau von Vertrauen ist (Grabher 2002, S. 205). Söderlund und Andersson sehen in der temporären Begrenzung der Beziehung in interorganisationalen Projekten einen wichtigen Faktor für das Scheitern der Projekte (Söderlund/Andersson 1998, S. 185ff.). Gerade die temporäre Beschränkung ist aber ein entscheidendes Merkmal des interorganisationalen Projektes (siehe Kapitel 2.1).

Nach Söderlund lässt sich im Forschungsbereich der interorganisationalen Projekte ein Trend von Verträgen hin zu Beziehungen zwischen den Akteuren der beteiligten Organisationen erkennen (Söderlund 2004, S. 660f.). Zusammenfassend ist zu bemerken, dass in diesem Bereich noch wenig Forschung betrieben wird.

Quadrant III: Multiprojektorganisationen, projektbasierte Organisation

In der Forschung zu Multiprojektorganisationen werden Organisationen betrachtet, in denen mehrere Projekte durchgeführt werden (Rüsberg 1976, S. 221ff.). Auch die Literatur der projektbasierten Organisation (PBO) lässt sich hier verankern[5].

---

[4] Die Beiträge werden hier lediglich der Vollständigkeit halber genannt, da sie in der Kategorisierung von Söderlund ebenfalls Bestandteil sind. Für die Arbeit sind sie jedoch inhaltlich nicht von Interesse.

[5] In der Literatur werden Begriffe wie Project-based Organisation oder Project-based Firm als Synonyme verwendet (z.B. Bresnen/Goussevskaia/Swan 2004; Ekstedt et al. 1999;

Aufgrund der Vielzahl von Projekten, die in einer Organisation heutzutage koordiniert werden, ist eine neue Organisationsform entstanden, die PBO. In einer PBO ist die Einheit des Projektes der primäre Bereich der Abwicklung der Geschäfte (DeFillippi/Arthur 1998, S. 125; Ekstedt et al. 1999, S. 14ff.; Hobday 2000, S. 874; Whitley 2006, S. 77ff.).

In dem Editorial zu der Sonderausgabe der Zeitschrift Organization Studies zu projektbasierten Organisationen definieren Sydow, Lindkvist und DeFillippi die PBO folgendermaßen[6]: Die projektbasierte Organisation kann als die permanente Organisationsform gesehen werden, in der die zeitlich limitierten Projekte eingebunden sind (Sydow/Lindkvist/DeFillippi 2004, S. 1477).

Die Themen in dem Literaturgebiet fokussieren vor allem auf das Management und die strukturellen Organisationsformen der unterschiedlichen Projekte in einer Organisation (Söderlund 2004, S. 660). Untersucht wird beispielsweise die Beziehung zwischen der permanenten Organisation und dem Projektmanagement der einzelnen Projekte. Weiterhin werden die Koordination zwischen den Projekten sowie die Priorisierung der einzelnen Projekte betrachtet (Rüsberg 1976, S. 222ff.). Die Entwicklung von der Massenproduktion hin zur verstärkten Betonung von Projekten in einer Organisation wird auch als „Projektifizierung" bezeichnet (Keegan/Turner 2002; Midler 1995).

Die Literatur zur PBO befasst sich in den letzten Jahren verstärkt mit Themen wie Lernen oder mit Innovationen aus Projekten innerhalb einer Organisation. Dazu zählen beispielsweise mehrere Beiträge zum sogenannten projektbasierten Lernen. Der Betrachtungsgegenstand stellt das Lernen oder die Weitergabe von Informationen und Wissen zwischen einzelnen Projekten in einer Organisation dar (z.B. Bresnen/Goussevskaia/Swan 2004; DeFillippi 2001; Grabher 2004; Prencipe/Tell 2001; Scarbrough et al. 2004).

Die Kategorisierung der PBO ist teilweise nahe an der Schnittstelle zu temporären Organisationen, interorganisationalen Projekten und den Projektumwelten angesiedelt. Einige Autoren sehen die projektbasierte Organisation als eine eigenständige Organisationsform – ähnlich der temporären Organisation – an. Das Projekt ist dort der primäre Geschäftsmechanismus für die Koordination und Integration der Hauptfunktionen wie Produktion, Forschung und Entwicklung, Engineering, Marketing, Personal und Finanzen (Hobday 2000, S. 874). DeFillippi und Arthur bezeichnen projektbasierte Organisationen als temporäre Zusammenschlüsse, in denen Spezialisten der unterschiedlichsten Organisationen an einer Aufgabe zusammenarbeiten (DeFillippi/Arthur 1998, S. 125). Dieser Charakter von interorganisationalen Projekten wird in einigen Veröffentlichungen thematisiert. Dabei ar-

---

Gann/Salter 2000; Hobday 2000; Keegan/Turner 2002; Prencipe/Tell 2001; Sydow/Lindkvist/ DeFillippi 2004; Whitley 2006).

[6] Titel der Sonderausgabe: „Project-Based Organizations, Embeddedness and Repositories of Knowledge", 2004 in Organization Studies.

beiten Spezialisten aus unterschiedlichen Organisationen zusammen und sind eingebettet in eine projektbasierte Organisation (z.B. Hobday 1998; Hobday 2000; Sydow/Lindkvist/DeFillippi 2004; Windeler/Sydow 2001).

Sind die projektbasierten Organisationen zusätzlich in längerfristige Beziehungen mit Organisationen aus ihrer Umwelt eingeschlossen, so ist hier auch eine Schnittstelle zu Projektumwelten zu bemerken, die im Folgenden vorgestellt werden.

Quadrant IV: Projektumwelten

Die Forschung zu Projektumwelten betrachtet die Zusammenarbeit mehrerer Organisationen an mehreren Projekten. Diese können entweder zeitlich parallel oder über den Zeitablauf verteilt in Form einer längerfristigen Zusammenarbeit vorliegen. Die Forschung beschäftigt sich hierbei insbesondere mit der Betrachtung von Projekten aus der Sicht der Makro-Ebene (Lundin/Söderholm 1998). Ein Kernpunkt in der Forschung ist die langfristige Beziehung zwischen Organisationen, die über den Zeitverlauf unterschiedliche Projekte gemeinsam durchführen. Hierzu zählen Netzwerke von Organisationen, die auf Projektbasis zusammenarbeiten. Es wird in diesen Ansätzen beispielsweise der Aspekt einer langfristigen Beziehung zwischen den Partnern dargestellt. Als möglichen Vorteil gegenüber einmaligen interorganisationalen Projekten wird hierbei unter anderem die Bildung von Vertrauen herausgestellt (Grabher 2002, S. 205ff.). Andere Autoren untersuchen die zugrundeliegenden Netzwerkstrukturen (Ekinsmyth 2002).

Das Gebiet des Lernens ist ebenfalls von Interesse, wird aber in der Literatur erst sehr vereinzelt thematisiert. In einem konzeptionellen Rahmen für projektbasiertes Lernen beschreibt Grabher das in eine projektbasierte Organisation eingebettete Kern-Projektteam und sein Verhältnis zu seiner Umwelt, die vor allem aus einem Netzwerk von Lieferanten und Kunden besteht. Zur Erfüllung des Projektes sind diese Elemente miteinander verbunden und die beteiligten Organisationen haben die Möglichkeit, daraus zu lernen (Grabher 2004, S. 1492ff.). Zusammenfassend fokussiert die Mehrzahl der Veröffentlichungen in dem Gebiet der Projektumwelten vor allem auf die Beziehungen zwischen den Projekten und ihrer Umwelt (Söderlund 2004, S. 663).

Zusammenfassung

Aus der Klassifizierung der vier Arten lässt sich insgesamt resümieren, dass die Forschung vor allem im Bereich der projektbasierten Organisation neue Wege eingeschlagen hat. Auch im Bereich der Projektumwelten ist der Beginn eines solchen Trends sichtbar. Insbesondere gewinnen neue Themen wie der Wissenserwerb und Beziehungen zwischen Organisationen an Bedeutung. Die Weiterentwicklung der Forschung zu allgemeinem Projektmanagement sowie zu interorganisationalen Projekten ist jedoch noch nicht weit fortgeschritten und hat sich bis dato nicht in neuere Themengebiete weiterentwickelt. Gerade der Sonderfall der projektbasierten Zusammenarbeit über Organisationsgrenzen hinweg ist noch nicht ausreichend erforscht.

Besonders aufgrund der Relevanz der interorganisationalen Projektarbeit erscheint eine fundamentale Betrachtung notwendig. Speziell der Aspekt der Zusammenarbeit von unterschiedlichen Organisationen beinhaltet Potentiale für neuere Themengebiete wie beispielsweise den interorganisationalen Wissenserwerb und die Beziehung der Akteure zueinander. Aus diesem Grund soll im Folgenden ein verwandtes Forschungsgebiet betrachtet werden: Die Forschung zur interorganisationalen Zusammenarbeit betrachtet die Zusammenarbeit über Organisationsgrenzen hinweg. Als Ergänzung zu der Projektliteratur soll dieser Forschungsbereich im Folgenden vorgestellt und auf mögliche Anknüpfungspunkte für interorganisationale Projekte untersucht werden.

2.2.2 Einordnung in die Literatur zur interorganisationalen Zusammenarbeit

Eine Forschungsrichtung, die vor allem im Bereich der Zusammenarbeit von Organisationen einige Schnittstellen mit interorganisationalen Projekten aufweist, ist das Gebiet der interorganisationalen Zusammenarbeit. Dieses Gebiet ist in der Literatur stark beforscht, was aber gleichzeitig eine große Diversität an Definitionen und Bedeutungen einzelner Formen mit sich bringt. Die Literatur zur interorganisationalen Zusammenarbeit weist an einigen Stellen Parallelen mit der Projektliteratur auf – eine Verknüpfung der beiden Richtungen findet jedoch selten statt. Ziel dieses Kapitels ist nicht die vollständige Darstellung der Literatur zur interorganisationalen Zusammenarbeit. Dies würde aufgrund der Komplexität und Heterogenität der Literatur den Rahmen der Arbeit sprengen und den Fokus verschieben. Vielmehr wird ein kurzer Überblick über relevante Aspekte der Literatur gegeben. Der Fokus liegt dabei auf den Formen von interorganisationaler Zusammenarbeit, die Parallelen mit interorganisationalen Projekten aufweisen. In einem weiteren Schritt erfolgt eine mögliche Eingliederung von interorganisationalen Projekten in die Literatur zur interorganisationalen Zusammenarbeit.

Zunächst ist die interorganisationale Zusammenarbeit zumeist zwischen dem Markt und der Hierarchie einer Organisation angesiedelt. Sie wird deshalb als hybride Organisationsform bezeichnet (z.B. Borys/Jemison 1989; Grant/Baden-Fuller 2004, S. 62; Powell 1987). Die hybride Organisationsform als Mischform wird definiert als organisationale Vereinbarungen, bei denen die Ressourcen und Governance-Strukturen von mehr als einer existierenden Organisation verwendet werden (Borys/Jemison 1989, S. 235).

Wathne, Roos und von Krogh geben eine weit gefasste Definition von interorganisationaler Zusammenarbeit. Sie verstehen darunter einen generischen Ausdruck, der alle Arten von interorganisationalen und kooperativen Beziehungen vereinigt (Wathne/Roos/von Krogh 1996, S. 57). Auch Salk und Simonin sehen eine gemeinsame Basis der unterschiedlichen Formen von interorganisationaler Zusammenarbeit: Gemeinsam sind allen eine gewisse Investition an Zeit und weiteren Ressourcen der beteiligten Partnerorganisationen sowie die Tatsache, dass eine Interaktivität zwischen den Partnern stattfindet und es einen vorher definierten Output oder ein Produkt gibt (Salk/Simonin 2003, S. 254).

Die Literatur zu interorganisationaler Zusammenarbeit ist sehr uneinheitlich und lässt sich grob in zwei Arten untergliedern. Dabei wird nach der Anzahl und Verflechtung der beteiligten Partner unterschieden – in Netzwerke und in Unternehmenskooperationen. Die Unterschiede werden in grundlegenden Artikeln im Handwörterbuch für Unternehmensführung und Organisation thematisiert. Der Begriff des Netzwerks wird wie folgt definiert:

> „Netzwerke stellen eine Form organisationsübergreifender Zusammenarbeit dar, die eine größere Zahl interagierender rechtlich selbständiger Organisationen einschließt." (Staber 2004, Sp. 932)

Im Gegensatz dazu gilt folgende Definition von Unternehmenskooperation als Grundlage dieser Arbeit:

> „Unternehmenskooperation stellt vor diesem Hintergrund ‚eine auf die Realisierung von Wettbewerbsvorteilen setzende Organisationsform ökonomischer Aktivitäten [dar], die sich durch komplex-reziproke, eher kooperative denn kompetitive und relativ stabile Beziehungen zwischen rechtlich selbständigen, wirtschaftlich jedoch zumeist abhängigen Unternehmungen auszeichnet'." (Sydow 2004, Sp. 1542; zitiert Sydow 1992, S. 79)[7]

Die Unterscheidungen zwischen Unternehmenskooperation und Netzwerk bleiben in der Literatur schwammig und es lassen sich zum Teil widersprüchliche Definitionen und Herangehensweisen finden. Für die vorliegende Arbeit soll jedoch der Hauptunterschied in der Betrachtungsweise der beiden Arten liegen: Bei Netzwerken steht zumeist ein komplexes Beziehungsgeflecht zwischen den verschiedenen Partnern im Vordergrund. Bei der Literatur zu Unternehmenskooperationen werden dagegen die dyadischen Beziehungen zwischen einzelnen Organisationen stärker analysiert. Der Fokus liegt bei der Unternehmenskooperation also weniger auf dem großen Bild der Vernetzung mehrerer Organisationen in einem komplexen Netzwerk. Dieser Definition folgend könnte eine Netzwerkform auch die unterschiedlichsten Arten von Unternehmenskooperationen beinhalten (Podolny/Page 1998, S. 59). Die letztendliche Unterscheidung wäre lediglich die Betrachtungsweise der Verbindungen zwischen den Organisationen.

Die beiden Definitionen zu Netzwerken und Unternehmenskooperationen weisen ein wesentliches Hauptunterscheidungsmerkmal zu interorganisationalen Pro-

---

[7] Diese Definition der Unternehmenskooperation wurde von Sydow 1992 ursprünglich für Unternehmensnetzwerke entwickelt. Sie soll aber laut Sydow in dieser Form den Unterschied zu dem eher komplexeren Beziehungsgeflecht des Netzwerks für Unternehmenskooperation verdeutlichen (Sydow 2004, Sp. 1542f.).

jekten auf: Die Zusammenarbeit ist hier, sowohl bei einem Netzwerk als auch bei einer Unternehmenskooperation, zumeist nicht temporär begrenzt, auch wenn dies möglich wäre.

Die Literatur zu interorganisationaler Zusammenarbeit weist Parallelen mit der Literatur zu Projektumwelten auf. Es handelt sich bei beiden Formen um eine zumeist längerfristig angelegte Zusammenarbeit mehrerer Organisationen (siehe Kapitel 2.2.1, Quadrant IV). Im Gegensatz zu den Projektumwelten sind bei der interorganisationalen Zusammenarbeit jedoch nicht Projekte der Betrachtungsgegenstand. Diese temporär beschränkten Projekte sind bei den Projektumwelten in eine längerfristige Beziehung zwischen Organisationen eingebettet. Bei der interorganisationalen Zusammenarbeit steht die längerfristige Zusammenarbeit im Vordergrund. Diese kann auf Projektbasis erfolgen, Projekte an sich werden jedoch nicht explizit betrachtet.

Die temporäre Komponente stellt den Hauptunterschied zwischen interorganisationalen Projekten und der interorganisationalen Zusammenarbeit dar. Im Folgenden sollen die einzelnen Formen der interorganisationalen Zusammenarbeit aufgezeigt werden. Der Fokus liegt dabei auf den Formen, die starke Parallelen mit den interorganisationalen Projekten aufweisen. Ziel ist es hierbei aufzuzeigen, dass aufgrund der Ähnlichkeit der Themengebiete die stark beforschte Literatur zu interorganisationaler Zusammenarbeit ebenfalls auf die noch wenig betrachtete Literatur zu interorganisationalen Projekten angewandt werden kann.

Netzwerke

In der Literatur kommen die unterschiedlichsten Formen von Netzwerken vor. Netzwerke können beispielsweise nach der Art der Tätigkeit unterschieden werden in interorganisationale Netzwerke, strategische Netzwerke, Wertschöpfungsnetzwerke, Innovationsnetzwerke, virtuelle Netzwerke und industrielle Distrikte (siehe für eine ausführlichere Behandlung z.B. Grabher 1993). Weiterhin unterscheiden sich Netzwerke zum Beispiel nach der Richtung der Beziehung (horizontal oder vertikal), der Beziehungsintensität (direkter oder indirekter Austausch der Partner) und der räumlichen Verteilung der vernetzten Organisation (regional, international, global) (siehe für eine ausführlichere Behandlung z.B. Langlois/Robertson 1995, S. 120ff.; Staber 2004, Sp. 932f.). Im Zusammenhang mit den interorganisationalen Projekten sollen drei Formen von Netzwerken herausgestellt werden, die Parallelen mit dem Betrachtungsgegenstand aufweisen.

Relevant in dem Zusammenhang der interorganisationalen Projekte sind vor allem die *interorganisationalen Netzwerke*. Diese kennzeichnen sich dadurch, dass sich „hauptsächlich kleine und mittlere und auf wenige Produktionsschritte spezialisierte Unternehmen kooperativ zusammenfinden" (Staber 2004, Sp. 933). Betrachtet wird hier vordergründig die Konstellation der Beziehungen der Akteure untereinander, weshalb diese Richtung auch in die Kategorie der Netzwerke fällt.

Ein Spezialfall solcher Netzwerk stellen die sogenannten *Lieferantennetzwerke* dar, in denen relativ lose verbundene Einheiten durch komplexe, reziproke, kooperative und relativ stabile Beziehungen miteinander verbunden sind (Harland 1999, S. 409; Lane 2001, S. 700). Zumeist steht hier ein Kunde im Zentrum des Netzwerks aus Lieferanten um dieses zu koordinieren (Lane 2001, S. 700). Hier wäre ein interorganisationales Projekt in eine möglicherweise länger andauernde Lieferanten- oder Kundenbeziehung eingebunden, die temporäre Komponente der Merkmalsdefinition der interorganisationalen Projekte würde erweitert werden.

Eine Mischform zwischen Projekten und Netzwerken stellen die *Projektnetzwerke* dar. Diese kommen der Definition von interorganisationalen Projekten am nächsten und sind wie folgt definiert:

> „Projektnetzwerke sind eine Organisationsform ökonomischer Aktivitäten von zwar rechtlich selbständigen, jedoch funktional interdependenten Unternehmungen bzw. Unternehmern, die für eine begrenzte Zeit – ein Projekt – zusammenkommen, ihre Zusammenarbeit allerdings im Lichte ihrer bisherigen Erfahrungen und im Schatten ihrer zukünftigen Erwartungen koordinieren." (Sydow/Staber 2002, S. 215)

Das unterscheidende Kennzeichen zu interorganisationalen Projekten ist hierbei, wie auch bei den Lieferantennetzwerken, die Einbindung des temporären interorganisationalen Projektes in eine längerfristige Zusammenarbeit zwischen den Organisationen. Die Betrachtungsweise des Projektnetzwerks kann trotzdem auf die interorganisationalen Projekte übertragen werden, da sie für die Zeit eines jeweiligen Projektes temporär begrenzt ist. Denn auch hier kann es sein, dass die Organisationen in der Vergangenheit und in der Zukunft ein gemeinsames Projekt durchführen.

Unternehmenskooperationen

Die möglichen Formen von Unternehmenskooperationen sind sehr vielfältig und können grob in vertikale, horizontale und laterale Unternehmenskooperationen unterschieden werden. Vertikale Unternehmenskooperationen sind Kooperationen entlang der Wertschöpfungskette, horizontale Kooperationen dagegen Kooperationen mit Wettbewerbern auf der gleichen Wertschöpfungsstufe. Bei lateralen Unternehmenskooperationen wird das Leistungsprogramm einer Organisation um technisch oder marktlich unverbundene Bereiche erweitert. Innerhalb dieser drei Formen gibt es unterschiedliche Intensitäten der Zusammenarbeit (Sydow 2004, Sp. 1544ff.).

Im Rahmen der Unternehmenskooperation erlangt die strategische Allianz in der Literatur starkes Interesse. Da eine Vielzahl der für die vorliegende Arbeit relevanten Literatur aus diesem Bereich stammt, soll sie hier im Kontext der interorganisationalen Projekte vorgestellt und abgegrenzt werden. Die strategische Allianz zeichnet sich durch einen expliziten Strategiebezug und eine auf die Aussicht der Erschließung von Synergien angelegte Absicht aus und ist wie folgt definiert:

„Man versteht unter einer strategischen Allianz eine auf den Aufbau und/oder auf die Absicherung von Erfolgspotentialen ausgerichtete, eher heterarchische Verbindung von rechtlich selbständigen Unternehmen." (Hoffmann 2004, Sp. 13)

Der Großteil der in der Praxis vorkommenden strategischen Allianzen lässt sich in folgende Formen unterscheiden: die Vertragskooperation, das Gemeinschaftsunternehmen sowie das akquisitive Joint Venture (Hoffmann 2004, Sp. 15).

Diese Formen der strategischen Allianz lassen sich nach dem Ausmaß des Zusammenschlusses der beteiligten Organisationen, der sogenannten Bindungsintensität, klassifizieren. Deren Ausprägung hängt davon ab, „ob eine eigene Kooperationseinheit geschaffen wird und ob es zu einer kapitalmäßigen Verflechtung der Partner kommt" (Hoffmann 2004, Sp. 15).

Klassifiziert nach der Bindungsintensität entsteht die in Abbildung 4 dargestellte Abgrenzung der drei Formen von strategischen Allianzen.

Vertragskooperationen (horizontal, vertikal, lateral)	Gemeinschaftsunternehmen (Joint Venture)	Akquisitive Joint Venture
Arbeitsgemeinschaften; Konsortien	Wechselseitige Minderheitsbeteiligungen	Einseitige Minderheitsbeteiligungen

Bindungsintensität: niedrig → hoch

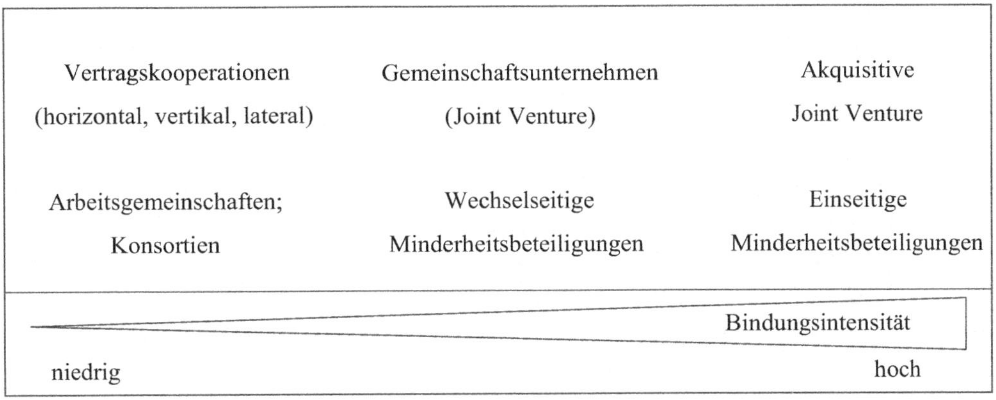

Abbildung 4: Klassifizierung von strategischen Allianzen nach der Bindungsintensität (in Anlehnung an Hoffmann 2004, Sp. 15)

Bei den *Vertragskooperationen*, der Form mit der geringsten Bindungsintensität, wird die Zusammenarbeit der Organisationen über Verträge geregelt (Holtbrügge 2003, S. 877). Es findet hier keine Kapitalverflechtung zwischen den Partnerorganisationen statt (Das/Teng 2001a, S. 15f.). Formen hierfür sind die bereits in Kapitel 2.1 erläuterten Arbeitsgemeinschaften und Konsortien zur gemeinsamen Projektabwicklung (Madauss 2000, S. 115) oder auch vertikale Formen wie klassische Zulieferverträge (Laigle 1998, S. 208). Dieser Form der strategischen Allianz kann auch ein interorganisationales Projekt zugeordnet werden. In einer ARGE schließen die teilnehmenden Organisationen eigenverantwortlich Verträge mit den Auftraggebern und bleiben folglich rechtlich unabhängig (Madauss 2000, S. 115). Im Gegensatz zur ARGE haften die Projektpartner bei dem Konsortium gemeinsam (Madauss 2000, S. 115f.).

Im Kontrast dazu weisen die *Gemeinschaftsunternehmen* in der Form eines Joint Ventures eine stärkere Bindungsintensität auf. Als Joint Venture wird eine neue, hierarchieähnliche Organisationsform bezeichnet, die aus der Vereinigung von Ressourcen zweier oder mehrerer Organisationen geschaffen wird (Gulati/Singh 1998, S. 781; Kogut 1988, S. 319). Zumeist wird hier eine dauerhafte zwischenbetriebliche Zusammenarbeit vertraglich geregelt, und durch die gemeinsame Investition des Kapitals in das Joint Venture werden das Risiko sowie auch die Geschäftsführung unter den teilnehmenden Organisationen aufgeteilt (Holtbrügge 2003, S. 876). Das Kennzeichen der dauerhaften Zusammenarbeit sowie insbesondere die Kapitalverflechtung der beteiligten Organisationen grenzen die Gemeinschaftsunternehmen von interorganisationalen Projekten ab.

Die Form der höchsten Bindungsintensität, das *akquisitive Joint Venture* oder die einseitige Minderheitsbeteiligung, ist in Bezug zu interorganisationalen Projekten noch weniger relevant. Hier geht es dem Kapitalgeber häufig um den Wert der Organisation, an der er anteilsmäßig beteiligt ist, und nicht um die gemeinsame Durchführung von Projekten (Gulati/Singh 1998, S. 791).

In die Klassifikation der strategischen Allianz lassen sich interorganisationale Projekte folglich bei einem sehr niedrigen Bindungsgrad unter den Vertragskooperationen einordnen. In der Ausprägung des Bindungsgrads können sich die interorganisationalen Projekte voneinander unterscheiden. Sie können von marktähnlichen vertraglichen Konstruktionen zur Beschaffung von notwendigen Produktionsteilen bis hin zu langfristigen Kunden-Lieferanten-Beziehungen variieren, in denen die jeweiligen Organisationen auf Projektbasis Geschäfte miteinander abwickeln (z.B. Hagedoorn 1990, S. 24f.). Kunden-Lieferanten-Beziehungen können dabei verschiedene Formen annehmen: beispielsweise die gemeinschaftliche Produktion oder das Outsourcen von Produktionsschritten an Lieferanten (Hagedoorn 1990, S. 24f.). Hauptunterscheidungskriterium zu interorganisationalen Projekten ist hier, wie auch bei den Netzwerken, die temporäre Komponente.

Der Begriff der interorganisationalen Projekte wird in der Literatur zur interorganisationalen Zusammenarbeit jedoch, ähnlich zur Projektliteratur, selten explizit angesprochen, sondern lediglich von manchen Autoren gestreift. So fallen beispielsweise unter eine engere Definition von Allianzen nach Wathne, Roos und Van Krogh auch Non-Equity-Arrangements zwischen Organisationen, die auf einer projektorientierten Basis Aktivitäten gemeinsam verrichten (Wathne/Roos/von Krogh 1996, S. 57).

Aktuelle Forschung zur interorganisationalen Zusammenarbeit

Thematisch setzen die unterschiedlichen Arten der interorganisationalen Zusammenarbeit ähnliche Schwerpunkte in der aktuellen Forschung. Es stehen nicht nur Themen wie unterschiedliche Formen und Klassifikationen (z.B. Ebers/Jarillo 1997-98; Grandori/Soda 1995; Oliver/Ebers 1998), Partnerwahl und Gründe für die interorganisationale Zusammenarbeit (Borys/Jemison 1989; Contractor/Lorange 2002; Larson 1992; Lorange/Roos/Bronn 1992; Mohr/Spekman 1994) sowie das Management der Zusammenarbeit (Bronder/Pritzl 1992, S. 341ff.; Lorange/Roos 1993, S. 105; Simonin 2002) im Vordergrund. Daneben besteht hier, ähnlich wie bei der Literatur zu Projekten, ein Trend zu Veröffentlichungen über die Chancen des Erwerbs von Wissen, die durch die Zusammenarbeit mit externen Partnern eröffnet werden. Zudem werden Faktoren betrachtet, die einen solchen Prozess fördern wie zum Beispiel die Analyse der Beziehungen der interorganisationalen Partner zueinander.

Eine starke Tendenz lässt sich in diesem Gebiet hin zu dem Wissenserwerb in interorganisationaler Zusammenarbeit aufzeigen. Viele Autoren untersuchen den Wissenserwerb in strategischen Allianzen (z.B. Fischer et al. 2002; Grant/Baden-Fuller 2004; Inkpen 2002; Kale/Singh/Perlmutter 2000; Mowery/Oxley/Silverman 1996; Muthusamy/White 2005), teilweise auch in internationalen strategischen Allianzen (z.B. Hamel 1991; Simonin 2004). Weiterhin bestehen Forschungsfelder zu Wissenserwerb in Joint Ventures (z.B. Inkpen/Dinur 1998; Kogut 1988, Lyles 2002; Makhija/Ganesh 1997), in Netzwerken (Podolny/Page 1998), in Lieferantennetzwerken (Appleyard 2002; Lane 2001) sowie weiteren vertikalen Vertragskooperationen (Kotabe/Martin/Domoto 2003).

Inhaltlich wird häufig der Wissenserwerb als ein mögliches Motiv einer Unternehmenskooperation (z.B. Hamel 1991, S. 83; Inkpen 2002, S. 268; Kogut 1988, S. 322; Lane 2001, S. 699; Prange/Probst/Rüling 1996, S. 12ff.) oder auch als ein ungeplanter Nebeneffekt (Child/Faulkner 1998, S. 289; Ingram 2005, S. 642; Makhija/Ganesh 1997, S. 520f.) betrachtet. Viele Autoren analysieren darüber hinaus Faktoren, die den Wissenserwerb begünstigen (z.B. Hamel 1991; Lane 2001; Muthusamy/White 2005; Simonin 2004; siehe Kapitel 3.4). Weiterhin werden auch Themen behandelt, wie das Risiko, wettbewerbsentscheidendes Wissen an den Partner abzugeben (Sydow 2004, Sp. 1542). Ähnlich sind auch sogenannte „Learning Races", in denen es darum geht, welcher Partner zuerst sein Ziel, Wissen zu erwerben, erreicht und dann möglicherweise die Kooperation beendet (z.B. Hamel 1991, S. 88; Muthusamy/White 2005, S. 416).

Ein weiteres Teilgebiet der Forschung beschäftigt sich mit dem Aufbau einer gemeinsamen Wissensbasis sowie Managementfähigkeiten für die gemeinsame Zusammenarbeit (z.B. Laigle 1998; Simonin 1997; Simonin 2002; Wathne/Roos/von Krogh 1996).

Neben dem Wissenserwerb werden in der Literatur zur interorganisationalen Zusammenarbeit die Beziehungen der Organisationen zueinander analysiert (z.B. Grabher 1993; Gulati/Higgins 2003; Nooteboom 2004; Provan/Milward 1995; Riemer 2005; Uzzi 1997).

Zusammenfassung

Zusammenfassend wird in Kapitel 2.2.2 gezeigt, dass das Gebiet der interorganisationalen Zusammenarbeit bereits stark erforscht ist. Weiterhin hat es sich bereits in neuere Themengebiete wie den interorganisationalen Wissenserwerb und die Beziehung der Organisationen zueinander weiterentwickelt.

2.3 Zusammenfassende Einordnung in den aufgezeigten Literaturkontext

Nach einer Darstellung der beiden Literaturstränge zu Projekten sowie zur interorganisationalen Zusammenarbeit als Basisgrundlage für interorganisationale Projekt lässt sich, abgeleitet aus Kapitel 2.2.1 und 2.2.2, die Einbindung von interorganisationalen Projekten in die Forschung wie folgt darstellen:

Interorganisationale Projekte werden in der Literatur selten als eigene Form aufgefasst, sie lassen sich jedoch thematisch in den Bereich der Projektliteratur eingliedern. Dort stellen sie einen Spezialfall dar und fokussieren auf die Zusammenarbeit zwischen Organisationen. In dem allgemeinen Bereich der Projektliteratur können neue Trends in den Veröffentlichungen identifiziert werden, wie beispielsweise eine Verknüpfung mit Themen aus der Literatur zu Wissenserwerb und Beziehungen. Diese neuen Bereiche werden jedoch in interorganisationalen Projekten noch unzureichend betrachtet, sondern vielmehr zwischen Projekten in einer Organisation thematisiert. Gerade die Chance der Zusammenarbeit in einem interorganisationalen Projekt und die daraus resultierenden Möglichkeiten, wie beispielsweise von einer externen Organisation zu lernen, werden in der Projektliteratur wenig angesprochen.

In der Literatur zur interorganisationalen Zusammenarbeit dagegen werden Aspekte der Zusammenarbeit von Organisationen thematisiert und auch häufig die Aspekte des Wissenserwerbs analysiert. Interorganisationale Projekte lassen sich zusätzlich zu der Einbettung in die Projektliteratur auch der Literatur zu interorganisationaler Zusammenarbeit zuordnen. Unterscheidungsmerkmal ist hier insbesondere die temporäre Komponente, da die interorganisationale Zusammenarbeit häufig im Gegensatz zu Projekten langfristig ausgelegt ist. In der Literatur wird jedoch von einigen Autoren eine weiterführende Zusammenarbeit, die über ein bestimmtes Projekt hinausgeht, nicht ausgeschlossen. Damit können interorganisationale Projekte auch den Teil einer längerfristigen Zusammenarbeit zwischen zwei oder mehreren Organisationen darstellen. Aufgrund der sonstigen Schnittstellen von interorganisationalen Projekten mit Netzwerken sowie mit Formen der Unternehmenskooperation kann hieraus gefolgert werden, dass eine Vielzahl der Forschungsergebnisse zu interorganisationaler Zusammenarbeit zumindest teilweise auf interorganisationale Projekte angewandt werden kann.

Zusammenfassend kann der projektfokussierte Blickwinkel der interorganisationalen Projekte durch die Miteinbeziehung der Literatur zu interorganisationaler Zusammenarbeit erweitert werden. Ein relevantes Themenfeld in diesem Zusammenhang ist der Wissenserwerb, der durch die interorganisationale Projektzusammenarbeit ermöglicht wird. Diese Form soll im Weiteren erläutert werden.

3 Interorganisationaler Wissenserwerb

Nachdem in Kapitel 2 die interorganisationalen Projekte als Betrachtungsgegenstand für die vorliegende Arbeit festgelegt wurden, soll in Kapitel 3 der interorganisationale Wissenserwerb behandelt werden. Um eine Grundlage zu schaffen, wird der interorganisationale Wissenserwerb zunächst definiert. Weiterhin werden die Inhalte des interorganisational zu erwerbenden Wissens unterschieden und die konkrete Messung in der empirischen Studie dargelegt. Daran anschließend wird die Relevanz eines interorganisationalen Wissenserwerbs aufgezeigt und dabei interorganisationaler Wissenserwerb als erste Stufe des organisationalen Lernens vorgestellt. Das Kapitel endet mit einer Aufstellung möglicher Einflussfaktoren auf den interorganisationalen Wissenserwerb.

3.1 Definition des interorganisationalen Wissenserwerbs

Die Grundlage der Definition des interorganisationalen Wissenserwerbs bildet der Begriff Wissen. Dieser wird in der Literatur vielfach verwendet und ist häufig auf die unterschiedlichsten Arten gebraucht worden. Als Grundlage soll für die vorliegende Arbeit die folgende Definition verwendet werden:

> „Wissen bezeichnet die Gesamtheit der Kenntnisse und Fähigkeiten, die Individuen zur Lösung von Problemen einsetzen. […] Wissen stützt sich auf Daten und Informationen, ist im Gegensatz zu diesen jedoch immer an Personen gebunden." (Probst/Raub/Romhardt 2003, S. 22)

Dieser Definition folgend bilden Kenntnisse und Fähigkeiten sowie Daten und Informationen die Grundlage von Wissen und sind damit im Sinne einer breiten Definition ebenfalls Bestandteile von Wissen. Ein Merkmal dieses Wissens ist die Bindung der Informationen und Daten an Personen.

Das hier definierte Wissen stellt das Zielobjekt eines interorganisationalen Wissenserwerbs dar (Sessing 2006, S. 97). Entscheidend für eine Definition des interorganisationalen Wissenserwerbs ist die Tatsache, dass die Zusammenarbeit mit dem Partner einen Zugang zu dessen Wissensbestand eröffnet. Die Zusammenarbeit ermöglicht einen Transfer des Wissens von einer Organisation zu einer anderen, wobei beide Organisationen jeweils über die Projektmitarbeiter repräsentiert werden, da Wissen an Personen gebunden ist. Deshalb wird hierbei in der Literatur und auch in den folgenden Ausführungen häufig der Begriff des Wissenstransfers synonym verwendet.

Für diese Arbeit soll der Wissenserwerbs in interorganisationalen Projekten als interorganisationaler Wissenserwerb bezeichnet werden. Dafür soll folgende Definition gelten:

Der interorganisationale Wissenserwerb wird verstanden als die Aneignung von Wissen von einer Partnerorganisation in einem interorganisationalen Projekt. Das Wissen stützt sich auf Information, Daten und Fähigkeiten. Grundlage des interorganisationalen Wissenserwerbs ist der Prozess des Transfers von Wissen von einem Sender zu einem Empfänger. Dieser Transferprozess endet in einer Veränderung der Wissensbasis des Empfängers, der fokalen Organisation, für die das transferierte Wissen eine Neuartigkeit darstellt (abgeleitet aus Ingram 2005, S. 643; Inkpen/Tsang 2005, S. 157; Kale/Singh/Perlmutter 2000, S. 220).

Anzumerken ist hier, dass auch im interorganisationalen Kontext ein erweiterter Wissensbegriff verwendet wird. Demnach werden Informationen und Fähigkeiten, die laut der Definition von Probst, Raub und Romhardt die Grundlage von Wissen bilden, miteinbezogen (Probst/Raub/Romhardt 2003, S. 22). Der Erhalt von Informationen von einem Partner führt zur Bildung von Wissen bei dem Empfänger, damit wird die Grundlage für spätere Problemlösungsprozesse und Handlungen geschaffen. Der hier definierte interorganisationale Wissenserwerb wird in der Literatur häufig mit Lernen bezeichnet (z.B. Contractor/Kim/Beldona 2002; Kale/Singh/Perlmutter 2000).

Der interorganisationale Wissenserwerb lässt sich durch folgende Merkmale charakterisieren:

a) Resultat des interorganisationalen Wissenserwerbs ist die Veränderung des Wissensbestandes der fokalen Organisation
b) Prozess des interorganisationalen Wissenserwerbs als Wissenstransfer von Sender zu Empfänger
c) Neuartigkeit des zu erwerbenden Wissens für die fokale Organisation

Zu a): Resultat des interorganisationalen Wissenserwerbs ist die Veränderung des Wissensbestandes der fokalen Organisation

Im Vordergrund dieser Arbeit steht die Betrachtung von Wissenserwerb als Output einer interorganisationalen Beziehung. Als Resultat des interorganisationalen Wissenserwerbs wird demnach der Wissensbestand der Organisation, die das Wissen erhält, verändert (Inkpen/Tsang 2005, S. 157; Sessing 2006, S. 34). Diese Organisation wird in der vorliegenden Arbeit als fokale Organisation bezeichnet. Es wird hierbei der Fokus auf eine Organisation gelegt, anstatt den Wissenserwerb aller Partnerorganisationen zu betrachten.

Es gilt zu beachten, dass Wissen zunächst an Individuen gebunden ist und damit individuelles Wissen darstellt (Probst/Raub/Romhardt 2003, S. 18; Reihlen 2003, S. 577ff.). Individuen sind darüber hinaus in einen sozialen Kontext eingebunden, beispielsweise in einer Organisation (Reihlen 2003, S. 577). Das aggregierte Wissen der Individuen und die Kombination der unterschiedlichen Wissensbasen der Individuen in einer Organisation werden als kollektives oder organisationales Wissen bezeichnet. Im organisationalen Kontext wird folgende Definition von Wissen gebraucht: „Wissen beinhaltet unter anderem Patente, Prozesse, Managementfähigkeiten, Technologien, Berufserfahrungen und Informationen über Kunden und Lieferanten" (von Krogh/Venzin 1995, S. 418). In der vorliegenden Arbeit wird individuelles Wissen als die Basis von kollektivem Wissen betrachtet. Das kollektive Wissen wird vereinfacht als die Aggregation von individuellem Wissen gesehen[8]. Eine Veränderung des Wissensbestandes eines Mitarbeiters, ausgelöst durch den interorganisationalen Wissenserwerb, resultiert demnach in einer Veränderung des Wissensbestandes der Organisation (Sessing 2006, S. 27). Das kollektive Wissen ist vergleichbar mit dem intellektuellen Kapital, das nach Nahapiet und Ghoshal der Organisation als Ganzes zur Verfügung steht und keinem einzelnen Individuum zugerechnet werden kann (Nahapiet/Ghoshal 1998, S. 245).

Das akkumulierte Wissen wird in dem interorganisationalen Projekt zunächst von einer Projekteinheit erworben, der fokalen Projekteinheit. Das von der fokalen Projekteinheit erworbene Wissen kann dann wiederum der gesamten fokalen Organisation zugerechnet werden.

Zu b): Prozess des interorganisationalen Wissenserwerbs als Wissenstransfer von Sender zu Empfänger

Es gibt drei Arten, wie der interorganisationale Wissenstransfer, der als Ergebnis den Wissenserwerb zur Folge hat, ablaufen kann. Der Fokus liegt hierbei auf dem Empfänger des Wissens, der fokalen Projekteinheit, die die fokale Organisation repräsentiert:

Die ersten beiden Arten fallen in die Kategorie *Lernen von dem Partner* oder auch „One-way Learning" genannt (Ingram 2005, S. 643; Lane/Lubatkin 1998, S. 464)[9]. Kernpunkt ist hierbei, dass die Beziehung zwischen den Partnern einen Kanal bildet, über den Wissen von Partner zu Partner transferiert werden kann (Contractor/Kim/Beldona 2002, S. 495). Die Beziehung ermöglicht den Zugang zu den Informationen, Wissen und Erfahrungen des Partners und damit die Möglichkeit, dieses Wissen für den Empfänger, die fokale Organisation, nutzbar zu machen (Inkpen/Tsang 2005, S. 146; Kale/Singh/Perlmutter 2000, S. 219; Lane 2001, S. 699; Yli-Renko/Autio/Sapienza 2001, S. 589). Für eine Erläuterung der Motivation, Wissen zu teilen, siehe Kapitel 3.4.2.1 und Kapitel 4. Dieser Prozess kann

---

[8] Diese Vorgehensweise geschieht bewusst gegen eine in der Literatur gegenwärtige Diskussion, den kollektiven Wissensbestand als ein „Mehr" als die Summe des Wissens der Akteure darzustellen (z.B. Probst/Raub/Romhardt 2003, S. 21). In der vorliegenden Arbeit steht der Erwerb von Wissen aus interorganisationalen Projekten im Vordergrund und nicht die gemeinsame kreative Schaffung von neuem Wissen.

[9] Der Fokus liegt in der vorliegenden Arbeit auf dem einseitigen Lernen, also wie eine fokale Organisation Wissen von einer Partnerorganisation erwerben kann. Für das „Two-way Learning", also den beidseitigen Wissenserwerb beider Partner, gelten dieselben Faktoren (Lane/Lubatkin 1998, S. 464).

auch beidseitig gewollt sein. Ziel einer interorganisationalen Zusammenarbeit kann es beispielsweise sein, sich gegenseitig die Fähigkeiten des anderen Partners anzueignen und den Prozess der Zusammenarbeit so zu gestalten, dass möglichst viel Wissen ausgetauscht wird (z.B. Hamel 1991, S. 83).

Bei dem Lernen von dem Partner kann der Wissenstransfer in Form der Imitation des Wissens des Partners oder der Kombination des Partnerwissens mit dem eigenen Wissen der fokalen Organisation stattfinden (Sessing 2006, S. 25ff.):

Unter Imitation wird die spiegelbildliche Aneignung des Wissens des Partners verstanden. Hier wird die interorganisationale Verbindung dazu genutzt, Wissen aus der Wissensbasis des Partners zu transferieren und dann in gleicher Weise in der fokalen Organisation abzubilden (Grant/Baden-Fuller 2004, S. 64; Hagedoorn 2006, S. 671).

Bei der Kombination wird externes Wissen von den Mitarbeitern der fokalen Organisation aufgenommen und mit bereits in der Organisation vorhandenem Wissen zusammengeführt. In der Summe entstehen daraus neue Ideen und Innovationen für die fokale Organisation (Ingram 2005, S. 642; Nahapiet/Ghoshal 1998, S. 247f.). Hierzu ist vorher bereits vorhandenes Wissen bei der fokalen Organisation notwendig, mit dem das neue dann kombiniert werden kann (Cohen/Levinthal 1990, S. 129). Relevant ist für den Wissenserwerb nur der Zugang zu dem Wissensbestand des Senders, um dieses Wissen dann mit dem eigenen spezialisierten Wissen zu kombinieren (Grant/Baden-Fuller 2004, S. 64). Diese Sichtweise hat Parallelen mit den kombinatorischen Fähigkeiten von Kogut und Zander[10].

Die zweite Kategorie ist das *Lernen mit dem Partner*. Bedingt durch die Zusammenarbeit mehrerer unterschiedlicher Individuen an einem interorganisationalen Projekt kann kooperativ neues Wissen in einem gemeinsamen Prozess generiert werden, der generierte Wissensoutput steht allen Partnern zur Verfügung und kann gemeinschaftlich genutzt werden (Ahuja 2000, S. 429; Khanna/Gulati/Nohria 1998, S. 194ff.). Gelernt wird bei dieser Art in einer strategischen Allianz beispielsweise, indem die fokale Organisation das Allianzwissen internalisiert (Inkpen 1996, S. 124; Simonin 1997, S. 1150ff.) und damit aus der Allianz privaten Nutzen ziehen kann (Khanna/Gulati/Nohria 1998, S. 194). Diesem sogenannten gemeinsamen Lernen[11] steht das konkurrierende Lernen gegenüber. Hierbei besteht die Gefahr des oben bereits genannten Lernwettbewerbs, der auch mit „Learning Ra-

---

[10] Nach Kogut und Zander bedeuten kombinative Fähigkeiten, dass für Innovationen kein neues Wissen notwendig ist, vielmehr wird existierendes Wissen kombiniert und daraus eine neue Anwendung gewonnen (Kogut/Zander 1992, S. 385).

[11] Das gemeinsame Lernen ist abzugrenzen von dem gemeinsamen Wissen. Bei dem gemeinsamen Wissen stehen Managementfähigkeiten einer interorganisationalen Verbindung im Vordergrund (Simonin 1997, S. 1151), während bei dem gemeinsamen Lernen das unterschiedlichste Wissen mit dem Partner zusammen erworben und gelernt wird und ein gemeinsames Produkt beispielsweise der Output sein kann (Child 2001, S. 661).

ce" bezeichnet wird (z.B. Hamel 1991, S. 88; Muthusamy/White 2005, S. 416). Wettbewerb unter den Partnern kann entstehen, da Wissen eine sehr wichtige wettbewerbsrelevante Ressource darstellt und durch den interorganisationalen Wissenstransfer die Chance besteht, eigene Fähigkeiten weiterzuentwickeln. Ziel der Partner ist es deshalb möglicherweise, schnell von dem Partner zu lernen und die Verbindung dann zu beenden (Child 2001, S. 661f.). So wird das Lernen mit dem Partner zu einem Lernen von dem Partner. Durch dieses Risiko kann die Stabilität der interorganisationalen Verbindung leiden (Inkpen/Beamish 1997, S. 177).

Da der Fokus der hier vorliegenden Arbeit auf dem Wissenserwerb in interorganisationalen Projekten liegt, kommt vor allem den beiden Arten der ersten Kategorie, dem Lernen von dem Partner, die größere Bedeutung zu. Das Ziel für ein interorganisationales Projekt ist selten die gemeinsame Generierung von Wissen, dafür werden in der Praxis eher strategische Allianzen geschlossen (Hamel 1991, S. 83; Kogut 1988, S. 322; Lane 2001, S. 699).

Zu c): Neuartigkeit des zu erwerbenden Wissens für die fokale Organisation

Ein weiterer Aspekt des interorganisationalen Wissenserwerbs ist die Neuartigkeit des zu erwerbenden Wissens. Interorganisationale Projekte bieten einer Organisation die Chance, neues Wissen von einer externen Quelle aufzunehmen. Dies steht im Gegensatz zur bloßen Weitergabe von intern bereits vorhandenem Wissen bei dem internen Wissenstransfer zum Beispiel in der PBO. Das für die fokale Organisation neu zu erwerbende Wissen kann eine Neuartigkeit beziehungsweise eine Innovation für die Organisation darstellen, beispielsweise im Sinne von neuartig wahrgenommenen Produkten oder Prozessen (Hauschildt 2004, S. 17). Dadurch, dass das zu erwerbende Wissen für die fokale Organisation als neuartig wahrgenommen wird, liegt bereits eine Innovation für die Organisation vor. Nach der Definition einer Innovation von Rogers oder Schumpeter genügt es bereits, wenn die Neuheit für das Individuum oder für die Organisation vorliegt (Rogers 1983, S. 11; Schumpeter 1964, S. 100). Es ist nicht notwendig, dass das Wissen auch gänzlich neu für den Markt oder die Welt ist (Machazina/Wolf 2005, S. 726). Gerade bei dem Transfer von einer Partnerorganisation zur fokalen Organisation wird für die Partnerorganisation bereits bekanntes Wissen transferiert.

Elemente des interorganisationalen Wissenserwerbs

Zusammenfassend wird interorganisationaler Wissenserwerb in der vorliegenden Arbeit verstanden als Aufnahme von für die fokale Organisation neuem Wissen als das Resultat eines Transferprozesses von den Partnerorganisationen, den Sendern, an die fokale Organisation, den Empfänger. Abbildung 5 stellt die Elemente des interorganisationalen Wissenserwerbs dar.

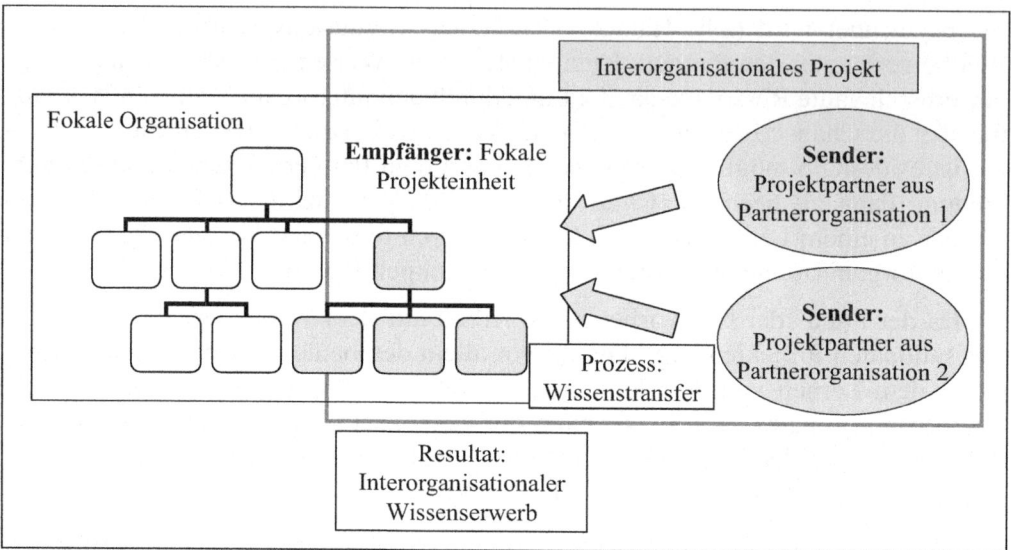

Abbildung 5: Elemente des interorganisationalen Wissenserwerbs

Es wird dargestellt wie die fokale Projekteinheit (Empfänger) von den Partnerorganisationen (Sender) Wissen erwirbt. Das Resultat dieses Prozesses des Wissenstransfers ist die Veränderung des Wissensbestandes der fokalen Organisation, der interorganisationale Wissenserwerb. Aufbauend auf der Definition von interorganisationalem Wissenserwerb sollen im folgenden Kapitel die Inhalte des Wissens erläutert werden, die im interorganisationalen Kontext erworben werden können.

3.2 Inhalte des interorganisational zu erwerbenden Wissens

In dem interorganisationalen Kontext der Projektzusammenarbeit bieten sich vielfältige Möglichkeiten, neues Wissen zu erwerben. In der Literatur werden häufig Wissen oder Wissenserwerb generell betrachtet und eine nähere Beschäftigung mit dessen Inhalten beziehungsweise Ausgestaltung fehlt. In einigen Beiträgen finden sich jedoch unterschiedliche Ansätze und Richtungen zur Ausgestaltung des zu erwerbenden Wissens:

Child zeigt auf, dass man vom Partner Wissen über Produkt- und Prozesstechnologie, Wissen über Umwelten und Wissen über organisatorische Fähigkeiten erhalten kann (Child 2001, S. 663). Simonin untersucht, ähnlich wie Zander und Kogut sowie Appleyard, technisches- und Prozesswissen (Appleyard 1996, S. 140ff.; Simonin 2004, S. 409; Zander/Kogut 1995, S. 81ff.). Diese Sicht lässt sich auch bei Ingram erkennen, für ihn manifestiert sich Wissenserwerb in Innovationsideen für neue Produkte oder Prozesse und ist damit eine Vorstufe für Produkt- oder Prozessverbesserungen (Ingram 2005, S. 642).

Mowery, Oxley und Silverman untersuchen technologische Fähigkeiten der Partner und vergleichen dazu die jeweiligen technologischen Ressourcen miteinander (Mowery/Oxley/Silverman 1996, S. 79ff.). Für Inkpen und Tsang sowie auch für Kogut bildet die Beziehung zu dem Partner die Möglichkeit, technologisches Wissen und Wissen über einen Markt zu bekommen (Inkpen/Tsang 2005, S. 149f.; Kogut 1988, S. 323ff.). Über die Beziehung bekommen Organisationen teilweise auch Einblick in die Arbeitsweise ihrer Partnerfirmen, so dass sie neues Wissen über Produkte, Verfahren oder Kunden erwerben können (Steensma 1996, S. 269f.).

Für eine Kategorisierung des interorganisationalen Wissenserwerbs nach den Inhalten des interorganisational zu erwerbenden Wissens soll sich in dieser Arbeit an einem weiteren Autor angelehnt werden. Westney unterscheidet zwei verschiedene Arten von Wissen, die eine Organisation erwerben kann: Wissen über neue Technologien und Märkte sowie Wissen, wie eine Organisation die eigenen internen Prozesse managen kann, grob technisches Wissen und Managementwissen (Westney 2002, S. 341). Dies folgt der Denkweise von Yli-Renko, Autio und Sapienza, die in Anlehnung an Erikkson et al. in eher allgemeineres Wissen wie Wissen über Märkte und Produkte sowie in Wissen über interne Prozesse und Projektmanagement unterscheiden (Erikkson et al. 1997, S. 340f.; Yli-Renko/Autio/Sapienza 2001, S. 593ff.).

Diese Unterscheidung der beiden Inhaltsarten soll in der vorliegenden Arbeit ebenfalls die Grundlage bilden: der Erwerb von Wissen über Märkte und Produkte sowie Wissen über interne Prozesse und Projektmanagement. Bei dem Wissen über Märkte und Produkte handelt es sich einerseits um Wissen über neue Technologien (Mowery/Oxley/Silverman 1996, S. 79ff.) oder Produkte (Ingram 2005, S. 642) und andererseits auch um Wissen über Märkte (Erikkson et al. 1997, S. 340f.; Westney 2002, S. 340f.; Yli-Renko/Autio/Sapienza 2001, S. 593f.). Der Zugang zu neuen Technologien und den neuen Märkten ist häufig auch ein Grund für eine Organisation, eine Zusammenarbeit mit anderen Organisationen einzugehen (Powell 1990, S. 315).

Bei dem Erwerb von Wissen über interne Prozesse und Projektmanagement steht dagegen Wissen um die Gestaltung von internen Prozess- und Projektmanagementabläufen im Vordergrund (Ingram 2005, S. 642; Westney 2002, S. 340f.; Yli-Renko/Autio/Sapienza 2001, S. 694f.).

Eine Operationalisierung des interorganisationalen Wissenserwerbs ist in der Forschung noch wenig etabliert. Insbesondere die Unterscheidung des interorganisationalen Wissenserwerbs in unterschiedliche Inhaltsarten wird wenig empirisch überprüft. Dieser Zustand wird beispielsweise von Inkpen kritisiert, da die fehlende Operationalisierung und Messung von interorganisationalem Wissenserwerb in Allianzen die Weiterentwicklung in diesem Gebiet behindert. Die Konzepte sind hier häufig sehr breit definiert. Anstatt konkreter Messgrößen als Indiz dafür, dass der Wissenserwerb wirklich stattgefunden hat, werden häufig nur Vorgrößen oder

Annäherungen verwendet (Inkpen 2002, S. 273f.). Deshalb werden für die vorliegende Arbeit Indikatoren genutzt, die den tatsächlich stattgefundenen interorganisationalen Wissenserwerb, also den Erhalt von Wissen von den interorganisationalen Projektpartnern, direkt abbilden. Damit wird der Herangehensweise von Yli-Renko, Autio und Sapienza gefolgt, die in ihrer Studie zum Wissenserwerb junger Technologieorganisationen durch soziales Kapital den Wissenserwerb als Outcome anstatt als Prozess in den Vordergrund stellen (Yli-Renko/Autio/Sapienza 2001, S. 589).

Dabei wird einmal generell abgefragt, ob die fokale Organisation Wissen von den Projektpartnern im interorganisationalen Projekt erworben hat. Anschließend werden jeweils Indikatoren für das Markt- und Produktwissen sowie das Wissen über interne Prozesse und Projektmanagement aufgestellt. Die Indikatoren sind für die beiden inhaltlichen Arten des zu erwerbenden Wissens teilweise selbst formuliert, es findet dabei eine Anlehnung an die Literatur statt. Der Wortlaut der fünf Indikatoren lautet wie folgt:

- Genereller Wissenserwerb: „Von unseren Projektpartnern haben wir sehr viele Anstöße und Anregungen erhalten."
- Wissen über Märkte: „Von unseren Projektpartnern haben wir sehr viele neue Informationen über Markttrends, Kundenbedürfnisse und Wettbewerber erhalten." (Human/Provan 1997, S. 385)
- Wissen über Produkte: „Von unseren Projektpartnern haben wir sehr viele neue Ideen für Produktweiterentwicklungen und neue Produkte erhalten." (Yli-Renko/Autio/Sapienza 2001, S. 598; Human/Provan 1997, S. 385)
- Wissen über Projektmanagement: „Von unseren Projektpartnern haben wir sehr viele neue Ideen zur Verbesserung unseres Projektmanagements erhalten."
- Wissen über interne Prozesse: „Von unseren Projektpartnern haben wir viele neue Ideen zur Verbesserung unserer internen Prozesse erhalten."

Zusammenfassend sind die beiden Inhaltsarten des interorganisational zu erwerbenden Wissens zum einen das Markt- und Produktwissen und zum anderen Wissen über interne Prozesse und Projektmanagement. An der Definition des interorganisationalen Wissenserwerbs sowie den Inhalten des interorganisational zu erwerbenden Wissens anschließend, wird die Relevanz des interorganisationalen Wissenserwerbs im folgenden Kapitel dargelegt und in die Literatur zu organisationalem Lernen eingebettet.

3.3 Relevanz des interorganisationalen Wissenserwerbs im Rahmen des organisationalen Lernens

Gerade in den letzten Jahren haben Forschung und Praxis die Wichtigkeit von Innovationen und die damit verbundene Relevanz der permanenten Aufnahme von neuen Informationen für langfristige Wettbewerbsvorteile in den Vordergrund gestellt (Lundin/Midler 1998, S. 1). Aufgrund der Bedeutung von Wissen und vor allem der permanenten Erneuerung von Wissen für eine Organisation sind zwei Forschungsrichtungen entstanden: (1) die Weitergabe und Weiterentwicklung von Wissen, welches intern in einer Organisation vorhanden ist, genannt *interner* oder *intraorganisationaler Wissenstransfer*, sowie (2) die externe Aufnahme von Wissen, der sogenannte *interorganisationale Wissenserwerb*. Die erste Form wird vor allem in der Literatur der projektbasierten Organisation thematisiert, wenn es um die intraorganisationale Wissensweitergabe geht (siehe Kapitel 2.2.1). Die Literatur auf intraorganisationaler Ebene beschäftigt sich zudem mit der Frage, wie individuelles Wissen oder Wissen, das auf Teamebene vorhanden ist, in organisationales Wissen transferiert werden kann (Lane 2001; Nonaka/von Krogh/Voelpel 2006; Vera/Crossan 2003, S. 123). Damit kann die erste Form als organisationales Lernen beschieben werden. Die zweite Form dagegen wird überwiegend in der Literatur zur interorganisationalen Zusammenarbeit diskutiert (siehe Kapitel 2.2.2). Als Spezialform der interorganisationalen Zusammenarbeit können auch interorganisationale Projekte die Quelle für den interorganisationalen Wissenserwerb darstellen.

3.3.1 Interorganisationaler Wissenserwerb als erste Stufe organisationalen Lernens

Die interorganisationale Projektzusammenarbeit kann als ein spezieller Fall des organisationalen Lernens angesehen werden, bei dem die Quelle nicht in der eigenen Organisation, sondern in der interorganisationalen Verbindung zu sehen ist (Doz 1996, S. 55). Die Aufnahme von neuem Wissen für eine fokale Organisation stellt den ersten Schritt zum organisationalen Lernen dar.

Das organisationale Lernen wird definiert als die Veränderung des Wissensbestandes einer Organisation (Prange 1999, S. 27f.; Probst/Büchel 1998, S. 17; Schulz 2005, S. 415). Die Theorien des organisationalen Lernens versuchen zum einen den Prozess zu erklären, der zu einer Veränderung des Wissensbestandes führt. Zum anderen zeigen sie die Effekte dieses Lernens auf das Verhalten der Akteure sowie den Outcome der Organisation auf (Schulz 2005, S. 415). Ähnlich wie beim interorganisationalen Wissenserwerb handelt es sich bei der Veränderung des Wissensbestandes zunächst um die Veränderung des Wissens von Individuen in Organisationen. Das Wissen der Individuen lässt sich, nach Ablauf einiger interner Prozesse, akkumulieren auf die Ebene der Organisation (Prange 1999, S. 27f.). Während beim organisationalen Lernen die Quellen des Lernens zumeist im Inneren der Organisation liegen, basiert die Veränderung des Wissensbestandes einer fokalen Organisation im interorganisationalen Wissenserwerb jedoch auf der Aufnahme von externem Wissen. Deshalb sind die internen Prozesse beim organisationalen Lernen häufig komplexer als der reine Erwerb von Wissen von externen Quellen.

Der Prozess des organisationalen Lernens verläuft zumeist in drei Stufen: Der hier in dieser Arbeit definierte Wissenserwerb stellt die erste Stufe dar und ist in der Literatur entweder organisationaler oder interorganisationaler Art (Huber 1991, S. 91ff.). Nach dem Wissenserwerb wird das Wissen in der Organisation verteilt und interpretiert, dieser Prozess wird Weiterleitung oder Transfer genannt (Huber 1991). Als letzte Stufe folgt die Speicherung in dem sogenannten organisatorischen Gedächtnis oder auch die Implementierung im Sinne von Verbesserungen in der Organisation (Choo/Bontis 2002, S. 7f.; Huber 1991, S. 105ff.). Abbildung 6 zeigt den Wissenserwerb in einem interorganisationalen Projekt als die erste Stufe von organisationalem Lernen und die Abgrenzung zu den beiden weiteren Stufen.

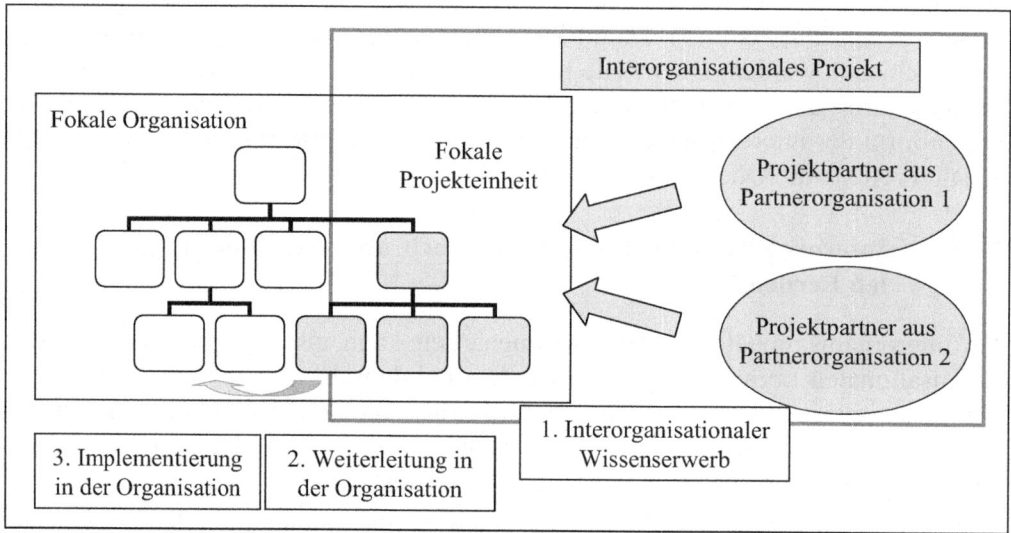

Abbildung 6: Interorganisationaler Wissenserwerb als erste Stufe organisationalen Lernens

Die Abbildung fasst zusammen, wie eine Einheit der fokalen Organisation Wissen von Projektpartnern aus zwei Partnerorganisationen des interorganisationalen Projektes erwirbt. Davon abgegrenzt sind die weiteren Schritte, die innerhalb der Organisation stattfinden, wenn das Wissen an weitere Stellen innerhalb der Organisation weitergeleitet und implementiert wird.

Relevant für die vorliegende Arbeit ist lediglich der erste Schritt, der Erwerb von Wissen aus dem interorganisationalen Projekt. Die Literatur des organisationalen Lernens bildet allerdings vielmals die Grundlage zu der Literatur des interorganisationalen Wissenserwerbs. Daraus ergeben sich an vielen Stellen Schnittstellen und Parallelen. Viele Aspekte des interorganisationalen Wissenserwerbs lassen sich aus der Forschung im Rahmen des organisationalen Lernens ableiten. Im Folgenden sollen deshalb in einem kurzen Überblick die Grundlagen organisatorischen Lernens vorgestellt werden. Der Fokus liegt hierbei darauf, was sich hieraus für den interorganisationalen Wissenserwerb ableiten lässt.

3.3.2 Literatur zu organisationalem Lernen

Die Literatur zu organisationalem Lernen basiert auf unterschiedlichen Wurzeln. In der Managementforschung haben Cyert und March in einer Veröffentlichung von 1963 zum ersten Mal von organisationalem Lernen gesprochen (Cyert/March 1963). Darauf aufbauend haben Argyris und Schön 1978 die Basis für die modernen Theorien des organisationalen Lernens gelegt (Argyris/Schön 1978). Im strategischen Management knüpft der wissensbasierte Ansatz (knowledge-based view) an diese klassischen Veröffentlichungen an und zeigt die Relevanz von Wissen und dessen Erwerb auf. So sieht der aus dem ressourcenbasierten Ansatz (ressourced-based view) abgeleitete wissensbasierte Ansatz die Ressource Wissen als die wichtigste strategische Ressource einer Organisation an, um im Wettbewerb bestehen zu können. Aus diesem Grund sind der Erwerb und die interne Weiterentwicklung von Wissen wettbewerbsentscheidend für eine Organisation. Hierbei untersucht der wissensbasierte Ansatz beispielsweise welche Einflussgrößen das organisationale Lernen fördern (Al-Laham 2004, S. 405; Grant 1996a; Grant 1996b; Probst/Büchel/Raub 1998).

Die Veröffentlichungen im Bereich des organisationalen Lernens zeichnen sich durch eine starke Heterogenität aus. Es lassen sich hieraus vier Ansätze ableiten, nach denen die Strömungen in diesem Gebiet klassifiziert werden können (siehe für die Auswahl der Ansätze DeFillippi/Ornstein 2003).

Zu nennen ist hier zunächst der Ansatz der *Informationsverarbeitung* (Information Processing). Organisationen stellen demzufolge Systeme von Informationen dar. Die kumulierten Informationen und das angesammelte Wissen der einzelnen Mitarbeiter sind in dem kollektiven Gedächtnis einer Organisation gespeichert. Dies passiert, da über die Zeit angesammeltes Wissen der einzelnen Individuen einer Organisation in organisationalen Codes und geteilte mentalen Modellen gespeichert wird (March 1991). Gelernt wird, wenn ein Individuum Informationen aufnimmt, die es als potentiell nützlich für die fokale Organisation ansieht (Huber 1991, S. 89). Im Mittelpunkt des Ansatzes steht der Prozess der Weitergabe und Verteilung von Informationen innerhalb einer Organisation (Galbraith 1982; Shannon/Weaver 1963, S. 98ff.; van de Ven 1976). In vielen der Veröffentlichungen in diesem Gebiet wird die Beschaffenheit der Transferkanäle beschreiben, da diese den Transfer von Wissen beeinflussen (Daft/Huber 1978, S. 14; Daft/Lengel 1984, S. 196; Daft/Lengel 1986). Auch das von Cohen und Levinthal etablierte Konzept der Aufnahmefähigkeit basiert auf dem Ansatz der Informationsverarbeitung (für eine detailliertere Betrachtung der Aufnahmefähigkeit siehe Kapitel 3.4.2.2). Die Aufnahme von neuem Wissen ist hierbei abhängig davon, inwieweit in Organisationen vorheriges Wissen existiert, das dann mit dem neuen Wissen kombiniert werden kann (Cohen/Levinthal 1990; Kogut/Zander 1992). Der Ansatz der Informationsverarbeitung ist im interorganisationalen Kontext vor allem im Hinblick auf die Übertragung von Wissen oder Informationen in der interorganisationalen Verbindung relevant. Dabei steht der zugrundeliegende Prozess des Wissenstransfers vom Sender zum Empfänger im Fokus. Beeinflusst wird dieser Prozess insbesondere durch die Transferkanäle und die Aufnahmefähigkeit des Wissensempfängers.

Dem Konzept der Informationsverarbeitung nahestehend ist auch das *anwendungsbezogene Lernen* (Applied Learning). Lernen basiert in diesem Zusammenhang auf der direkten Erfahrung eines Individuums (DeFillippi/Ornstein 2003). Vor allem das Konzept des projektbasierten Lernens ist in diesem Kontext von Interesse. Dabei werden arbeitsbezogene Aufgaben in Projekten für individuelles und kollektives Lernen genutzt (Coghlan 2001; DeFillippi 2001; Smith/Dodds 1997). In projektbasierten Organisationen werden vor diesem Hintergrund sogenannte Lessons Learned-Sitzungen durchgeführt und das erworbene Wissen wird in Datenbanken aufgenommen (Keegan/Turner 2001). Während beim projektbasierten Lernen das Individuum sowohl aus der eigenen Erfahrung als auch durch die Zusammenarbeit mit anderen Individuen lernt, steht bei dem sogenannten Aktionslernen (Action Learning oder Action Science) das Lernen aus eigenen Erfahrungen eines Individuums beziehungsweise einer Organisation im Vordergrund. Bei dem Aktionslernen wird angenommen, dass ein Individuum aufgrund seiner eigenen Handlungsweisen lernt. Dies geschieht zumeist als Reaktion auf eine interne oder externe Veränderung der Organisationsumwelt. Die neu gelernten Handlungsweisen des Individuums lassen sich dann auf die Organisation übertragen, sofern sie von den Individuen genutzt werden (Argyris/Putnam/Smith 1985; Argyris/Schön 1978; Argyris/Schön 1996; Lewin 1946). Im interorganisationalen Projekt ist das anwendungsbezogene Lernen vor allem deshalb relevant, da die Partner der unterschiedlichen Organisationen voneinander lernen können, während sie gemeinsam an einem Projekt arbeiten (projektbasiertes Lernen). Aus dem Aktionslernen dagegen kann die Übertragbarkeit des Wissensbestandes eines Individuums auf die fokale Organisation für den vorliegenden Kontext übernommen werden.

Ein weiterer Ansatz ist die *soziale Konstruktion* (Social Construction)[12]. Hier ist Lernen eingebunden in einen sozialen Kontext. Dieser soziale Kontext manifestiert sich beispielsweise über Beziehungen zwischen Individuen und in der Kultur, die die Individuen teilen. Lernen findet demnach in der Interaktion zwischen Individuen statt (Brown/Collins/Duguid 1989, S. 32; DeFillippi/Ornstein 2003; Duncan/Weiss 1979). Zu diesem Ansatz zählen sogenannte „Communities of Practice", in denen Lernen in einer Gemeinschaft von Praktikern oder Fachmännern entsteht, die eine gemeinsame Sprache, Werte und Praktiken teilen. Teilnehmer einer solchen Gemeinschaft lernen zunächst auf individueller Ebene und entwickeln sich gemeinsam weiter. Dieses Wissen steht der Gemeinschaft zur Verfü-

---

[12] Das Konzept der sozialen Konstruktion basiert auf dem individuellen Konzept des sozialen Lernens. Das soziale Lernen definiert den Prozess des Lernens. Dadurch, dass Individuen bei Handlungen anderer Individuen zusehen, diese beobachten und die Handlungen evaluieren, lernen sie. Es entsteht hierbei ein kognitiver Zusammenhang zwischen Beobachtung und dem zukünftigen Verhalten (Bandura 1977).

gung und damit der Organisation, der sie zugehörig ist. Neueintreter in diese Gemeinschaft werden sozialisiert und lernen die geltenden Normen kennen und verinnerlichen sie (Brown/Duguid 1991; Orlikowski 2002; Plaskoff 2003; Wenger 2000). Zu der sozialen Konstruktion lässt sich weiterhin das Konzept von Nonaka zählen. Demzufolge entsteht Lernen aus der Interaktion zwischen Individuen. Sogenanntes tazites Wissen, das zunächst an eine Person gebunden ist, wird zwischen Individuen transferiert. Der Wissenstransfer findet statt indem tazites Wissen über die Interaktion der Individuen in mehreren Prozessschritten in artikulierbares Wissen, sogenanntes explizites Wissen, umgewandelt wird. Dabei spielt bei dem Transfer des Wissens zwischen Individuen die Eigenschaft des Wissens eine Rolle. Je nachdem, ob es tazit oder bereits explizierbar ist, beeinflusst diese die Einfachheit der Übertragung (Nonaka 1991; Nonaka 1994; Nonaka/von Krogh/Voelpel 2006; für eine detailliertere Betrachtung der Unterscheidung und Definition von tazitem und explizitem Wissen siehe Kapitel 3.4.2.3)[13]. Fokus des Konzepts der sozialen Konstruktion ist die Eingebundenheit in soziale Beziehungen: Daher kann das Konzept auch auf den interorganisationalen Wissenserwerb übertragen werden. Im interorganisationalen Projekt sind die Mitarbeiter einer fokalen Organisation ebenfalls über soziale Beziehungen mit Mitarbeitern der Partnerorganisationen verbunden. Die geteilte Kultur der Gemeinschaft und die Eigenschaften des Wissens können auch im Kontext des interorganisationalen Wissenserwerbs relevant sein.

Weiterhin zu erwähnen ist die Literatur zum sogenannten *Verhaltenslernen* (Behavioral Learning). Nelson und Winter bezeichnen das Verhaltenslernen mit der Evolution einer Organisation oder des wirtschaftlichen Wandels (Nelson/Winter 1982). Dabei wird organisationales Lernen als Änderung von Routinen und Systemen von Organisationen angesehen, häufig als Antwort auf externe Begebenheiten. Das vorher in einer Organisation vorhandene Wissen spielt dabei eine Rolle. Lernen passiert aufgrund der Umwandlung von vorhandenem Wissen in Routinen, die danach das Verhalten der gesamten Organisation leiten. Diese Änderungen basieren zumeist auf eigenen Erfahrungen einer Organisation, die dann in Verhaltensweisen abgeändert werden. Diese Verhaltensweisen werden als Routinen bezeichnet, sie sind unabhängig von Individuen, basieren aber auf deren Erfahrungen. Routinen werden als Regeln in der Organisation verankert (Cyert/March 1963; Dosi/Nelson 1994, S. 154f.; Kogut/Zander 1992; Kogut/Zander 2003; Levitt/March 1988). Die Quellen von Erfahrungen, die zu Routinen umgewandelt werden, müssen nicht zwangsläufig intern in einer Organisation liegen. Im Rahmen des interorganisationalen Wissenserwerbs können diese auch von externen Quellen, wie beispielsweise Partnerorganisationen, kommen und somit in organisatorische Routinen umgewandelt werden (DeFillippi/Ornstein 2003, S. 26).

---

[13] Der Prozess der Umwandlung von tazitem in explizites Wissen oder auch in die andere Richtung erfolgt in vier Stufen (siehe für Details Nonaka 1994, S. 18ff.).

Zusammenfassend können aus den Theorien zu organisationalem Lernen folgende Aspekte für den interorganisationalen Wissenserwerb abgeleitet werden: Interorganisationale Verbindungen können die Quelle für Wissenserwerb im organisationalen Kontext darstellen, aus denen dann Routinen für eine fokale Organisation abgeleitet werden. Dies geschieht einerseits durch den Zugang zu der Wissensbasis des Partners aufgrund der Eingebundenheit oder sozialen Konstruktion, andererseits, im Sinne des anwendungsbezogenen Lernens, durch gemeinsames Lernen. Dabei ist es von Bedeutung, ob das von den Partnern erworbene Wissen zu dem organisationalen Gedächtnis passt oder aufgenommen und angepasst werden kann. Weiterhin beeinflussen auch die Transferkanäle und möglicherweise die Eigenschaften des Wissens den Wissenstransfer. Damit liefern die Ansätze des organisationalen Lernens bereits unterschiedliche Faktoren, die auch den interorganisationalen Wissenserwerb beeinflussen können. Diese sollen im folgenden Kapitel genauer vorgestellt und im Rahmen der interorganisationalen Projekte aufgezeigt werden.

3.4 Einflussgrößen auf einen interorganisationalen Wissenserwerb

3.4.1 Überblick über mögliche Einflussgrößen auf einen interorganisationalen Wissenserwerb

Aufgrund der im vorhergehenden Kapitel aufgezeigten Relevanz des interorganisationalen Wissenserwerbs beschäftigt sich die Literatur mit unterschiedlichen Einflussgrößen. Die theoretischen Hintergründe stammen sowohl aus der Literatur der interorganisationalen Zusammenarbeit als auch aus den Ansätzen des organisationalen Lernens, die im vorherigen Kapitel dargestellt sind. Während viele Veröffentlichungen häufig auf eine oder wenige Einflussgrößen fokussieren, werden in einigen Rahmenartikeln die häufigsten Formen zusammengefasst (z.B. Argote 1999, S. 167ff.; Argote/McEvily/Reagans 2003, S. 573ff.; Ingram 2005; Sessing 2006, S. 61ff.). Die Einflussgrößen basieren zumeist auf der Prozessbetrachtung des Wissenserwerbs, dem Wissenstransfer von einem Sender zu einem Empfänger. Aus der Vielzahl der Beiträge lassen sich die folgenden Kategorien an Einflussgrößen auf den interorganisationalen Wissenserwerb aufstellen:

- Eigenschaften der am Wissenserwerb beteiligten Einheiten:
    - Eigenschaften des Senders (Kapitel 3.4.2.1)
    - Eigenschaften des Empfängers (Kapitel 3.4.2.2)
- Eigenschaften des Wissens (Kapitel 3.4.2.3)
- Eigenschaften des Transferkanals (3.4.2.4)
- Eigenschaften der Beziehung der am Wissenserwerb beteiligten Einheiten – soziales Kapital (Kapitel 4)

Die folgende Abbildung 7 verdeutlicht die Zusammenhänge grafisch:

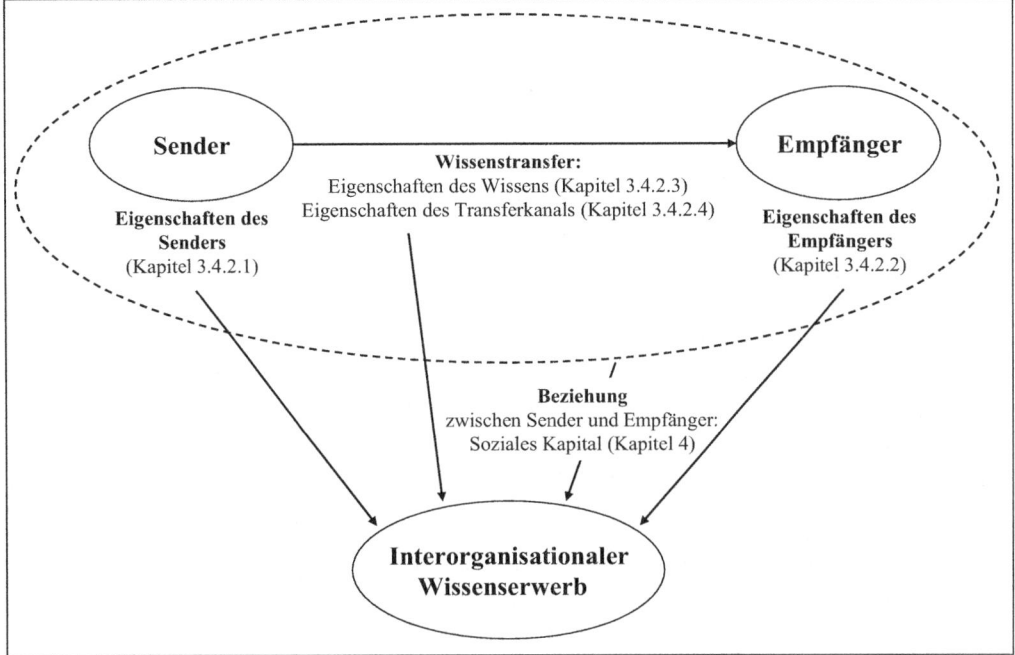

Abbildung 7: Einflussgrößen auf den interorganisationalen Wissenserwerb

Die Abbildung verdeutlicht die Prozesssicht. Bei der Übertragung des Wissens von einem Sender zu einem Empfänger können zunächst die beiden beteiligten Einheiten, Sender und Empfänger, Einfluss auf den Wissenserwerb nehmen. Als nächstes spielen die Eigenschaften des Wissens, das übertragen wird, eine Rolle. Zusätzlich beeinflussen den Transferprozess auch noch die Transferkanäle. Stärker abstrahiert von dem Prozess der Wissensübertragung ist die Beziehung zwischen dem Empfänger und dem Sender. Diese steht in der vorliegenden Arbeit als sogenanntes soziales Kapital als Stellhebel für den interorganisationalen Wissenserwerb im Vordergrund. Aus diesem Grund wird das soziale Kapital im Kapitel 4 ausführlich erläutert. Für ein besseres Verständnis des Gesamtzusammenhangs sollen die weiteren Einflussgrößen und ihre Bedeutung in der Literatur zuvor erläutert werden.

3.4.2 Einflussgrößen auf einen interorganisationalen Wissenserwerb

3.4.2.1 Eigenschaften des Senders

Der Sender des Wissens wird in interorganisationalen Projekten repräsentiert von den Partnerorganisationen. Dem Gebiet der Charakteristika des Senders wird bisher in der Literatur noch wenig Aufmerksamkeit gewidmet (Inkpen 2002, S. 275).

Es sind hauptsächlich zwei Einflussgrößen auf den interorganisationalen Wissenserwerb relevant: die Motivation des Senders, Wissen an einen Empfänger abzugeben oder es mit ihm zu teilen, sowie der Status des Senders, der beeinflusst, ob der Empfänger das Wissen annimmt.

Motivation des Senders, Wissen abzugeben

Damit ein Wissenserwerb stattfinden kann, muss der Sender des Wissens zunächst bereit sein, sein Wissen mit dem Empfänger zu teilen. Durch diese Bereitschaft erhält der Empfänger Zugang zu dem Wissensbestand des Senders. Dieser Zugang wird im Wesentlichen beeinflusst durch die Motivation, Wissen an den Empfänger abzugeben oder es mit ihm zu teilen (Gargiulo/Benassi 1999, S. 300; Gupta/Govindarajan 2000, S. 476ff.; Szulanski 1996, S. 31f.). Einige der Autoren, die die Motivation zum Teilen von Wissen betrachten, sehen Vertrauen als einen wichtigen Aspekt für die Motivation zur Weitergabe von Wissen an (z.B. Adler/Kwon 2002, S. 25ff.; Inkpen 2002, S. 275ff.; Sessing 2006, S. 166). Das Vertrauen wird maßgeblich durch die Beziehung der Akteure zueinander beeinflusst (Rowley/Behrens/Krackhardt 2000, S. 370ff.) und damit in Kapitel 4.3.3.3 betrachtet.

Die Motivation wird von manchen Autoren als die Offenheit des Senders, Wissen abzugeben, bezeichnet. Offenheit wird, ähnlich wie Motivation, definiert als die Bereitschaft, Wissen zu teilen und eng mit dem Partner zusammenzuarbeiten (Stata 1989, S. 70). Auch die Offenheit des Senders setzt zumeist das Vertrauen in den Empfänger voraus. Der Sender ist bereit, offen über alle Themen zu sprechen und sein Wissen preiszugeben, häufig aufgrund einer engen Zusammenarbeit zwischen den Partnern (Aadne/von Krogh/Roos 1996, S. 14ff.; Inkpen 2002, S. 275[14]; Wathne/Roos/von Krogh 1996, S. 60f.). Die Offenheit wird von Hamel als Transparenz des Senders bezeichnet und als ein wichtiger Faktor im interorganisationalen Wissenserwerb gesehen (Hamel 1991, S. 96). Im Unterschied zur Motivation ist bei der Offenheit oder der Transparenz nicht zwingend der bewusste Wille notwendig, ein bestimmtes Wissen an den Empfänger abzugeben, es genügt hier, dem Empfänger jegliches Wissen offenzulegen. Ebenfalls ist es bei Transparenz und Offenheit möglich, dass der Empfänger in einer Zusammenarbeit Routinen oder Herangehensweisen des Senders übernimmt, ohne dass der Sender damit explizit einverstanden ist. Die Grundlage dafür ist in diesem Fall die Offenheit des Wissensbestandes des Senders, dessen Zugang dem Empfänger über die Beziehung ermöglicht wird.

Status des Senders

Neben dem Zugang, den der Empfänger über die Motivation des Senders erhält, sind weitere Eigenschaften des Senders für den Wissenserwerb relevant: Die Ei-

---

[14] Für Inkpen ist die Offenheit des Senders, Wissen abzugeben, allerdings ein Charakteristikum der Art des Wissens, da es die Übertragbarkeit beeinflusst (Inkpen 2002, S. 275).

genschaften des Senders beeinflussen, ob der Empfänger das Wissen annimmt und auch bereit ist, das Wissen anzuwenden (Ingram 2005, S. 647). In diesem Zusammenhang ist vor allem der Status des Senders ausschlaggebend dafür, ob der Empfänger das Wissen des Senders als wertvoll für die Organisation ansieht und annimmt (Argote/McEvily/Reagans 2003, S. 573; Ingram 2005, S. 648; Podolny/Stuart 1995).

In der Literatur wird die Beeinflussung des Wissenserwerbs durch den Status beispielsweise ausgedrückt über die Größe, den Innovativitätsgrad, den Umsatz sowie den wirtschaftlichen Erfolg eines Senders (Argote 1999, S. 170; Ingram 2005, S. 648). Beispielsweise finden Podolny und Stuart in einer Studie in der Halbleiterbranche heraus, dass Organisationen, die als sehr innovativ wahrgenommen werden, einen höheren Status haben und deshalb die Relevanz der Patente und Innovationen dieser Organisationen als höher eingestuft wird (Podolny/Stuart 1995). Für den interorganisationalen Wissenserwerb leitet Ingram daraus ab, dass das Wissen von Organisationen mit einem hohen Status, bedingt durch hohe Innovationen, eher erworben wird (Ingram 2005, S. 648).

3.4.2.2 Eigenschaften des Empfängers

Nach der Vorstellung der Eigenschaften des Senders sollen im Anschluss die Eigenschaften des Empfängers von Wissen aufgezeigt werden. Der Empfänger eines interorganisationalen Wissenserwerbs ist die fokale Projekteinheit, die für die fokale Organisation steht. Verglichen mit den Eigenschaften des Senders, ist das Gebiet der Eigenschaften eines Empfängers als Einflussgröße beim interorganisationalen Wissenserwerb bereits stark erforscht. Es lassen sich hier ebenfalls zwei Arten unterscheiden: die Aufnahmefähigkeit und die Bereitschaft zum Wissenserwerb.

Aufnahmefähigkeit des Empfängers

Cohen und Levinthal beschreiben in einem viel zitierten Beitrag von 1990 die Aufnahmefähigkeit (Absorptive Capacity)[15] als wichtige Voraussetzung sowie wichtigen Bestandteil für den Wissenserwerb einer Organisation und damit letztendlich die Fähigkeit innovativ zu bleiben (Cohen/Levinthal 1990, S. 128). Sie basieren ihre Untersuchungen dabei auf dem Ansatz der Informationsverarbeitung des organisationalen Lernens (siehe Kapitel 3.3.2). Die Aufnahmefähigkeit einer Organisation wird als die Fähigkeit bezeichnet, den Nutzen von externem Wissen zu erkennen, dieses in die Organisation zu integrieren und daraus einen kommerziellen Mehrwert zu generieren (Cohen/Levinthal 1990, S. 128). Die Fähigkeit externes Wissen zu nutzen wird nach Meinung der Autoren beeinflusst von dem Level an vorher bereits in der Organisation vorhandenem Wissen, da dies dabei hilft,

---

[15] Hamel benutzt die Bezeichnung „Receptivity" anstatt der „Absorptive Capacity", geht aber von einer vergleichbaren Definition aus (Hamel 1991, S. 85).

neues Wissen zu integrieren (Cohen/Levinthal 1990, S. 128f.; Ingram 2005, S. 649).

Die Bedeutung der Aufnahmefähigkeit einer Organisation für den interorganisationalen Wissenserwerb liegt in erster Linie darin, den Nutzen des externen Wissens zu erkennen und das Wissen des Senders aus diesem Grund zu erwerben. Die Aufnahmefähigkeit ist darüber hinaus weitaus entscheidender für die weiteren Schritte, die im organisationalen Lernen betrachtet werden: Die Aufnahmefähigkeit ist notwendig, um das erworbene Wissen in die Organisation zu integrieren und in einem weiteren Schritt dann für die Organisation zu nutzen (Cohen/Levinthal 1990, S. 131).

Die Inhalte einiger empirischer Studien zur Aufnahmefähigkeit in interorganisationaler Zusammenarbeit zeigen eine positive Verbindung zwischen der Aufnahmefähigkeit einer Organisation und dem interorganisationalen Wissenserwerb. Beispielsweise lässt sich nachweisen, dass der interorganisationale Wissenserwerb in Allianzen, die ein Lernziel haben, am effektivsten ist, wenn ein hoher Überschneidungsgrad sowie Ähnlichkeiten zwischen Fähigkeiten der Partnerorganisationen zusammen mit einem Mindestmaß an Überschneidung der Kernkompetenzen vorliegt (Mowery/Oxley/Silverman 2002, S. 308ff.). Bereits in einer früheren Studie zeigen die Autoren die Abhängigkeit der Aufnahmefähigkeit von der Beziehung, die die Organisationen vor der Allianz haben, sowie der Überschneidung ihrer Patent-Portfolios (Mowery/Oxley/Silverman 1996, S. 87ff.). Auch andere Forschungsergebnisse unterstreichen die Relevanz der Ähnlichkeit des Wissens der Partnerorganisationen sowie der Beziehung zwischen den Organisationen und damit deren positive Wirkung auf die Aufnahmefähigkeit und den interorganisationalen Wissenserwerb (z.B. Dyer/Singh 1998; Szulanski 1996). Einige Autoren erweitern aus diesem Grund die Aufnahmefähigkeit um das beziehungsspezifische Vorwissen als relevante Komponente für einen erfolgreichen Wissenserwerb (Dyer/Singh 1998; Lane/Lubatkin 1998). Diese Weiterentwicklung des ursprünglichen Konzepts der Aufnahmefähigkeit hat zu einer erneuten Beschäftigung damit geführt. Lane, Koka und Pathak schlagen in einem Überblicksartikel über die relevanten Veröffentlichungen in dem Gebiet ein Prozessmodell der Aufnahmefähigkeit vor, das die Einwirkgrößen auf die einzelnen Stufen der Aufnahmefähigkeit sowie die Outcome-Größen verdeutlicht. So sind hier beispielsweise Charakteristika internen und externen Wissens sowie der Lernbeziehung und Umweltbedingungen relevante Einflussgrößen auf die Aufnahmefähigkeit (Lane/Koka/Pathak 2006, S. 856f.).

Aufnahmebereitschaft des Empfängers

Die Bereitschaft des Empfängers, Wissen zu erwerben, stellt eine weitere Einflussgröße auf den interorganisationalen Wissenserwerb dar (z.B. Ingram 2005, S. 649; Salk/Simonin 2003, S. 255; Simonin 2004, S. 409). In einer Studie von neun internationalen Allianzen konnte Hamel zeigen, dass die Bereitschaft der beteiligten

Partner zum interorganisationalen Wissenserwerb eine positive Wirkung auf das tatsächlich erworbene Wissen hatte (Hamel 1991, S. 90f.).

Neben der Bereitschaft zum Wissenserwerb wird in der Literatur auch noch der Begriff der Motivation oder das Ziel des Wissenserwerbs genannt (Aadne/von Krogh/Roos 1996, S. 13f.; Inkpen 2002, S. 268; Prange/Probst/Rüling 1996, S. 12ff.; Sessing 2006, S. 185ff.). Hier wird unterstellt, dass der Empfänger aktiv nach neuem Wissen sucht und deshalb motiviert ist, Wissen extern zu erwerben (Sessing 2006, S. 186). Um als Empfänger das externe Wissen tatsächlich aufzunehmen, ist Vertrauen in die Kompetenz und das Wohlwollen des Senders notwendig, damit er das Wissen für qualitativ hochwertig erachtet (Fischer et al. 2002, S. 527f.; Sessing 2006, S. 189). Dabei spielen die Charakteristika des Senders eine Rolle.

In der Literatur wird allerdings der interorganisationale Wissenserwerb häufig auch als ein möglicher und ungeplanter Nebeneffekt betrachtet. So kann in der interorganisationalen Zusammenarbeit Wissen erworben werden, ohne dass dies das erklärte Ziel der Zusammenarbeit darstellt. Eine Bereitschaft ist in diesem Fall notwendig, um das Wissen aufzunehmen, auch wenn der Wissenserwerb nicht das Hauptziel darstellt (Child/Faulkner 1998, S. 289; Ingram 2005, S. 642; Makhija/Ganesh 1997, S. 520f.). Dieser Aspekt ist insbesondere in interorganisationalen Projekten relevant, da der Wissenserwerb dort selten das primäre Ziel des Projektes darstellt.

3.4.2.3 Eigenschaften des Wissens

Neben den Eigenschaften der beteiligten Einheiten des Wissenstransfers nehmen möglicherweise die Eigenschaften des Wissens, das erworben werden kann, einen Einfluss auf den interorganisationalen Wissenserwerb. Die Eigenschaften des Wissens werden häufig mit dem Konzept der Ambiguität überschrieben. In einem Literaturüberblick wird Ambiguität als das Verständnis eines Empfängers für das Verhältnis zwischen einer Kompetenz und deren Outcome für die Organisation definiert (King 2007, S. 157). Wenn ein Empfänger das Verhältnis zwischen einer interorganisational zu erwerbenden Kompetenz und dem organisationalen Outcome nicht versteht, führt dies dazu, dass der Wissenserwerb erschwert wird (Szulanski 1996, S. 608). Die Ambiguität wird in der Literatur häufig als eine Funktion aus dem Ausmaß der Komplexität und der Tazitness des Wissens bezeichnet[16]. Damit stellen die Komplexität und die Tazitness des Wissens Einflussgrößen auf den Wissenserwerb und letztendlich auf die Performance einer Organisation dar (Lee et

---

[16] Neben der Tazitness und der Komplexität werden in einigen Artikeln noch weitere Komponenten der Ambiguität wie beispielsweise die Spezifität des Wissens, die Erfahrung mit der Kompetenz sowie kulturelle Unterschiede der Partner betrachtet (Reed/DeFillippi 1990, S. 91; Simonin 1999, S. 597f.). Da diese ansonsten weniger Beachtung erlangen, werden sie hier vernachlässigt.

al. 2007, S. 61ff.; Powell/Lovallo/Caringal 2006 S. 176f.; Reed/DeFillippi 1990, S. 90; Sessing 2006, S. 133ff.; Simonin 1999, S. 597ff.).

Komplexität des Wissens

Die Komplexität des Wissens wird beschrieben als die Anzahl von untereinander abhängigen Routinen, Technologien, Ressourcen und Individuen, die mit einem bestimmten Wissensteil verlinkt sind (Simonin 1999, S. 600; Zander/Kogut 1995, S. 82). Eine hohe Komplexität entsteht beispielsweise dadurch, dass das gesamte Spektrum an Fähigkeiten einer Organisation sich über viele Individuen und Abteilungen verteilt und so für den externen Empfänger schwierig zu erwerben ist (Simonin 1999, S. 600).

Bisher wird in den theoretischen und empirischen Veröffentlichungen die These vertreten, dass ein Wissenserwerb mit steigender Komplexität des Wissens unwahrscheinlicher und schwieriger wird (z.B. Reed/DeFillippi 1990, S. 95ff.; Simonin 1999, S. 608ff.) und es deshalb länger dauert, Projektpartner zu imitieren (McEvily/Chakravarthy 2002, S. 300). Jedoch ist ein Wissenserwerb bei sehr komplexem Wissen nicht ausgeschlossen, vielmehr ist damit ein erhöhtes Engagement, beispielsweise ein zunehmender Einsatz von Ressourcen, notwendig (Kogut/Zander 1992, S. 388).

Tazitness des Wissens

Das Ausmaß der Tazitness des Wissens wird in der Literatur sehr ausführlich von den unterschiedlichsten Autoren als mögliche Einflussgröße auf den Wissenserwerb diskutiert. Die Betrachtungen lassen sich in den bereits aufgezeigten Kontext des Ansatzes der sozialen Konstruktion einordnen (siehe Kapitel 3.3.2). Dabei wird die Tazitness des Wissens zumeist in zwei Pole unterschieden: Auf der einen Seite steht das tazite Wissen, auch implizites Wissen genannt, bei dem das Ausmaß der Tazitness stark ausgeprägt ist. Auf der anderen Seite steht der Gegenpol, das explizite Wissen. Bei dem expliziten Wissen handelt es sich um einfach in formale und systematische Sprache übertragbares Wissen, das leicht artikulierbar und extern speicherbar ist (Nonaka 1994, S. 16). Tazites Wissen dagegen ist schwierig zu formalisieren, zu artikulieren oder extern zu speichern, da es sehr persönlich ist und auf Handlungen und kognitiven Modellen basiert (Nonaka 1994, S. 16; Polanyi 1985, S. 14ff.).

Ergebnis der unterschiedlichsten theoretischen und empirischen Untersuchungen ist häufig ein negativer Zusammenhang zwischen einem hohen Ausmaß an Tazitness und dem interorganisationalen Wissenserwerb (z.B. Fischer et al. 2002, S. 525; McEvily/Chakravarthy 2002, S. 299; Nonaka 1994, S. 16; Polanyi 1985, S. 14ff.).

Als dem Konzept der Tazitness des Wissens sehr ähnlich wird an manchen Stellen die Kodifizierbarkeit des Wissens betrachtet (z.B. Kogut/Zander 1992, S. 387f.; Makhija/Ganesh 1997, S. 516). Je kodifizierbarer das Wissen ist, desto einfacher ist die Strukturierung des Wissens nach kommunizierbaren Regeln und Beziehungen. Ein geringes Ausmaß an Kodifizierbarkeit stellt demnach eine Barriere für den Wissenserwerb dar (Kogut/Zander 1992, S. 387).

3.4.2.4 Eigenschaften des Transferkanals

Neben den Eigenschaften des Wissens kann der interorganisationale Wissenserwerb noch von den Eigenschaften des Transferkanals abhängen. Diese Einflussgröße basiert auf dem Ansatz der Informationsverarbeitung des organisationalen Lernens, da die Wissensübertragung hier als Prozess angesehen wird (siehe Kapitel 3.3.2). Eine Grundlage des Wissenstransfers stellt die Kommunikation zwischen Sender und Empfänger dar. Viele Veröffentlichungen in diesem Gebiet betrachten den Aspekt der Wichtigkeit von Kommunikation für die erfolgreiche Steuerung und Zusammenarbeit in einem interorganisationalen Kontext (z.B. Inkpen/Dinur 1998; Lind/Zmund 1999; Mohr/Spekman 1994). Daneben ist die Kommunikation zwischen Sender und Empfänger aber auch eine entscheidende Einflussgröße für den interorganisationalen Wissenserwerb (Appleyard 1996; Wathne/Roos/von Krogh 1996). Damit lassen sich die Eigenschaften des Transferkanals in die Literatur zur Informationsverarbeitung (siehe Kapitel 3.3.2) einordnen. Abgeleitet aus einem Überblick von Sessing über die relevanten Charakteristika der Mechanismen, die im Bereich der Kommunikation den Wissenserwerb beeinflussen, lässt sich hier vor allem die Reichhaltigkeit des Mediums, durch das das Wissen vom Sender zum Empfänger transferiert wird, als wichtig herausstellen (Sessing 2006, S. 88ff.). Weiterhin ist für einen Wissenstransfer zunächst die Existenz von Transferkanälen unabdingbar (Gupta/Govindarajan 2000, S. 475).

Existenz von Transferkanälen

Die Existenz von Transferkanälen an sich wird als die Grundvoraussetzung gesehen, Wissen zu transferieren. Ohne eine Kommunikationsverbindung zwischen Sender und Empfänger können Informationen und Wissen nicht fließen (Ghoshal/Bartlett 1988, S. 372ff.; Gupta/Govindarajan 2000, S. 475). Da die Existenz die Grundvoraussetzung darstellt, wird sie von vielen Autoren als solche betrachtet und nicht explizit untersucht.

Reichhaltigkeit des Transfermediums

Sobald Kanäle vorhanden sind, können diese verschiedenartig ausgeprägt sein. Dieser Aspekt wird von der Reichhaltigkeit des Transfermediums (Media/Information Richness) betrachtet. Die Reichhaltigkeit des Transfermediums ist definiert als die Kapazität eines Mediums, potentielle Information zu transferieren (Daft/Huber 1978, S. 14; Daft/Lengel 1984, S. 196). Im Gegensatz zu der Theorie des interorganisationalen Wissenserwerbs wird hier zumeist von Informationen gesprochen. Weiterhin werden die ursprünglichen Kommunikationsmodelle vor allem im organisationalen Kontext gesehen. Diese lassen sich aber auf den interorganisationalen Kontext übertragen (Sessing 2006, S. 83ff.). Die Informationsmedien unterscheiden sich in dem Ausmaß an Reichhaltigkeit. Während persönliche Gespräche, auch Face-to-Face-Kommunikation genannt, eine maximale Reichhaltigkeit aufweisen, haben Datenblätter in Form von Computerauswertungen die geringste Ausprägung an Reichhaltigkeit. Dazwischen liegen in sinkender Abstufung Telefongespräche, persönliche Schriftstücke und mit niedriger Reichhaltigkeit formale Schriftstücke (Daft/Lengel 1984, S. 196).

Der sogenannten „Media-Richness-Theorie" folgend werden, abhängig von unterschiedlichen Bedingungen wie beispielsweise den Aufgabencharakteristika oder der Mehrdeutigkeit des Wissens, unterschiedliche Informationsverarbeitungskapazitäten gefordert und daher sind unterschiedliche Kommunikationsmedien geeignet (Daft/Huber 1978; Daft/Lengel 1984; Sessing 2006, S. 82f.).

Gupta und Govindarajan verwenden in einem Beitrag von 1991 ein ähnliches Konzept: die Intensität der Kommunikation. Diese wird als positive Funktion aus der Häufigkeit der Kommunikation, dem Ausmaß der Informalität und der Offenheit sowie der Dichte der Kommunikation zwischen Einheiten verstanden (Gupta/Govindarajan 1991, S. 777f.). Aus einem Literaturüberblick leiten die Autoren folgende Hypothese ab: Je intensiver die Kommunikationsmuster sind, desto höher ist die Informationsverarbeitungskapazität und desto besser kann demnach Wissen erworben werden (Gupta/Govindarajan 1991, S. 778). Die Häufigkeit, die Informalität sowie die Offenheit der Kommunikation werden jedoch vor allem durch die Beziehung zwischen Sender und Empfänger beeinflusst und sind deshalb vorwiegend in Kapitel 4 und insbesondere Kapitel 4.3.3.2 relevant.

In einer quantitativen Studie in der Logistikbranche der USA kann eine positive Wirkung von reichhaltigen Medien auf die Performance festgestellt werden. Reichhaltige Medien wie Face-to-Face-Kommunikation, Telefon und E-Mail wirken hier direkt auf die relationale Performance in Business-to-Business-Beziehungen, während dieselben auf die Kundenloyalität und die Kundenzufriedenheit nur indirekt über die relationale Performance wirkten (Vickery et al. 2004). Darüber hinaus werden in einzelnen Veröffentlichungen die reichhaltigen Medien wie Face-to-Face-Kommunikation sowie telefonische Kommunikation als wichtiger Aspekt des Wissenserwerbs betrachtet (Nohria/Eccles 1992; Wathne/Roos/von Krogh 1996, S. 59ff.). Häufig stellt die Beschaffenheit des Mediums dabei allerdings nur eine mögliche Einflussgröße auf den interorganisationalen Wissenserwerb dar, die aber für einen effektiven Wissenserwerb allein als nicht ausreichend bezeichnet wird (Lane/Lubatkin 1998, S. 462). Deshalb werden darüber hinaus ergänzende Einflussgrößen betrachtet und diskutiert. Beispiele hierfür sind, neben den in den vorausgehenden Abschnitten betrachteten Einflussgrößen, das soziale Kapital sowie auch organisationale Strukturen (Lane/Lubatkin 1998). Koka und Prescott sehen die sogenannte „Information Richness" sogar als eine Dimension von sozialem Kapital (siehe Kapitel 4), da hierbei Kommunikationskanäle über die Beziehungen eröffnet werden (Koka/Prescott 2002, S. 800ff.).

Zusammenfassung

Zusammenfassend können mehrere Kriterien den interorganisationalen Wissenserwerb beeinflussen, der in diesem Kapitel theoretisch vorgestellt wurde. Die Einflussgrößen basieren hauptsächlich auf der Prozesssicht, das bedeutet auf dem Prozess der Übertragung des relevanten Wissens von einem Sender zu einem Empfänger. Dabei können sowohl die Eigenschaften des Senders und des Empfängers sowie auch die Eigenschaften des Wissens, das erworben werden kann, und die des Transferkanals Einfluss nehmen. Im Gegensatz dazu beeinflusst das soziale Kapital den interorganisationalen Wissenserwerb aufgrund der Beziehungen zwischen dem Sender und dem Empfänger. Das soziale Kapital soll daher in dem folgenden Kapitel vorgestellt werden.

4 Wissenserwerb durch soziales Kapital in interorganisationalen Projekten

Aufbauend auf die vorausgehenden Kapitel, in denen interorganisationale Projekte und interorganisationaler Wissenserwerb erläutert wurden, wird in Kapitel 4 der Einfluss des sozialen Kapitals auf den interorganisationalen Wissenserwerb in interorganisationalen Projekten betrachtet. Dazu wird als Grundlage zunächst soziales Kapital allgemein sowie in interorganisationalen Projekten definiert. Anschließend wird das das konzeptionelle Rahmenkonzept erläutert. Danach werden die Hypothesen theoretisch erarbeitet.

4.1 Definition und Rahmenkonzept von sozialem Kapital

4.1.1 Soziales Kapital allgemein und in interorganisationalen Projekten

4.1.1.1 Definition von sozialem Kapital

Soziales Kapital ist ein in der Literatur vielfach verwendetes und auf unterschiedlichste Arten definiertes Phänomen. In einem Übersichtsartikel von 2002 bezeichnen Adler und Kwon soziales Kapital als ein Überkonzept, ein sogenanntes „Umbrella Concept", bei dem die verschiedensten Definitionen und Konzepte unter einen Begriff gefasst werden (Adler/Kwon 2002, S. 18)[17]. Nach einer intensiven Auseinandersetzung mit der Fülle an Definitionen, die in der Literatur existieren, erarbeiten die Autoren eine eigene Definition, die auch für diese Arbeit die Grundlage bilden soll:

> „Social capital is the goodwill available to individuals or groups. Its source lies in the structure and content of the actor's social relations. Its effects flow from the information, influence, and solidarity it makes available to the actor." (Adler/Kwon 2002, S. 23)

Da die vorliegenden Arbeit sich der Herausforderung stellt, aus der Fülle der verschiedensten Veröffentlichungen in dem Gebiet des sozialen Kapitals ein einheitliches Konzept des sozialen Kapitals zu betrachten, wird hier eine Definition mit weitreichender Gültigkeit gewählt.

Herauszuheben ist bei dieser Definition die Verkörperung des sozialen Kapitals als ein Wohlwollen anderer Individuen, auf das Individuen oder Gruppen zurück-

---

[17] Unterschiedliche Konzepte wie beispielsweise: informelle Organisation, Vertrauen, Kultur, soziale Unterstützung (Social Support), sozialer Austausch (Social Exchange), soziale Ressourcen, Eingebundenheit (Embeddedness), relationale Verträge, soziale sowie interorganisationale Netzwerke (Adler/Kwon 2002, S. 18).

© Springer Fachmedien Wiesbaden GmbH, ein Teil von Springer Nature 2009
S. Knöpfler, *Soziales Kapital in interorganisationalen Projekten*, Edition KWV,
https://doi.org/10.1007/978-3-658-24661-7_4

greifen können. Adler und Kwon sehen die Quelle dieses Wohlwollens in der Struktur und den Inhalten einer sozialen Beziehung. Als resultierende Effekte nennen die Autoren unter anderem den Wissenserwerb. Diese Definition beinhaltet den Konsens einer Vielzahl von Definitionen, den auch Portes in einem Literaturüberblick beschreibt. Portes versteht unter sozialem Kapital die Möglichkeit, sich durch die Mitgliedschaft in einem sozialen Netzwerk oder einer anderen sozialen Struktur Vorteile zu verschaffen (Portes 1998, S. 6).

Die Betrachtungsweise von Adler und Kwon schließt, da sie so grob gehalten wird, zwei in der Literatur vorhandene Ansätze ein: (1) Manche Autoren sehen soziales Kapital als soziale Beziehungen und stellen die Ausgestaltung der Beziehung in den Vordergrund. Der Begriff „Kapital" drückt hierbei aus, dass es sich bei Beziehungen um Güter handelt, in die man investieren kann, beispielsweise Zeit oder auch finanzielle Ressourcen. (2) Andere Autoren beziehen sich in der Definition zu sozialem Kapital explizit auf die Ressourcen, die ein Akteur durch soziale Beziehungen erhalten und mit denen er seine persönlichen Ziele erreichen kann (Adler/Kwon 2002, S. 21; Gabbay/Leenders 1999, S. 2; Lin 2003, S. 41ff.). Autoren des zweiten Ansatzes wie Nahapiet und Ghoshal definieren soziales Kapital dementsprechend als die Summe der tatsächlichen und potentiellen Ressourcen, die einem Akteur durch sein Netzwerk an Beziehungen zugänglich sind (Nahapiet/Ghoshal 1998, S. 243).

Die hier erwähnten und auch die Mehrzahl weiterer vorherrschender Definitionen von sozialem Kapital zeigen eine wichtige Gemeinsamkeit auf: Es handelt sich bei sozialem Kapital um die strukturelle und inhaltliche Betrachtung der Beziehungen zwischen Akteuren, die sich positiv auf die Akteure auswirken können. Aus diesem Grund erscheint die Bezeichnung als Ressource oder auch als Kapital gerechtfertigt. Für die vorliegende Arbeit soll dennoch der erste Ansatz die Grundlage bilden. Würde das soziale Kapital bereits die potentielle und vor allem die tatsächliche Ressource beinhalten, so wäre der interorganisationale Wissenserwerb, als zu erwerbende Ressource, hierbei bereits zu Teilen enthalten. In der empirischen Untersuchung soll jedoch strikt getrennt werden zwischen der Beziehung, beziehungsweise dem Wohlwollen der Akteure, das durch die Beziehung entsteht, und der abhängigen Variablen, dem interorganisationalen Wissenserwerb.

4.1.1.2 Ursprünge der Literatur des sozialen Kapitals

Nach einer Festlegung der geltenden Definition von sozialem Kapital sollen die Ursprünge der Literatur des sozialen Kapitals kurz vorgestellt werden. Diese sind insbesondere in der soziologischen Literatur der 80er Jahre verankert, vereinzelte Studien zuvor haben relativ wenig Aufmerksamkeit erregt. Vorab untersuchte beispielsweise Jacobs den gemeinschaftlichen Nutzen von informellen Nachbarschaftsbeziehungen in einer modernen Großstadt (Jacobs 1962) und Seeley, Sim und Loosley nutzten den Begriff des sozialen Kapitals, um den positiven Einfluss der Mitgliedschaft in Vereinen und der Beziehungen zu Nachbarn auf den Karriereerfolg zu beschreiben (Seeley/Sim/Loosley 1956).

Mit zu den meistzitierten Autoren der 80er Jahre gehört *Bourdieu*. Er untersucht das Zusammenwirken unterschiedlicher Kapitalformen auf Märkten und im gesellschaftlichen Leben. Dabei grenzt er soziales Kapital von ökonomischem und kulturellem Kapital ab. Sowohl das kulturelle als auch das soziale Kapital sind für ihn, ihm Gegensatz zu ökonomischem Kapital, immaterielle Kapitalformen. Nach seiner Definition beruht soziales Kapital auf sozialen Verbindungen, die möglicherweise in ökonomisches Kapital umgewandelt werden können (Bourdieu 1986, S. 243). Diese Umwandlung in ökonomisches Kapital findet statt, wenn ein Akteur aus den aggregierten aktuellen und potentiellen Ressourcen, die ihm aufgrund seines sozialen Kapitals durch seine Mitgliedschaft in einem Netzwerk zur Verfügung stehen, einen finanziellen Nutzen zieht (Bourdieu 1986, S. 248). Dagegen handelt es sich bei dem kulturellen Kapital insbesondere um das Gut der Bildung von Akteuren oder auch einer Gesellschaft; auf beiden Ebenen kann sich eine hohe Bildung ebenfalls auf das ökonomische Kapital auswirken (Bourdieu 1986, S. 243ff.). Daraus abgeleitet kann der auch aktuell noch gängige Kapitalbegriff des sozialen Kapitals als ein Potential interpretiert werden, die sozialen Beziehungen in ökonomisches Kapital umzuwandeln.

Neben Bourdieu zählen auch die Veröffentlichungen von *Coleman* zur Abgrenzung von sozialem Kapital und Humankapital zu den ersten Beiträgen in diesem Gebiet. Coleman gliedert das Konzept des sozialen Kapitals in den Kontext der soziologischen Theorien ein und betrachtet insbesondere die gesellschaftliche Einbettung der Erziehung und Bildung durch soziales Kapital. Soziales Kapital spielt nach seiner Theorie auch eine Rolle bei der Entstehung von Humankapital. Das Humankapital wird dabei als die Fähigkeiten von Individuen bezeichnet und meint damit das individuelle Wissen. Das soziale Kapital dagegen lässt sich in den Beziehungen zwischen Akteuren verorten und bezeichnet den Zugang zu Wissen anderer Personen (Coleman 1988, S. 97ff.; Coleman 1990, S. 304ff.).

Neben Bourdieu und Coleman leistet insbesondere noch *Granovetter* einen Beitrag zu sozialem Kapital, wenn auch ohne das Konzept beim Namen zu nennen. So weist er auf den Wert von Beziehungen, insbesondere schwacher Beziehungen, zur ökonomischen Wertsteigerung hin. Er vereinbart die Mikro- und Makro-Ebenen der soziologischen Theorien miteinander, indem er den Zusammenhang der Überlappungen von zwei Freundschafts-Netzwerken und deren Stärke der Beziehung zueinander in Verbindung bringt. Granovetter argumentiert in diesem Kontext für die Vorteile von schwachen Beziehungen gegenüber starken Beziehungen, da in komplexen Beziehungsgeflechten ansonsten Cliquen gebildet werden und Beziehungen noch weiter überlappen. Überlappende Beziehungen sieht Granovetter aus der Gesamtnetzwerkperspektive als nicht attraktiv an, da dadurch seltener neue Beziehungen zu Individuen außerhalb einer Clique geschlossen werden (Granovetter 1973; Granovetter 1982; Granovetter 1985).

Die Beiträge von *Burt* ähneln in der Argumentation denen von Granovetter. In einem Gesamtnetzwerk existieren nach Burt strukturelle Löcher zwischen Akteuren, die nicht direkt miteinander verbunden sind, sondern indirekt über einen Mittelsmann, mit dem beide eine direkte Verbindung unterhalten. Burts Theorie der strukturellen Löcher besagt, dass das soziale Kapital einer Gruppe maximiert werden kann, wenn innerhalb der Gruppe eine enge Beziehung, genannt Kohäsion, besteht. Darüber hinaus ist es wichtig, dass die Gruppe möglichst viele nicht redundante externe Kontakte unterhält und so strukturelle Löcher überbrückt werden können (Burt 1992, S. 18ff.; Burt 2000, S. 353f.).

Neben der Soziologie weist das Konzept des sozialen Kapitals auch Wurzeln in der Politikwissenschaft auf. *Putnam* untersucht in mehreren Beiträgen die Rolle des sozialen Kapitals für gesellschaftliche Gemeinschaften in den letzten Jahrzehnten und sieht das soziale Kapital als öffentliches Gut und damit als jedem zugänglich an. Als Ergebnis stellt er beispielsweise die Unterschiede und Gemeinsamkeiten von fortschrittlichen Demokratien heraus (Putnam 2001; Putnam/Leonardi/Nanetti 1993). Putnam sieht die Rolle des sozialen Kapitals darin, das gemeinschaftliche Leben zu erleichtern, indem es Normen der Reziprozität und des vertrauensvollen Miteinanders schafft und Mitglieder näher zusammenbringt. Dadurch kann auch eine bessere Kommunikation in der Gesellschaft erreicht werden (Putnam 1993, S. 35ff.; Putnam 1995; Putnam 2000, S. 350ff.).

4.1.1.3 Dimensionen des sozialen Kapitals

In die Fülle der Beiträge, die in dem Gebiet zum sozialen Kapital seit den Ursprüngen veröffentlicht sind, lassen sich die unterschiedlichsten Ansätze integrieren. Um in die Masse eine Struktur zu bringen, stellen Nahapiet und Ghoshal in einer vielzitierten Veröffentlichung von 1998 drei Dimensionen des sozialen Kapitals vor und bedienen sich dabei einer Vielzahl von empirischen sowie konzeptionellen Veröffentlichungen (Nahapiet/Ghoshal 1998, S. 244):

Die *strukturelle Dimension* bezieht sich auf die Konfiguration des Beziehungsgefüges, jedoch ohne die Verbindungen zwischen Akteuren zu personifizieren. Die *relationale Dimension* beschreibt die Art der Beziehung, die sich aufgrund von Interaktion zwischen einzelnen Akteuren entwickelt. Im Gegensatz zur strukturellen Dimension werden hier persönliche Verbindungen betrachtet. Die *kognitive Dimension* bezieht sich auf einen Vergleich der kognitiven Strukturen der Akteure, wie beispielsweise Denkmuster oder Ziele. Im Gegensatz zu den beiden anderen Dimensionen wird hier untersucht, wie die einzelnen Akteure im Gegensatz zueinander kognitiv beschaffen sind und wie sich der gegenseitige kognitive Fit charakterisieren lässt (Nahapiet/Ghoshal 1998, S. 244).

Der Ansatz der drei Dimensionen von Nahapiet und Ghoshal wird von einigen Autoren in ähnlicher Form konzeptionell übernommen (z.B. Inkpen/Tsang 2005; Kostova/Roth 2003; Maurer/Ebers 2006; Oh/Labianca/Chung 2006; Tsai/Ghoshal

1998; Wu 2008) und kann daher als etabliert und für den hier vorliegenden Zweck als geeignet erachtet werden.

Die Wirkung aller drei Dimensionen in einem gemeinsamen Rahmen auf bestimmte Einflussgrößen wie den Wissenserwerb wird bisher noch wenig untersucht. Auch die empirische Forschung zu den Wirkungen der Dimensionen und deren Variablen untereinander ist noch gering. Zu nennen sind hier vor allem Tsai und Ghoshal, die, allerdings im intraorganisationalen Rahmen, aus jeder der drei Dimensionen jeweils eine Variable und deren Effekt auf den Wissenserwerb sowie die Wirkung der Variablen untereinander untersuchen (Tsai/Ghoshal 1998). Die vorliegende Arbeit soll dabei helfen, diese Forschungslücke zu schließen. Deshalb werden hier im Kontext von interorganisationalen Projekten alle drei Dimensionen und deren gemeinsame Wirkung auf den interorganisationalen Wissenserwerb analysiert. Mit der Untersuchung der Wirkungen der Dimensionen des sozialen Kapitals untereinander wird hier eine weitere Forschungslücke bearbeitet (Nahapiet/Ghoshal 1998, S. 261).

Gerade weil die einzelnen Dimensionen häufig getrennt voneinander analysiert werden, aber trotzdem in vielen Veröffentlichungen ein einheitliches Konzept des sozialen Kapitals betrachtet wird, ist ein untergeordnetes Ziel der vorliegenden Arbeit auch, die Sinnhaftigkeit eines konzeptionellen Daches für soziales Kapital zu prüfen.

4.1.2 Betrachtungsebenen des sozialen Kapitals

Nach den drei Dimensionen des sozialen Kapitals sollen als Nächstes die unterschiedlichen Betrachtungsebenen, die im Kontext des sozialen Kapitals vorliegen, vorgestellt werden. Die Grundlage dazu bilden die unterschiedlichen Referenzgruppen, denen das soziale Kapital zugerechnet werden kann: Über soziales Kapital kann entweder eine Einzelperson verfügen oder eine Ansammlung von Individuen, die bis zu einer ganzen Organisation reichen können. Abbildung 8 stellt die unterschiedlichen Referenzgruppen dar.

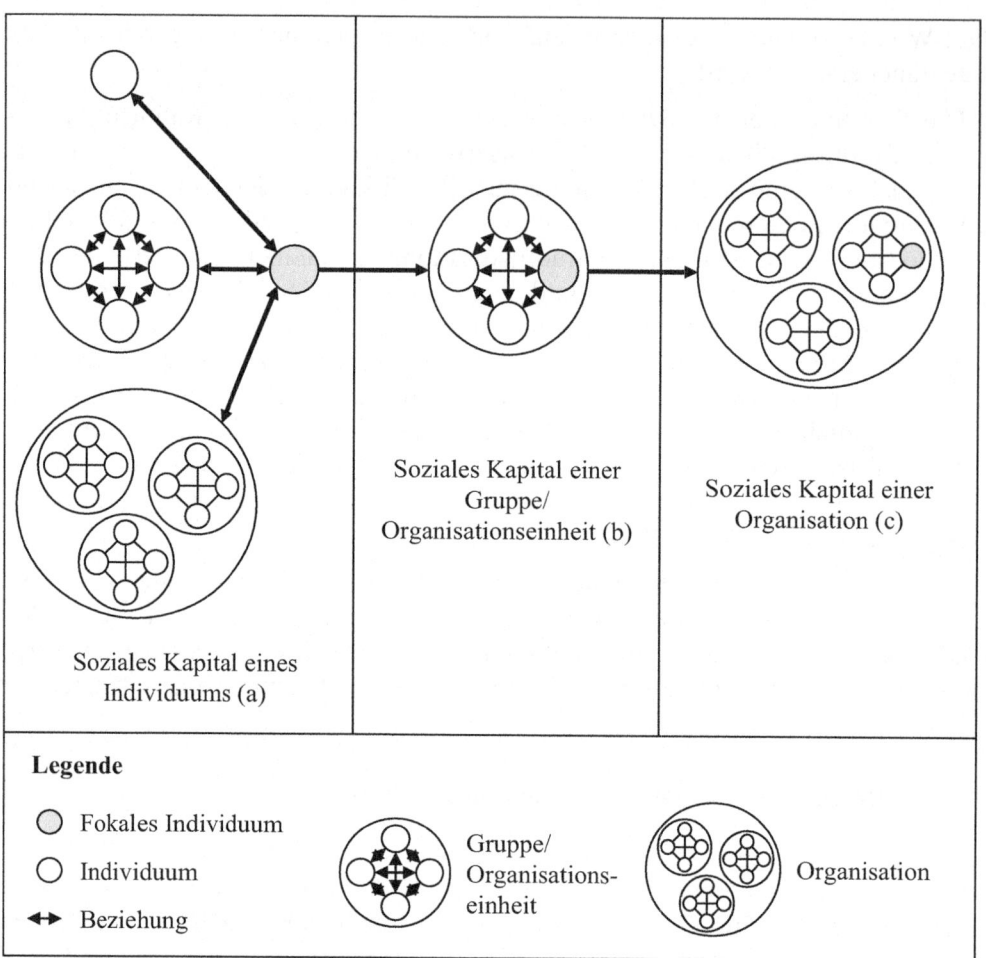

Abbildung 8: Referenzgruppen des sozialen Kapitals

Bei der Betrachtung des *sozialen Kapitals eines Individuums* werden dessen Beziehungen zu weiteren Individuen, Gruppen oder einer Organisation analysiert (a). Ein Individuum ist zumeist Teil einer Gruppe oder Organisationseinheit sowie einer Organisation. Das *soziale Kapital einer Gruppe/Organisationseinheit* stellt demnach die Akkumulierung der einzelnen externen Beziehungen der Individuen, die zu dieser Gruppe gehören, dar (b). Bei dem *sozialen Kapital einer Organisation* findet eine Akkumulierung des sozialen Kapitals der beteiligten Individuen auf Ebene einer Gruppe beziehungsweise einer Organisationseinheit statt (c) (Gabbay/Leenders 2001, S. 8; Lin 2001 S. 7f.).

Nach der Klärung der Referenzgruppen werden die vier Betrachtungsebenen des sozialen Kapitals vorgestellt, die sich in der Literatur finden. Grundlage für die Einteilung in die Ebenen sind die oben genannten Referenzgruppen, in denen sich das soziale Kapital manifestiert. Bei den Betrachtungsebenen stehen die Beziehungen im Vordergrund, die zwischen Individuen, Gruppen beziehungsweise Organisationseinheiten und auch zwischen Organisationen vorliegen können. Folgende vier Betrachtungsebenen können daraus abgeleitet werden:

(1) Das soziale Kapital auf Individuumsebene, (2) das soziale Kapital innerhalb einer Gruppe/Organisationseinheit, (3) das soziale Kapital innerhalb einer Organisation sowie (4) interorganisationales soziales Kapital (Gabbay/Leenders 1999, S. 5; Gabbay/Leenders 2001, S. 9; Maurer/Ebers 2006, S. 264). Abbildung 9 verdeutlicht die verschiedenen Betrachtungsebenen.

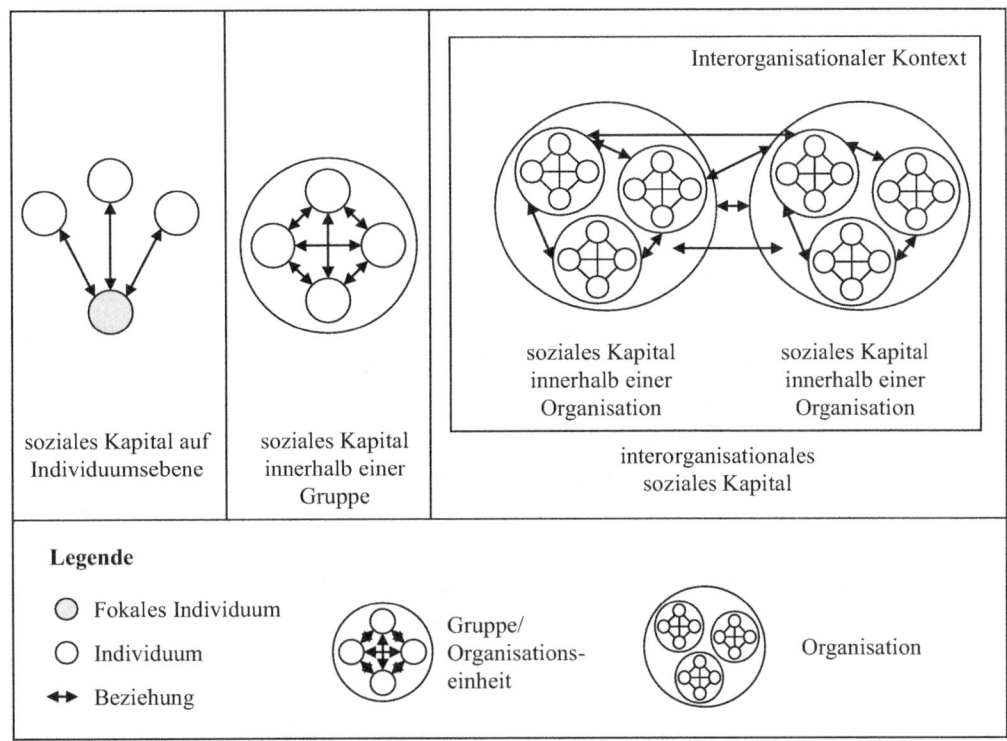

Abbildung 9: Betrachtungsebenen von sozialem Kapital

Im Folgenden sollen Beispiele aus der Literatur die vier Bereiche näher beschreiben.

In der ursprünglichen Forschung der Soziologie sowie auch in einigen neueren Veröffentlichungen wird insbesondere das *soziale Kapital auf Individuumsebene* betrachtet (1). Hier werden hauptsächlich das Ego-Netzwerk eines Individuums und damit seine Beziehungen zu anderen Akteuren analysiert (Burt 1982, S. 31ff.). Vor allem der Einfluss des sozialen Kapitals eines Individuums auf dessen individuellen Arbeitserfolg wird häufig erforscht. Hierzu zählen sowohl die Verbesserung der aktuellen Arbeitssituation eines Mitarbeiters als auch die Unterstützung bei der Suche nach einer Anstellung. Beispiele für positive Auswirkungen des sozialen Kapitals wären hier einerseits Karrieremerkmale wie schnellere Beförderungen, höhere Boni sowie Gehaltserhöhungen (z.B. Burt 1997; Burt 2000, S. 379ff.; Gabbay/Zuckerman 1998; Podolny/Baron 1997) und auf Topmanagement-Ebene höhere Vergütung für CEOs (Belliveau/O'Reilly III/Wade 1996). Hinzu kommt eine Verbesserung der Chancen bei der Arbeitssuche, häufig bedingt durch einen höheren Status des Arbeitssuchenden aufgrund seines sozialen Kapitals (Lin/Ensel/Vaughn 1981). Zusätzlich gibt es eine Studie, die besagt, dass Mitglieder des Topmanagement-Teams bei einem Organisationswechsel eher von solchen Organisationen eingestellt werden, die bereits Mitglied in deren interorganisationalem Netzwerk sind (Williamson/Cable 2003).

Das *soziale Kapital innerhalb einer Gruppe/Organisationseinheit* basiert auf den sozialen Strukturen innerhalb seiner Gruppe (2) (Oh/Chung/Labianca 2004, S. 861). Veröffentlichungen in diesem Kontext fokussieren insbesondere darauf, die Wirkung des sozialen Kapitals auf die Effektivität der Gruppe zu untersuchen. Diese Gruppeneffektivität wird in verschiedenen Studien unterschiedlich betrachtet. Bei der Mehrzahl findet sich ein Bezug zu den klassischen Erfolgsmaßen wie Qualität der Arbeit und das Einhalten von zeitlichen Zielen.

Reagans und Zuckerman untersuchen 224 Forschungs- und Entwicklungsgruppen in 29 Organisationen aus unterschiedlichen Branchen. Sie untersuchen den Output, die arbeitsbezogene Produktivität der Gruppen sowie die Zielerreichung, in Abhängigkeit des sozialen Kapitals der Gruppe (Reagans/Zuckerman 2001).

Für Balkundi und Harrison besteht die Gruppeneffektivität aus zwei Komponenten: Neben der klassischen Aufgabenerreichung ist die Gruppenkomponente zu beachten. Damit ist die Fähigkeit der Gruppe gemeint, ihre Teammitglieder in der Gruppe zu halten und sie weiterhin zu motivieren. In einer Studie von 37 Teams, die von den Autoren in ihrem natürlichen Arbeitsumfeld untersucht werden, wird auch auf die Rolle des Teamleiters im Kontext des sozialen Kapitals von Gruppen eingegangen (Balkundi/Harrison 2006).

Bei dem *sozialen Kapital innerhalb einer Organisation* werden die Beziehungen zwischen einzelnen Organisationseinheiten innerhalb einer Organisation analysiert (3). Voraussetzung hierfür ist das soziale Kapital innerhalb der Gruppe beziehungsweise der Organisationseinheit, also die Beziehungen der Gruppenmitglieder zueinander. Hansen analysiert in mehreren Veröffentlichungen 120 Neuproduktentwicklungsprojekte in 41 Abteilungen eines Elektronikkonzerns. Insbesondere die Rolle einzelner Aspekte des sozialen Kapitals zwischen den Einheiten für den intraorganisationalen Wissenstransfer steht hier im Fokus (Hansen 1999; Hansen 2002). Auch Tsai überprüft die Wirkung des sozialen Kapitals auf den intraorganisationalen Wissenstransfer und damit auf die Innovativität der Organisation in einer Studie in einer Petrochemieorganisation (Tsai 2002) sowie, gemeinsam mit Ghoshal, in einem Elektrokonzern (Tsai/Ghoshal 1998).

In weiteren Studien untersucht Tsai die Performance verschiedener Einheiten abhängig von deren interorganisationalem sozialen Kapital (Tsai 2001) sowie die Faktoren, die die Bildung von interorganisationalen Verbindungen beeinflussen (Tsai 2000).

Oh, Chung und Labianca erörtern neben der klassischen Performance, in einer Studie von 77 Arbeitsgruppen in elf koreanischen Organisationen, noch den Einfluss des sozialen Kapitals der Gruppe auf deren Koordinationsfähigkeit mit anderen Gruppen (Oh/Chung/Labianca 2004).

Die Literatur zu *interorganisationalem sozialem Kapital* beschäftigt sich mit Beziehungen zwischen Organisationen, die zumeist durch Individuen, Gruppen oder Organisationseinheiten repräsentiert werden (4).

Eine Mehrzahl der Veröffentlichungen fokussiert hierbei auf den positiven Effekt, den das interorganisationale soziale Kapital für eine beteiligte Organisation innehat. Beispielsweise wird die Wirkung einzelner Variablen des sozialen Kapitals auf die Breite, Schnelle und Tiefe von technologischem Lernen (Zahra/Ireland/Hitt 2000), auf den interorganisationalen Wissenserwerb (Dyer/Nobeoka 2000; Lane 2001; McEvily/Marcus 2005) sowie den Innovationsoutput einer beteiligten Organisation (Ahuja 2000) untersucht.

Einige Veröffentlichungen beschäftigen sich auch mit der positiven Wirkung des sozialen Kapitals auf die Performance der Unternehmenskooperation beziehungsweise des Netzwerks (Lee et al. 2007; Lyles/Salk 2007; Provan/Milward 1995; Soda/Usai/Zaheer 2004).

Weitere Veröffentlichungen betrachten den Aufbau von sozialem Kapital in interorganisationalen Beziehungen (Kale/Singh/Perlmutter 2000; Ring/van de Ven 1994) oder untersuchen das soziale Kapital als Treiber für die Bildung von Allianzen zwischen Organisationen (Chung/Singh/Lee 2000).

4.1.3 Soziales Kapital in interorganisationalen Projekten

Nach einer Definition von allgemeinem sozialem Kapital sowie der Darlegung der Betrachtungsebenen des Konstrukts soll das soziale Kapital in interorganisationalen Projekten definiert werden. Das soziale Kapital in interorganisationalen Projekten stellt eine Spezialform des interorganisationalen sozialen Kapitals dar. Mit dem sozialen Kapital von interorganisationalen Projekten hat sich die Literatur bisher wenig beschäftigt (Brookes et al. 2006, S. 474).

Das soziale Kapital einer fokalen Projekteinheit in interorganisationalen Projekten soll in der vorliegenden Arbeit wie folgt definiert werden:

Das soziale Kapital in interorganisationalen Projekten verkörpert das Wohlwollen der beteiligten Akteure, das durch die Beziehungen zwischen der fokalen Organisation und den Partnerorganisationen entsteht. Die Quelle des Wohlwollens liegt in der Struktur und in den Inhalten der Beziehung zwischen den Akteuren der fokalen Organisation und den Partnerorganisationen. Ein Effekt, den dieses Wohlwollen mit sich bringen kann ist der interorganisationalen Wissenserwerb.

Zur näheren Erläuterung des sozialen Kapitals in interorganisationalen Projekten soll kurz auf die im vorhergehenden Kapitel dargelegten Referenzgruppen des sozialen Kapitals eingegangen werden. Die Zusammenhänge sind in Abbildung 10 dargestellt.

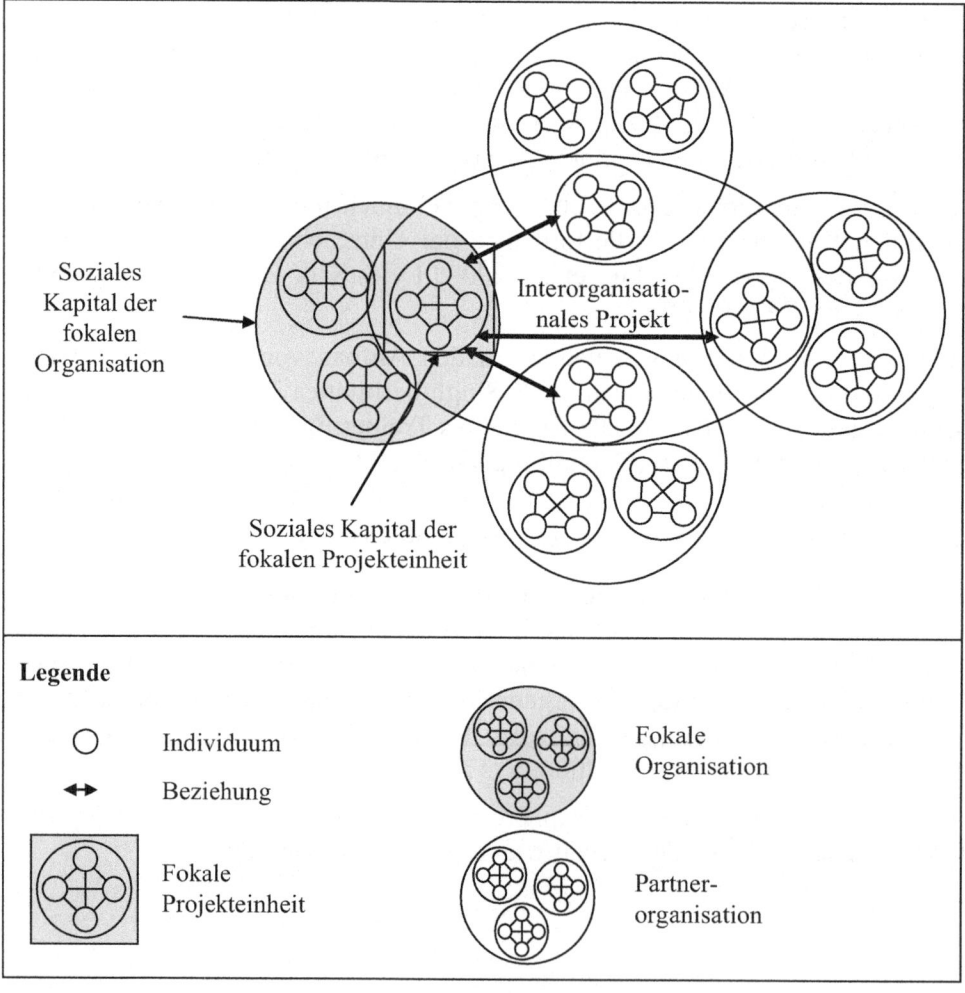

Abbildung 10: Soziales Kapital in interorganisationalen Projekten

In einem interorganisationalen Projekt liegt das soziale Kapital zunächst zwischen den Individuen aus den verschiedenen Organisationen vor. Relevant sind hierbei die Beziehungen der fokalen Projekteinheit zu den Projekteinheiten der Partnerorganisationen. Das soziale Kapital aller am Projekt beteiligten Individuen einer fokalen Organisation lässt sich auf Ebene der Projekteinheit akkumulieren und wird deshalb als soziales Kapital der fokalen Projekteinheit bezeichnet. Weiterhin lässt sich das soziale Kapital der fokalen Projekteinheit auch auf Organisationsebene zusammenfassen und steht somit der gesamten Organisation zur Verfügung.

Um die Definition des sozialen Kapitals in interorganisationalen Projekten zu vervollständigen, wird die Annahme getroffen, dass sich die Forschung von sozialem Kapital im Bereich der interorganisationalen Zusammenarbeit auf interorganisationale Projekte übertragen lässt. Für eine genaue Analyse der Übertragbarkeit soll der Einfluss der drei bereits erläuterten Charakteristika von interorganisationalen Projekten auf das soziale Kapital kurz betrachtet werden (siehe Kapitel 2.1):

Zu a) Temporäre Befristung mit dem Ziel, eine Aufgabe zu erfüllen

Als wichtigster Faktor hat die temporäre Befristung eines interorganisationalen Projektes einen Einfluss auf sein potentielles soziales Kapital. Soziales Kapital manifestiert sich laut der oben genannten Definition in den Beziehungen zwischen Akteuren. Unternehmenskooperationen und Netzwerke sind zumeist langfristiger ausgelegt als interorganisationale Projekte. Die Literatur des sozialen Kapitals zwischen Organisationen ist insbesondere in diesen beiden Bereichen stark vertreten. Es wird die These formuliert, dass das soziale Kapital häufig durch die Länge und Intensität einer Beziehung wächst und dadurch beispielsweise eine Vertrautheit oder auch Vertrauen sich erst langsam entwickeln und so das gegenseitige Verständnis und die Zusammenarbeit gefördert werden (Gulati 1995, S. 94ff.). Grabher weist aus diesem Grund darauf hin, dass in Projekten eine langfristige Beziehung notwendig ist, um Vertrauen aufzubauen, und dieses die Voraussetzung für Wissenserwerb darstellt (Grabher 2002, S. 205).

Neben der überwiegend längerfristigen Betrachtung von sozialem Kapital im interorganisationalen Kontext gibt es einige wenige Autoren, die die temporäre Projektperspektive darlegen. Hellgren und Stjernberg untersuchen allgemeine Charakteristika interorganisationaler Netzwerke und erfolgversprechender Netzwerkpositionen, die insbesondere in der Entwicklung und Implementierung von großen, temporären Investitionen von Bedeutung sind (Hellgren/Stjernberg 1995). Dabei weisen sie ebenfalls auf den Missstand der seltenen Berücksichtigung temporär angelegter Zusammenarbeit hin (Hellgren/Stjernberg 1995, S. 377). Grandori und Cacciatori zeigen dagegen auf, dass sich Vertrauen bei temporärer Zusammenarbeit auch ohne eine langfristige Zusammenarbeit entwickeln kann, beispielsweise über den Ruf eines Akteurs in einem Netzwerk (Grandori/Cacciatori 2006, S. 4).

Folglich kann der temporäre Aspekt des interorganisationalen Projektes dessen Bildung und Existenz von sozialem Kapital beeinflussen. Jedoch ist trotz der temporären Beschränkung eine Bildung von sozialem Kapital möglich, das dann eine Wirkung auf den interorganisationalen Wissenserwerb hat.

Zu b) Einzigartigkeit, Komplexität und Neuartigkeitsgrad der zur erstellenden Leistung

Die Tatsache, dass die zu erstellende Leistung eines interorganisationalen Projektes oft sehr komplex, neuartig und einzigartig ist, verändert nicht zwingend die Betrachtungsweise des sozialen Kapitals. Vergleichbare Ansätze lassen sich in der bestehenden Forschung beispielsweise im Kontext von Unternehmenskooperationen und Netzwerken feststellen, denn auch hier geht es häufig um die Erstellung von komplexen, einzigartigen oder neuen Leistungen (z.B. Barlow 2000; Prencipe/Tell 2001; Hobday 2000).

Zu c) Zusammenarbeit von rechtlich unabhängigen Organisationen

Auch der Betrachtungsgegenstand, die Zusammenarbeit von rechtlich unabhängigen Organisationen, ändert wenig an der Ausgestaltung des sozialen Kapitals. Er fokussiert die Literatur zu sozialem Kapital allerdings auf die Ebene zwischen Organisationen, dem interorganisationalen sozialen Kapital.

Zusammenfassung

Zusammenfassend lässt sich herausstellen, dass soziales Kapital in interorganisationalen Projekten gegenüber der Literatur zu sozialem Kapital im Allgemeinen eine Besonderheit aufweist: die temporäre Beschränkung, die den Aufbau des sozialen Kapitals möglicherweise beeinflussen kann.

4.2 Konzeptioneller Rahmen für die Hypothesenbildung

Nach einer Definition von interorganisationalen Projekten werden im Folgenden die Hypothesen für die Wirkung des sozialen Kapitals auf den interorganisationalen Wissenserwerb aufgestellt und begründet. Grundargument ist die positive Wirkung des sozialen Kapitals auf den interorganisationalen Wissenserwerb in interorganisationalen Projekten.

Eine Verbesserung des Wissensflusses zwischen Akteuren aufgrund von sozialem Kapital ist laut Argote, McEvily und Reagans ein neueres Thema in der Forschung (Argote/McEvily/Reagans 2003, S. 576) und damit Grundlage für interorganisationalen Wissenserwerb. Hierzu gibt es einige Studien, die die Wirkung von sozialem Kapital auf das Lernen, die alleinige oder gemeinsame Wissensgenerierung sowie den Wissenstransfer zwischen Akteuren und Organisationen in den Fokus stellen (Hargadon/Sutton 1997; Kraatz 1998; Nahapiet/Ghoshal 1998; Powell/Koput/Smith-Doerr 1996; Reagans/McEvily 2003; Tsai 2002).

Einige Studien untersuchen darüber hinaus die positive Auswirkung auf die Firmenperformance, die durch einen verbesserten Wissensfluss zwischen Akteuren in einer Organisation erreicht wird (Dyer/Hatch 2006; Maurer et al. 2007).

Weiterhin finden sich neben solchen weichen Outputmaßen, wie Wissenserwerb, in der Literatur auch härtere Performancemaße als positiver Effekt des sozialen Kapitals.

Hierzu zählen in erster Linie Studien zur Verbesserung der Wettbewerbsfähigkeit einer Organisation, im Sinne von klassischen Performancekennzahlen wie Umsatz und Marktanteil oder Kostensenkung (Rowley/Behrens/Krackhardt 2000; Shipilov 2006; Tsai 2001; Uzzi 1996). Hinzu kommen Wachstum und Verbesserung der Performance von Start-up-Organisationen (Baum/Calabrese/Silverman 2000; Steier/Greenwood 2000; Zhao/Aram 1995), erfolgreicher Börsengang (Fischer/Pollock 2004; Gulati/Higgins 2003) sowie die Gründungen von neuen Organisationen als ein Erfolgskennzeichen (Aldrich/Rosen/Woodward 1987; Greve 1995). Auch die Wirkung des sozialen Kapitals auf getätigte Innovationen wie beispielsweise Neuproduktentwicklungen und Patente lässt sich hier einordnen (Hargadon/Sutton 1997; Obstfeld 2005; Smith-Doerr et al. 1999; Subramaniam/Youndt 2005; Tsai 2001).

Betrachtungsfokus soziales Kapital und interorganisationaler Wissenserwerb

Um einen konzeptionellen Rahmen für die Hypothesenbildung aufzustellen, soll zunächst der Betrachtungsfokus für den interorganisationalen Wissenserwerb in interorganisationalen Projekten vor dem Hintergrund des sozialen Kapitals im Kontext erläutert werden. Betrachtet wird die fokale Projekteinheit als Repräsentation der fokalen Organisation. Das soziale Kapital dieser fokalen Projekteinheit manifestiert sich in den Beziehungen zwischen der fokalen Projekteinheit und den Partnerorganisationen, wie in Abbildung 11 dargestellt.

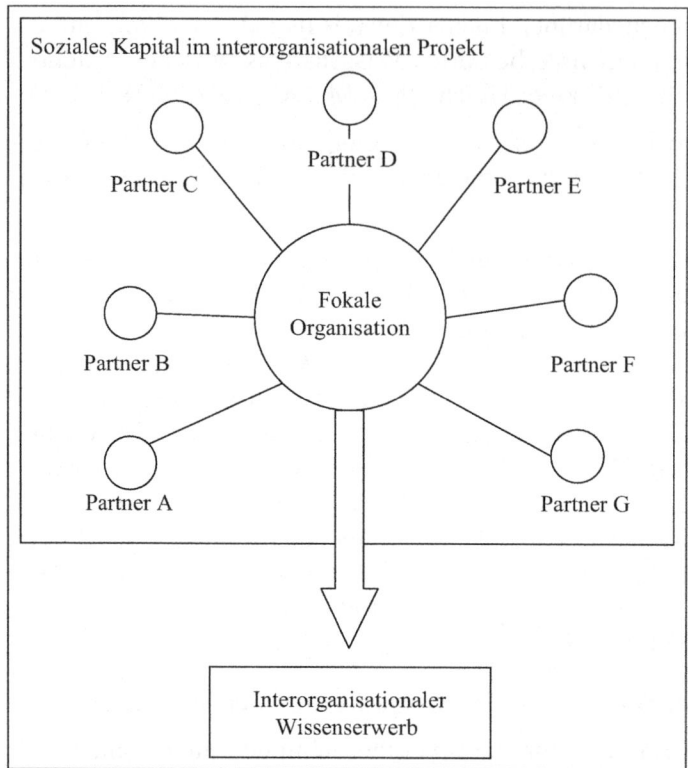

Abbildung 11: Soziales Kapitals, interorganisationales Projekt und der interorganisationalen Wissenserwerb

Die Abbildung zeigt die fokale Organisation, repräsentiert durch die fokale Projekteinheit, und deren Verbindungen mit den einzelnen Partnerorganisationen. Das gesamte Beziehungsgeflecht, das im interorganisationalen Projekt für die fokale Projekteinheit entsteht, ist deren soziales Kapital.

Je nach Ausgestaltung dieses sozialen Kapitals kann eine fokale Projekteinheit mehr oder weniger Wissen von den Partnerorganisationen erwerben. Die dargestellten Dimensionen des sozialen Kapitals besitzen im Hinblick auf den Wissenstransfer unterschiedliche Funktionen. Abbildung 12 zeigt die verschiedenen Funktionen über den unterschiedlichen Grad der Betonungen.

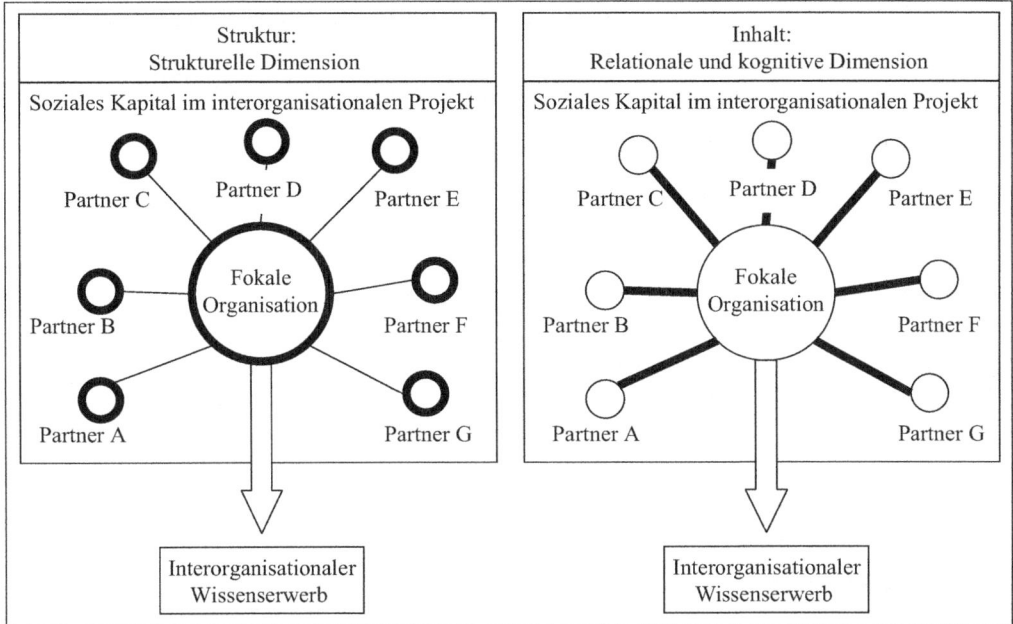

Abbildung 12:   Vergleich strukturelle versus relationale und kognitive Dimension des sozialen Kapitals

Die strukturelle Dimension, auf der linken Seite dargestellt, fokussiert auf die Knotenpunkte, also die einzelnen Partner in dem Beziehungsgeflecht. Die relationale und die kognitive Dimension, auf der rechten Seite abgebildet, stellen die dyadischen Beziehungen zwischen den Knotenpunkten und der fokalen Projekteinheit in den Vordergrund. Daher können relationale und kognitive Dimension auch als Inhalte des sozialen Kapitals bezeichnet werden (Adler/Kwon 2002, S. 23; Tsai/Ghoshal 1998, S. 465; Riemer 2005, S. 128ff.). Diesen Unterschied stellt Sessing auch durch seine Phasenbetrachtung des Wissenstransfers heraus. Die strukturelle Dimension nimmt für ihn die erste Phase des Wissenstransfers zwischen Organisationen ein. Damit ist sie notwendige Bedingung für den Wissenstransfer. Erst wenn eine Struktur geschaffen ist und Knotenpunkte vorhanden sind kann daran anschließend, basierend auf dyadischen Beziehungen, Wissen übertragen, aufgenommen und interpretiert werden (Sessing 2006, S. 166ff.).

Bei der Unterscheidung zwischen Struktur und Inhalten der Beziehungen lässt sich eine Parallele zu den Arten der interorganisationalen Zusammenarbeit ziehen: Bei der Forschung zu Netzwerken wird, wie auch bei der strukturellen Dimension, insbesondere das komplexe Beziehungsgeflecht betrachtet. Bei den Inhalten der Beziehung steht dabei die Analyse der dyadischen Beziehung zwischen Akteuren im Vordergrund (siehe Kapitel 2.2.2).

Diese hier vorgestellte Abtrennung zwischen Struktur und Inhalt von sozialem Kapital wird in der Literatur uneinheitlich behandelt. Ziel der vorliegenden Arbeit ist es aus diesem Grund, eine klare Abgrenzung vorzunehmen. Dadurch werden insbesondere die Auswahl der Variablen für die einzelnen Dimensionen von sozialem Kapital sowie die genauen Definitionen der jeweiligen Variablen beeinflusst.

Argumentationsgerüst für die Hypothesen

Das Argumentationsgerüst für die Hypothesen besteht, wie das soziale Kapital, aus drei Dimensionen. Die Wirkung des sozialen Kapitals auf den interorganisationalen Wissenserwerb wird beeinflusst von: der Möglichkeit (Opportunity), der Motivation (Motivation) sowie der Fähigkeit (Ability), Wissen zu transferieren und zu erwerben (Adler/Kwon 2002, S. 24ff.; Argote/McEvily/Reagans 2003, S. 575ff.; Nahapiet/Ghoshal 1998, S. 244ff.). Aufgrund dieser drei Faktoren wird das Modell OMA-Modell genannt. Abbildung 13 zeigt die einzelnen Begründungszusammenhänge.

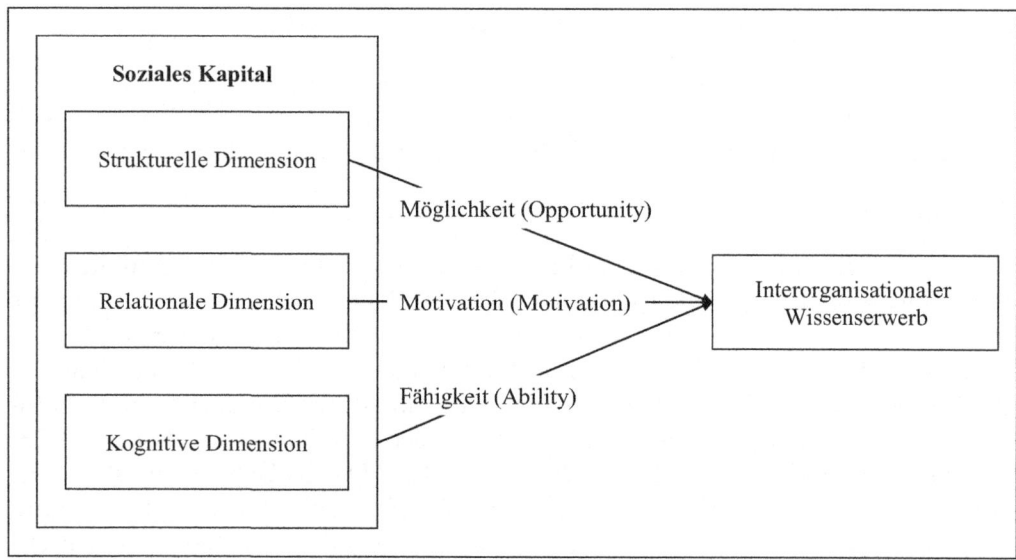

Abbildung 13: OMA-Modell: Argumentationsgerüst für die Hypothesen

Die Struktur des Beziehungsgeflechts beeinflusst in erster Linie die *Möglichkeit*, Wissen von den Partnerorganisationen zu erwerben. Hierfür ist vorrangig von Bedeutung, dass die fokale Projekteinheit über das soziale Kapital Zugang zu dem Wissensbestand der Partnerorganisationen erlangt (Adler/Kwon 2002, S. 24f.; Nahapiet/Ghoshal 1998, S. 249). Die Struktur ist notwendige Bedingung für den Wissenstransfer (Sessing 2006, S. 166ff.).

Die relationale Dimension, in der Betrachtung der dyadischen Beziehungen, beeinflusst in erster Linie die *Motivation* und damit die Bereitschaft aller beteiligten Akteure, ihr Wissen im interorganisationalen Projekt mit den Partnerfirmen zu teilen (Adler/Kwon 2002, S. 25f.; Nahapiet/Ghoshal 1998, S. 249). Grund dafür ist die Ausgestaltung der Beziehung, die sich zwischen den einzelnen Akteuren und Organisationen entwickelt.

Die kognitive Ähnlichkeit zwischen Sender und Empfänger von Informationen wirkt sich auf die *Fähigkeit,* Wissen aufzunehmen, aus. Die bereits in Kapitel 3.4.2.2 angesprochene Aufnahmefähigkeit eines Individuums erhöht sich, wenn es die Informationen des Partners aufgrund seiner ähnlichen Denkweise und gemeinsamer Ziele besser verarbeiten kann (Adler/Kwon 2002, S. 26f.; Cohen/Levinthal 1990, S. 128; Nahapiet/Ghoshal 1998, S. 253).

4.3 Hypothesenbildung

4.3.1 Übersicht über die Hypothesen

Aufbauend auf dem Argumentationsgerüst des OMA-Modells, werden im Folgenden die Hypothesen für die Wirkungen des sozialen Kapitals in interorganisationalen Projekten auf den interorganisationalen Wissenserwerb aufgestellt und begründet. Diese sind nach der jeweiligen Dimension strukturiert, der sie zugeordnet werden. Aus diesem Grund wird die jeweilige Dimension des sozialen Kapitals zunächst beschrieben. Danach wird die Auswahl der zugehörigen Variablen dargelegt und begründet. Bei der Vorstellung der einzelnen Hypothesen werden die Variablen zuerst definiert. Dabei wird für ein besseres Verständnis die Operationalisierung der Variablen in der empirischen Studie bereits vorweggenommen. Eine Übersicht über alle Indikatoren ist in Anhang 1 aufgelistet. Für eine bessere Leserfreundlichkeit wird der Name einer Variablen bei Nennung in Anführungszeichen gesetzt. Wird die Variable allerdings im inhaltlichen Sinn verwendet, wird kein Anführungszeichen gesetzt. Im Anschluss werden Argumente aus der Literatur gesammelt und daraus die Hypothesen abgeleitet.

In einem weiteren Schritt werden die Hypothesen für die Wirkungen der Variablen des sozialen Kapitals untereinander vorgestellt. Hierbei werden nur für diejenigen Zusammenhänge Hypothesen aufgestellt, zu denen sich in der Literatur Anhaltspunkte finden. Es werden ebenfalls zunächst die Argumente aus der Literatur vorgestellt und danach die Hypothesen abgeleitet.

Für eine bessere Übersicht wird die Auswahl der einzelnen Variablen hier vorweggenommen und werden die gesamten Hypothesen in Abbildung 14 zusammengestellt:

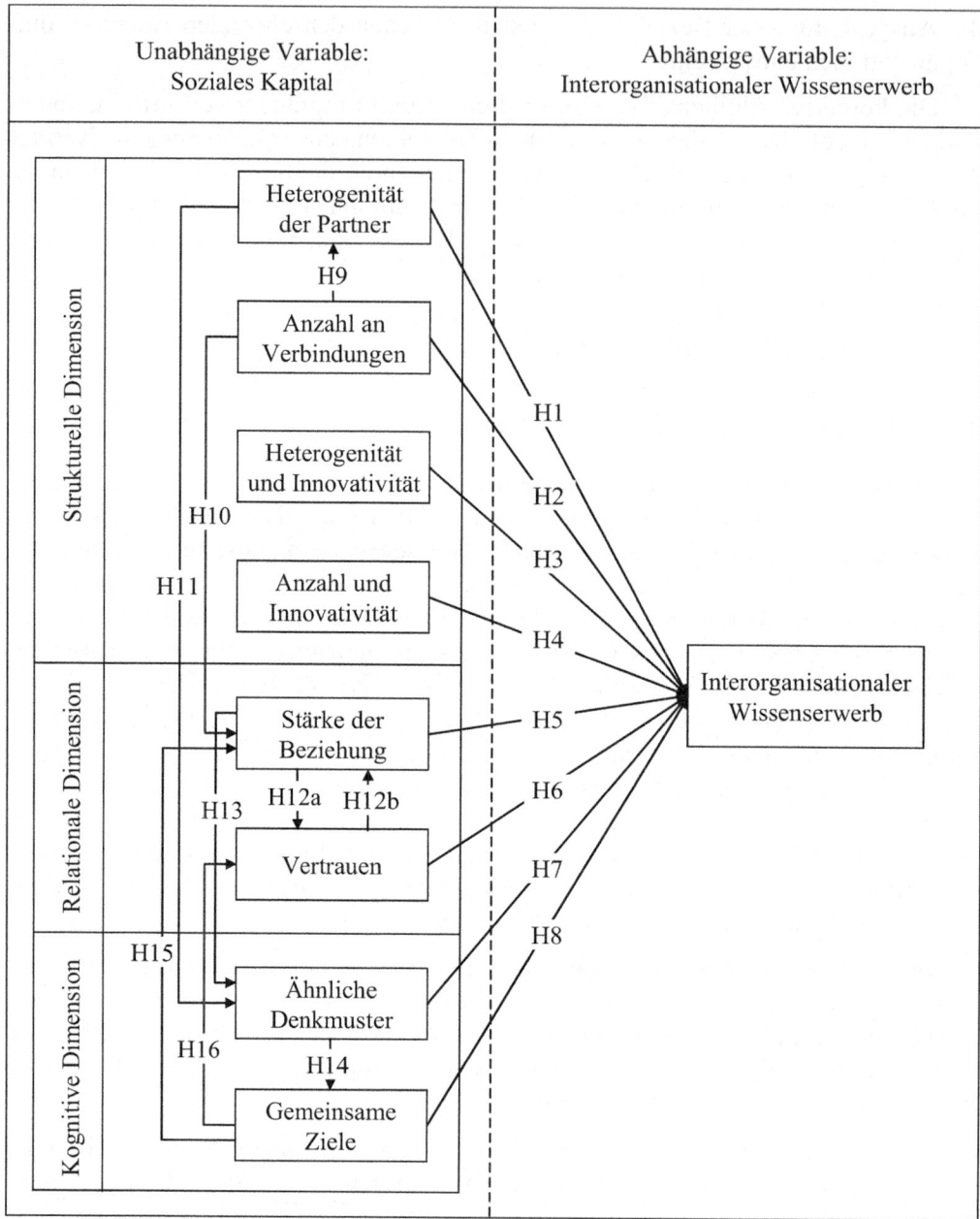

Abbildung 14: Übersicht über die Hypothesen

4.3.2 Strukturelle Dimension

4.3.2.1 Beschreibung der strukturellen Dimension

Bei der Betrachtung der strukturellen Dimension stehen die Struktur und die Beschaffenheit der Konfiguration der Verbindungen im Vordergrund. Die Struktur ist unabhängig von den einzelnen Akteuren oder der dyadischen Beziehung zwischen ihnen (Sessing 2006, S. 174). Die strukturelle Dimension wird in der Literatur durch diverse Variablen repräsentiert. Beispiele sind hierfür die Anzahl an Verbindungen (Ahuja 2000, S. 429ff.; Cross/Cummings 2004, S. 929ff.), die Heterogenität der Partner (Inkpen/Tsang 2005, S. 157; Zahra/Ireland/Hitt 2000, S. 927ff.; Zhao/Aram 1995), die zentrale Stellung im Beziehungsgeflecht (Smith-Doerr et al. 1999; Tsai 2001; Tsai 2002), die strukturellen Löcher (Burt 1992; Hargadon/Sutton 1997; Soda/Usai/Zaheer 2004) oder in manchen Veröffentlichungen auch die Stärke der Beziehung (Inkpen/Tsang 2005, S. 152; Nahapiet/Ghoshal 1998, S. 252).

In der vorliegenden Arbeit werden die beiden Variablen „Anzahl an Verbindungen" und „Heterogenität der Partner" aus der Vielzahl der Maße herausgenommen. Beide Variablen werden in den folgenden Kapiteln definiert. Dabei wird an die Auswahl der Variablen von Sessing im Kontext des Wissenstransfers zwischen Organisationen angeknüpft (Sessing 2006, S. 176f.). Die beiden Variablen erscheinen insbesondere für die Betrachtung des Wissenserwerbs mit Hilfe des sozialen Kapitals der fokalen Projekteinheit im interorganisationalen Projekt geeignet.

Das Ziel der Auswahl geeigneter Variablen bezieht sich auf die Trennung zwischen Struktur und Inhalt des sozialen Kapitals. Kern der strukturellen Betrachtung sind hierbei die Knotenpunkte, also die Partner im Beziehungsgeflecht. Für den Wissenserwerb im interorganisationalen Projekt ist insbesondere die Frage relevant, ob das Wissen aufgrund der Struktur des Beziehungsgeflechts zu der fokale Projekteinheit übertragen wird. Um diesen Transfer zu optimieren, sind daher zwei Kriterien maßgeblich für die Auswahl der geeigneten Variablen: die Gewährleistung von (1) Quantität sowie von (2) Qualität der Verbindungen der fokalen Projekteinheit (Seshadri/Shapira 2003, S. 176f.). Die Quantität wird durch die Variable „Anzahl an Verbindungen" abgebildet. Hierunter wird die Quantität an Verbindungen verstanden, die eine fokale Projekteinheit zu den Partnerorganisationen unterhält. Es wird die Anzahl der Wissensquellen erfasst, die der fokalen Projekteinheit durch das interorganisationale Projekt zur Verfügung stehen (Sessing 2006, S. 176). Die Variable „Heterogenität der Partner" misst das Ausmaß und die Unterschiedlichkeit aller möglichen Wissensquellen und damit einhergehend die Qualität des Wissens, das durch das interorganisationale Projekt zur Verfügung gestellt wird (Sessing 2006, S. 176).

Weitere Maße, wie beispielsweise die Zentralität oder die strukturellen Löcher, bilden diese beiden Kriterien nur indirekt ab[18]. Sowohl die Zentralität als auch die strukturellen Löcher beschreiben die Gesamtkonfiguration eines Netzwerks. Daraus kann erst in einem zweiten Schritt auf die Qualität und die Quantität geschlossen werden (Burt 1992, S. 18ff.; Tsai 2001, S. 999). Viele Veröffentlichungen, die sich dieser beiden Variablen bedienen, beschäftigen sich mit Machtstrukturen, die sich für einen zentralen Akteur oder Broker zur Überbrückung von strukturellen Löchern ergeben, anstatt mit dem Wissenserwerb (Burt 1997; Burt 2000; Hargadon/Sutton 1997). Für den Fokus der Arbeit, das soziale Kapital einer fokalen Projekteinheit, ist die Gesamtkonfiguration des Netzwerks nicht von erstrangigem Interesse. Vielmehr soll die strukturelle Einbettung der fokalen Projekteinheit im Vordergrund stehen.

Der Fokus der vorliegenden Arbeit liegt auf einer vergleichenden Analyse unterschiedlicher fokaler Projekteinheiten und deren sozialen Kapitals in interorganisationalen Projekten. Eine Untersuchung des Gesamtnetzwerks, das die Darstellung der Beziehungen aller Partnerorganisationen mit einschließt, würde zu weit führen und die Komplexität zu stark erhöhen.

Um die strukturelle Dimension klar von den Inhalten der Beziehung, der relationalen und kognitiven Dimension, abzugrenzen, wird die Variable „Stärke der Beziehung" hier nicht zu der strukturellen, sondern zu der relationalen Dimension gezählt (für eine ausführliche Definition der „Stärke der Beziehung" siehe Kapitel 4.3.3.2.). Dies geschieht mit dem Ziel, eine klare Stellung zu der uneinheitlichen Literatur zu beziehen. In manchen Veröffentlichungen wird die Stärke zu der strukturellen Dimension gezählt (Inkpen/Tsang 2005, S. 152; Nahapiet/Ghoshal 1998, S. 252), in manchen dagegen zu der relationalen Dimension (Rowley/Behrens/Krackhardt 2000, S. 370f.; Smith/Collins/Clark 2005, S. 349). Da die Stärke einer Beziehung insbesondere die inhaltliche Ausgestaltung einer Beziehung beschreibt, wird sie hier klar von der strukturellen Beschaffenheit abgegrenzt und der relationalen Dimension zugeordnet.

Im Folgenden soll zunächst die Variable „Heterogenität der Partner" und deren vermutete Wirkung auf den interorganisationalen Wissenserwerb vorgestellt werden. Im Anschluss daran werden die Variable „Anzahl an Verbindungen" und deren Wirkung betrachtet.

---

[18] Zentralität in einem Netzwerk wird definiert über eine zentrale Stellung, die dadurch entsteht, dass zu einem Akteur die meisten Verbindungen laufen (Tsai 2001, S. 999). Definition von strukturellen Löchern: In einem Gesamtnetzwerk existieren strukturelle Löcher zwischen Akteuren, die nicht direkt miteinander verbunden sind, sondern indirekt über einen Mittelsmann, mit dem beide eine direkte Verbindung unterhalten (Burt 1992, S. 18; siehe auch Kapitel 4.1.1.2).

4.3.2.2 Heterogenität der Partner und interorganisationaler Wissenserwerb

Die Variable „Heterogenität der Partner" ist definiert als das Ausmaß, zu dem sich die Partnerorganisationen des interorganisationalen Projektes in ihren Haupteigenschaften und Aufgaben voneinander unterscheiden (Contractor/Eisenberg 1990, S. 153). Diese unterschiedlichen Haupteigenschaften manifestieren sich in der Größe sowie der Technologie der Organisationen (Sakakibara 1997, S. 147; Zahra/Ireland/Hitt 2000, S. 927). In der Literatur wird teilweise anstelle der Heterogenität die Reichweite des Netzwerks (Range) betrachtet. Reagans und McEvily definieren die Reichweite als Verbindungen, die über organisationale, institutionelle und soziale Grenzen hinweggehen und damit multiple Wissensbestände umfassen (Reagans/McEvily 2003, S. 147). Smith, Collins und Clark verstehen unter der Reichweite die Bandbreite (Scope) an unterschiedlichen Arten von Kontakten und umschreiben sie mit Heterogenität (Smith/Collins/Clark 2005, S. 349).

Aus der Literatur abgeleitet wird die Variable „Heterogenität der Partner" in der vorliegenden empirischen Studie über zwei Indikatoren abgebildet. Zum ersten über die Unterschiedlichkeit der Partnerorganisationen zueinander sowie zum zweiten die unterschiedlichen Aufgaben der Partner im interorganisationalen Projekt. Die Befragten, die Projektleiter der fokalen Organisation, werden gebeten, die eigene Organisation ebenfalls als eine der Partnerorganisationen zu verstehen. Dementsprechend ist hierbei zusätzlich die Unterschiedlichkeit der fokalen Projekteinheit zu den anderen Partnern integriert:

- „Die Aufgaben unserer Partnerunternehmen im Projekt unterschieden sich deutlich voneinander." (Lui/Ngo 2005, S. 1150)
- „Unsere Partnerunternehmen waren sehr unterschiedlich (z.B. bzgl. Größe, Leistungsprofil, Technologie)." (Lui/Ngo 2005, S. 1150; Saxton 1997, S. 461)[19]

In der Literatur wird die Heterogenität der Partner bisher noch nicht erschöpfend untersucht, was sich an der geringen Zahl von Studien zeigt. Einige Autoren sehen in der Heterogenität der Partner jedoch einen Faktor, der sich positiv auf den interorganisationalen Wissenserwerb auswirkt (Inkpen/Tsang 2005, S. 157; Zahra/Ireland/Hitt 2000, S. 927ff.; Zhao/Aram 1995).

Die Wirkung der „Heterogenität der Partner" auf den interorganisationalen Wissenserwerb wird vor allem über die *Möglichkeiten* begründet, die die heterogenen Partner einer fokalen Projekteinheiten bieten (Adler/Kwon 2002, S. 24f.; Nahapiet/Ghoshal 1998, S. 249).

---

[19] Dieser und alle weiteren Indikatoren des sozialen Kapitals wurden über jeweils ein Statement mit einer Antwortskala von 1 („stimme gar nicht zu") bis 5 („stimme voll zu") gemessen. Die Ausnahme bildet der erste Indikator der „Anzahl an Verbindungen". Anhang 1 gibt eine Übersicht über die einzelnen Indikatoren der Variablen.

Aufgrund der Heterogenität der Partner erhält die fokale Projekteinheit die Möglichkeit, auf eine externe, breite und diverse Wissensbasis zurückzugreifen (Maurer 2003, S. 33; Mitchell/Singh 1996, S. 173ff.; Powell/Koput/Smith-Doerr 1996, S. 121). Im Umkehrschluss bedeutet dies, dass es bei heterogenen Partnern zu weniger Überlappungen in den Wissensbeständen kommt und dadurch Redundanzen im Potential des erwerbbaren Wissens verringert werden (McEvily/Zaheer 1999, S. 1153; Riemer 2005, S. 276f.). Der Zugang zu diversem Wissen erhöht die Möglichkeit, neues Wissen zu erwerben (Smith/Collins/Clark 2005, S. 349; Yli-Renko/Autio/Sapienza 2001, S. 592).

Je unterschiedlicher das Set an Partnern ist, desto höher ist die Wahrscheinlichkeit, dass auch neues und innovatives Wissen von dem Partner eingebracht werden kann und die fokale Projekteinheit die Möglichkeit hat, daraus Nutzen zu schlagen (Leonard/Sensiper 2000, S. 288; Yli-Renko/Autio/Sapienza 2001, S. 592; Zhao/Aram 1995, S. 355f.).

Heterogenität in einem interorganisationalen Projektteam sowie die damit einhergehende diverse Wissensbasis bieten darüber hinaus die Möglichkeit einer kreativen Schöpfung neuen Wissens im Team. In der Heterogenität liegt die Chance für radikale Neuerungen aufgrund der Unterschiedlichkeit der Organisationen. Mit anderen Worten erlangt die fokale Projekteinheit Zugang zu neuem Wissen, welches sie ohne die heterogenen Partner nicht erreicht hätte (Sessing 2006, S. 180; Smith/Collins/Clark 2005, S. 353). Dieser Aspekt wird insbesondere auch in der Teamliteratur ausführlich betrachtet (Chatman/Flynn 2001; Porac et al. 2004; Shin/Jing 2007; Wiersema/Bird 1993).

Ein interessanter Teil eines diversen Wissensbestandes aufgrund von heterogenen Partnern ist für eine fokale Projekteinheit ein Zugang zu für sie komplementären Ressourcen und Technologien (van Wijk/van den Bosch/Volberda 2003, S. 428ff.). In der Konsequenz kann die fokale Projekteinheit das komplementäre Wissen mit dem bereits vorhandenen Wissen verknüpfen und so einerseits das erworbene Wissen besser einschätzen und nutzen sowie andererseits relevantes Wissen in die Organisation bringen, welches das bereits bestehende Wissen ergänzt (Shenkar/Li 1999, S. 136ff.).

Aus diesen Gründen wird hier ein positiver Zusammenhang zwischen der Variablen „Heterogenität der Partner" und dem interorganisationalen Wissenserwerb vorgeschlagen:

Hypothese 1: Je heterogener die Partner in einem interorganisationalen Projekt sind, desto mehr Wissen kann die fokale Projekteinheit erwerben.

Im folgenden Kapitel soll die zweite strukturelle Variable, die „Anzahl an Verbindungen", vorgestellt werden.

4.3.2.3 Anzahl an Verbindungen und interorganisationaler Wissenserwerb

Die zweite Variable der strukturellen Dimension beschreibt die Anzahl an Verbindungen der fokalen Projekteinheit zu Partnern in einem interorganisationalen Projekt. Die „Anzahl an Verbindungen" wird auch als Größe des Netzwerks bezeichnet und wird definiert als die absolute Anzahl der Beziehungen eines Akteurs beziehungsweise der fokalen Projekteinheit (Maurer 2003, S. 33; Nooteboom 2004, S. 70). Im interorganisationalen Projekt bedeutet dies konkret die Anzahl an Personen oder Mitarbeitern der Partnerorganisationen, mit der die fokale Projekteinheit direkt verbunden ist (Burt 2000, S. 374; Contractor/Eisenberg 1990, S. 153). Die „Anzahl an Verbindungen" wird auf der kumulierten Ebene der fokalen Projekteinheit betrachtet. Demnach werden alle Verbindungen miteinbezogen, die zwischen den Individuen der fokalen Projekteinheit und den einzelnen Mitarbeitern der Partnerorganisationen aus dem interorganisationalen Projekt bestehen. Diese werden dann zu der Variablen „Anzahl an Verbindungen" der fokalen Projekteinheit aggregiert. Diese Aggregation nimmt der Projektleiter vor, da er als sogenannte Schlüsselauskunftsperson Überblick über das Projekt hat (für eine Eignung dieser Methode sowie weitere Informationen siehe Kapitel 5.1.2).

In der Literatur finden sich nur wenige Operationalisierungsmöglichkeiten der Variablen, die für die Fragestellung und den Forschungsrahmen anwendbar sind. In manchen Studien wird direkt nach der Anzahl an Verbindungen gefragt (Smith/Collins/Clark 2005, S. 352). Mit dem Ziel, die Vergleichbarkeit zwischen den Projekten sicherzustellen, wird diese Vorgehensweise hier abgewandelt: Der erste Indikator enthält ein Statement mit einer Antwortskala von 1 („stimme gar nicht zu") bis 5 („stimme voll zu") und fragt direkt nach der relativen Anzahl an Verbindungen. In anderen Studien wird die Ratio der Anzahl an Verbindungen einer fokalen Projekteinheit zur möglichen Gesamtanzahl aller Verbindungen im interorganisationalen Projekt errechnet (Soda/Usai 1999, S. 289). Diese Herangehensweise wird hier in dem zweiten Indikator über eine Prozentzahl abgedeckt.

Konkret wurden dem Projektleiter der fokalen Projekteinheit die beiden folgenden Fragen über die Anzahl der Verbindungen der gesamten fokalen Projekteinheit gestellt:

- „Unser Projektteam hatte insgesamt mit den meisten der Projektmitarbeiter der Partnerunternehmen Kontakt."
- „Wie viel Prozent der Mitarbeiter aus den Projektteams der Partnerunternehmen kannte Ihr Projektteam insgesamt? ca. _____ %"

In Abgrenzung zu weiteren Variablen ist anzumerken, dass die inhaltliche Qualität des Partners sowie der Verbindungen hier nicht von Interesse ist. Diese werden in der „Heterogenität der Partner" sowie in der relationalen Dimension erfasst. Die Variable „Anzahl an Verbindungen" spiegelt lediglich die Struktur und damit der direkte Verbindungskanal zwischen Akteuren wider.

In der Literatur lässt sich ein positiver Zusammenhang zwischen der „Anzahl an Verbindungen" und dem interorganisationalen Wissenserwerb feststellen (Ahuja 2000; Inkpen/Tsang 2005; Sessing 2006).

Es wird unterstellt, dass eine fokale Projekteinheit mit einer hohen Anzahl an Verbindungen zu ihren externen Partnern im interorganisationalen Projekt mehr *Möglichkeiten* hat, Wissen zu erwerben (Adler/Kwon 2002, S. 24f.; Nahapiet/Ghoshal 1998, S. 249ff.). Im Einzelnen sehen diese Möglichkeiten des Wissenserwerbs wie folgt aus:

Verfügt eine fokale Projekteinheit über eine hohe Anzahl an Verbindungen im interorganisationalen Projekt, wird ihr dadurch der Zugang zu einer Vielzahl an Wissensbasen ermöglicht. Je mehr Verbindungen zu Partnern existieren, desto mehr Wissensbasen stehen der fokalen Projekteinheit zur Verfügung (Ahuja 2000, S. 429f.; Cross/Cummings 2004, S. 929ff.). Das bedeutet für die fokale Projekteinheit, dass sich die Wahrscheinlichkeit, eine bestimmte Information zu erhalten, mit steigender Anzahl an Partnern erhöht. Die Verbindungen zu den Partnerorganisationen ermöglichen dabei die Interaktion und stellen Kanäle dar, über die Wissen von den Partnerorganisationen zu der fokalen Projekteinheit übertragen werden kann (Inkpen/Tsang 2005, S. 152; Nahapiet/Ghoshal 1998, S. 252).

Weiterhin wird auch die Perspektive der aktiv nach Wissen suchenden Organisation in der Literatur thematisiert. Mit einer hohen Anzahl an Kontakten steigt die Wahrscheinlichkeit, dass es Wissensträger gibt, die der fokalen Projekteinheit in einem bestimmten Themenbereich weiterhelfen oder sogar Lösungen für ein konkretes Problem anbieten können, da die Anzahl derjenigen Organisationen steigt, die den Themenbereich oder das Problem der fokalen Projekteinheit überhaupt verstehen (Constant/Sproull/Kiesler 1999, S. 416; Sessing 2006, S. 177). Je größer die Anzahl der fachlich kompetenten Kontakte ist, desto größer ist wiederum die Anzahl derer, die ihr Wissen signalisieren können. Mit einem Signal können sie sich der fokalen Projekteinheit besser anbieten und dann auch zeitnah auf die Wissenssuche reagieren (Sessing 2006, S. 177). Dadurch wird der Wissenserwerb gesteigert.

Wenn eine fokale Projekteinheit unter einer hohen Anzahl an Verbindungen auswählen kann, hat sie darüber hinaus die Möglichkeit, die Kontakte gegeneinander auszuspielen. Damit bindet die fokale Projekteinheit die Partnerorganisationen über ein Abhängigkeitsverhältnis an sich und so vergrößert sich die Wahrscheinlichkeit, dass die Partnerorganisationen ihr Wissen mit der fokalen Projekteinheit teilen (Burt 2000, S. 374).

Ferner kann die Anzahl an Verbindungen, die eine fokale Projekteinheit in einem interorganisationalen Projekt innehat, an die tatsächliche Anzahl der Partnerorganisationen im interorganisationalen Projekt geknüpft sein. Bei dem Vorhandensein vieler Partner in einem interorganisationalen Projekt stellt Ahuja fest, dass die Partner gemeinsam höhere finanzielle Mittel haben. Es wird unterstellt, dass jede Organisation für sich ein konstantes Budget für Forschung und Entwicklung hat. Durch die Verbindung in dem interorganisationalen Projekt erhält die fokale Projekteinheit demnach den Output von mehr Forschungs- und Entwicklungsgeldern, als es alleine getätigt hätte (Ahuja 2000, S. 429). Auch hierdurch kann der Wissenserwerb gesteigert werden. Empirisch konnte in einer Längsschnittanalyse über zehn Jahre eine positive Verbindung zwischen der Anzahl der direkten Verbindungen von 268 Organisationen zu deren externen Partnern in Joint Venture und dem Innovationsoutput der Organisation festgestellt werden (Ahuja 2000, S. 429).

Aufgrund der angeführten Argumentation wird ein positiver Zusammenhang zwischen der „Anzahl an Verbindungen" und dem interorganisationalen Wissenserwerb vermutet:

Hypothese 2: Je größer die Anzahl an Verbindungen zu Partnerorganisationen in einem interorganisationalen Projekt ist, desto mehr Wissen kann die fokale Projekteinheit erwerben.

Als Erweiterung der beiden Variablen „Heterogenität der Partner" und „Anzahl an Verbindungen" soll im Folgenden die gemeinsame Wirkung als Interaktionseffekt zusammen mit der Innovativität der Partner dargestellt werden.

4.3.2.4 Interaktionseffekte der Innovativität der Partner mit der Heterogenität der Partner und der Anzahl an Verbindungen

In neueren Veröffentlichungen wird die strukturelle Dimension um die Betrachtung von Charakteristika der Partner erweitert worden (Zaheer/Bell 2005, S. 813). Dabei wird die These vertreten, dass eine Erweiterung der strukturellen Dimension um die Charakteristika der Partner möglicherweise einen zusätzlichen Nutzen stiften könnte, um den Einfluss auf den interorganisationalen Wissenserwerb zu erklären. Die Erweiterung der strukturellen Dimension um die Charakteristika der Partner gilt als noch untererforscht (Stuart 2000, S. 793). Es wird damit erkannt, dass eine fokale Organisation von beidem, sowohl von der Struktur des Netzwerks als auch von den Ressourcen, die es vom Partner erhält, profitieren kann. Je wertvoller die Ressourcen sind, die die fokale Organisation über die Struktur der Beziehung von den Partnerorganisationen erhält, desto positiver wirkt sich dies auf den Wissenserwerb aus (Zaheer/Bell 2005, S. 813). Bei der Ressource handelt es sich entweder um die gewollte Aneignung von neuen technischen Fähigkeiten oder um das Beiprodukt einer Zusammenarbeit mit den Partnern (Mowery/Oxley/Silverman 1996, S. 79; Stuart 2000, S. 802).

Die Qualität der Ressourcen, die die fokale Projekteinheit von den Partnerorganisationen beziehen kann, hängt insbesondere von der Innovativität der Partner ab. Aus diesem Grund wird die Innovativität der Partner als Teil der strukturellen Ebene angesehen, da diese den Wert der Ressource, den die Partnerorganisationen innehaben, darstellt. Die Variable „Innovativität der Partner" wird über folgenden Indikator abgebildet:

„Unsere Partner in diesem Projekt verfügten im Vergleich zu ihren Wettbewerbern über überlegene Technologien und Verfahren." (Yli-Renko/Autio/Sapienza 2001, S. 597)

Insbesondere die positive Wirkung von innovativen Partnern wird bereits in einigen Studien geprüft. In einer empirischen Befragung von 77 Mitgliedern des Investment Funds Instituts in Kanada untersuchen Zaheer und Bell die Hypothese, ob Verbindungen mit innovativen Partnern die Performance einer fokalen Organisation erhöhen können. Diese Hypothese konnte statistisch bestätigt werden, unter der Prämisse, dass die Autoren in der Analyse lediglich die innovativen Partnerfirmen berücksichtigten (Zaheer/Bell 2005, S. 821).

Weiterhin kann Stuart in einer empirischen Studie von 150 Organisationen der Halbleiterindustrie einen positiven Zusammenhang zwischen der Höhe der technologischen Fähigkeiten der Partner eine High-Tech-Organisation und der Innovationsrate der fokalen Organisation feststellen (Stuart 2000, S. 802).

Im Ansatz ist hier auch noch die Studie von Mowery, Oxley und Silverman von 792 unterschiedlichen Unternehmenskooperationen interessant: Die Autoren zeigen, dass die technologische Überlappung der Wissensbestände der beteiligten Organisationen im Anschluss an eine Zusammenarbeit größer als vor der Kooperation ist. Positiv beeinflusst wird dieses Ergebnis unter anderem von einem gewissen Grad an Aufnahmefähigkeit des technologischen Wissens der Partner (Mowery/Oxley/Silverman 1996). Diese Untersuchung zeigt, dass man innovatives und technisches Wissen von Partnerorganisationen übernehmen kann und daraus Wissenserwerb resultiert.

Das Hauptargument für eine positive Wirkung von innovativen Partnern auf den Wissenserwerb ist in erster Linie die Möglichkeit für die fokale Organisation, dadurch neue Routinen und fortschrittliches technisches Know-how zu erhalten. Das bedeutet einerseits, dass der Wert des zu erwerbenden Wissens gesteigert wird und bei innovativen Partnern das Vorhandensein von übertragenswertem Wissen höher ist als bei weniger innovativen Partnern (Stuart 2000, S. 794).

Ein gemeinsamer Effekt der strukturellen Merkmale und der Innovativität der Partner wird nach aktuellem Kenntnisstand bisher noch nicht untersucht. Die beiden Variablen, die aus dem Interaktionseffekt zwischen der „Anzahl an Verbindungen" sowie der „Heterogenität der Partner" mit der „Innovativität der Partner" entsteht, werden „Anzahl und Innovativität" sowie „Heterogenität und Innovativität" genannt.

Es kann hier davon ausgegangen werden, dass eine Verknüpfung jeder der beiden Variablen mit der „Innovativität der Partner" sich positiv auf den interorganisationalen Wissenserwerb auswirkt: Da insbesondere innovative Partner über eine hohe Qualität an technologischem Wissen verfügen, steigt die Wahrscheinlichkeit, dass bei einer großen Anzahl an innovativen Verbindungen ein höherer interorganisationaler Wissenserwerb stattfindet. Gleiches gilt auch für die Variable „Heterogenität der Partner": Wenn der Wissensbestand, zu dem eine fokale Organisation in dem interorganisationalen Projekt Zugang erhält, innovativ und gleichzeitig sehr heterogen ist, dann steigt die Wahrscheinlichkeit des Wissenserwerbs. Deshalb werden die folgenden zwei Hypothesen aufgestellt:

Hypothese 3: Je heterogener und innovativer die Partner in einem interorganisationalen Projekt sind, desto mehr Wissen kann die fokale Projekteinheit erwerben.

Hypothese 4: Je größer die Anzahl an innovativen Verbindungen zu Partnerorganisationen in einem interorganisationalen Projekt ist, desto mehr Wissen kann die fokale Projekteinheit erwerben.

Nach der Betrachtung der Effekte der strukturellen Dimension sowie der Erweiterung um die Interaktionsvariable „Innovativität der Partner" soll im Folgenden die relationale Dimension vorgestellt werden.

4.3.3 Relationale Dimension

4.3.3.1 Beschreibung der relationalen Dimension

In der relationalen Dimension des sozialen Kapitals wird die Art der Beziehungen der Akteure im interorganisationalen Projekt beschrieben (Nahapiet/Ghoshal 1998, S. 255). Mit der fokalen Projekteinheit als Ausgangspunkt werden hier diejenigen Beziehungen betrachtet, die diese zu den Partnerorganisationen unterhalten. In der Literatur wird für die relationale Dimension insbesondere auf die zwei folgenden Variablen zurückgegriffen: die Stärke einer Beziehung (Rowley/Behrens/Krackhardt 2000, S. 370f.; Smith/Collins/Clark 2005, S. 349) sowie das Vertrauen der Akteure zueinander (Powell/Koput/Smith-Doerr 1996; Tsai/Ghoshal 1998, S. 467ff.). In Überblicksartikeln über die Dimensionen des sozialen Kapitals werden teilweise weitere Variablen genannt, wie beispielsweise Normen oder gegenseitige Erwartungen (Nahapiet/Ghoshal 1998, S. 255f.; Yli-Renko/Autio/Sapienza 2001, S. 591). In anderen Veröffentlichungen sind diese jedoch bereits in der Stärke der Beziehung enthalten (Coleman 1988, S. 102; Granovetter 1973, S. 1361). Aus diesen Gründen werden in der vorliegenden Arbeit die beiden Variablen „Stärke der Beziehung" und „Vertrauen" als Repräsentanten der relationalen Dimension ausgewählt, da sie in der Literatur am häufigsten vorkommen.

In den folgenden Kapiteln werden die beiden Variablen und ihre jeweiligen Wirkungen auf den interorganisationalen Wissenserwerb vorgestellt.

4.3.3.2 Stärke der Beziehung und interorganisationaler Wissenserwerb

Die „Stärke der Beziehung" in einem interorganisationalen Projekt beschreibt in der Literatur ein Konstrukt, das aus mehreren Aspekten besteht. Betrachtet wird insbesondere die Intensität der Beziehungen, die zwischen den Individuen der fokalen Projekteinheit und den Mitarbeitern der Partnerorganisationen auf dyadischer Ebene vorliegen. Diese dyadischen Beziehungen zwischen Akteuren werden dann auf Ebene der fokalen Projekteinheit akkumuliert. In der vielzitierten Definition von Granovetter besteht die vorliegende Variable „Stärke der Beziehung" aus vier Aspekten (Granovetter 1973, S. 1361; Marsden/Campbell 1984, S. 483ff.):

a) Enge der Beziehung, auch als emotionale Intensität bezeichnet

b) Häufigkeit der Interaktion zwischen den Akteuren

c) Reziprozität als das wechselseitige Zusammenspiel von Leistung und Gegenleistung

d) Intimität

Unter dem vierten Punkt, der Intimität, wird in der Literatur teilweise eine vertrauensvolle Beziehung miteinbezogen (Granovetter 1973, S. 1361). Es soll in der vorliegenden Arbeit jedoch eine klare Trennung zwischen den beiden Variablen der relationalen Dimension stattfinden. Deshalb wird das Vertrauen als eigenständige Variable im nachfolgenden Kapitel betrachtet. Die Intimität bezeichnet in dem vorliegenden Kontext die Enge der Beziehung und Häufigkeit der Interaktion, die sich über eine geschäftliche Verbindung hinaus aufbaut, beispielsweise im Sinne von privaten freundschaftlichen Treffen oder gemeinsamer Verbandsarbeit (Kale/Singh/Perlmutter 2000, S. 218).

Anlehnend an die vier Aspekte wird die Beziehung der fokalen Projekteinheit und der Partnerorganisationen mit nachfolgenden vier Indikatoren erfasst:

- Enge: „Unser Projektteam und die Projektmitarbeiter der Partnerunternehmen hatten eine sehr enge Beziehung zueinander." (Hansen/Podolny/Pfeffer 2001, S. 38f.; Reagans/McEvily 2003, S. 250; Smith/Collins/Clark 2005, S. 352)

- Häufigkeit: „Unser Projektteam und die Projektmitarbeiter der Partnerunternehmen sprachen sehr oft miteinander." (Hansen/Podolny/Pfeffer 2001, S. 39; Reagans/McEvily 2003, S. 250)

- Reziprozität: „Zwischen uns und unseren Projektpartnern galt die Norm, dass man für freiwillige Mehrleistungen eines Projektpartners irgendwann eine entsprechende Gegenleistung erwarten kann." (Hansen/Podolny/Pfeffer 2001, S. 39; Muthusamy/White 2005, S. 427)

- Intimität: „Unser Projektteam und die Projektmitarbeiter der Partnerunternehmen standen auch außerhalb des Projektes häufig miteinander in Kontakt (z.B. Freizeit, Verband, Freundschaft)." (Kale/Singh/Perlmutter 2000, S. 218; Reagans/McEvily 2003, S. 250)

Seitdem Granovetter die Vorteile von schwachen Verbindungen beschrieben hat (Granovetter 1973; siehe Kapitel 4.1.1.2), haben einige Autoren die positive Wirkung der Stärke der Beziehung auf den Wissenserwerb untersucht. Die Mehrzahl der Veröffentlichungen findet sich hierzu im intraorganisationalen Bereich (z.B. Levin/Cross 2004; Reagans/McEvily 2003; Smith/Collins/Clark 2005), aber auch im interorganisationalen Umfeld gibt es einige Veröffentlichungen (z.B. Dyer/Nobeoka 2000; Kraatz 1998 sowie als konzeptioneller Artikel Inkpen/Tsang 2005). Hauptsächlich die Tatsache einer temporären Beschränkung von interorganisationalen Projekten ist möglicherweise Ursache für eine nur begrenzte Übertragbarkeit der Argumentation des intraorganisationalen Kontexts sowie den Kontext der interorganisationalen Zusammenarbeit. Es ist fraglich, ob sich in einem interorganisationalen Projekt eine starke Beziehung in der Kürze der Zeit herausbilden kann. Liegen starke Beziehungen in interorganisationalen Projekten jedoch vor, kann daraus geschlossen werden, dass diese sich ebenfalls positiv auf den Wissenserwerb auswirken, da sich eine starke Beziehung im intraorganisationalen Rahmen einfach etablieren lässt.

Das Hauptargument für eine positive Wirkung von starken Beziehungen auf den interorganisationalen Wissenserwerb ist eine Steigerung der *Motivation* oder Bereitschaft der beteiligten Akteure, ihr Wissen auszutauschen (Krackhardt 1992, S. 218; Nahapiet/Ghoshal 1998, S. 249ff.).

So beinhaltet eine starke Beziehung eine emotionale Verbundenheit zwischen den Akteuren und erhöht dadurch die Bereitschaft zu gegenseitiger Hilfe und zur Preisgabe relevanter Informationen (Granovetter 1982, S. 1362; Reagans/McEvily 2003, S. 244). Des Weiteren führt die emotionale Verbundenheit dazu, dass die Akteure mehr Zeit und Energie in die Verbindung investieren und dadurch auch mehr Wissen austauschen (Reagans/McEvily 2003, S. 244).

Deshalb schlagen Inkpen und Tsang in ihrem Literaturüberblick über verschiedene Beziehungskontexte, dem sozialen Kapital in diesen Kontexten und dem daraus resultierenden Wissenserwerb starke Verbindungen vor, um den Wissenserwerb gerade im interorganisationalen Kontext zu forcieren. Insbesondere wenn die Partner auf einer weiteren Ebene Konkurrenten sind, wird eine schwache Beziehung für die Bereitschaft zur Wissensteilung nicht ausreichen (Inkpen/Tsang 2005, S. 155f.).

Positiv auswirken kann sich auch die Tatsache, dass sich in stärkeren Beziehungen Normen herausbilden wie beispielsweise ein freundliches Miteinander oder ein guter Ton, die das Verhalten der Akteure steuern. Zu den Normen gehören auch reziproke Erwartungen und Verpflichtungen. Erweist ein Akteur A beispielsweise einem anderen Akteur B eine Gefälligkeit, erwartet A in Zukunft eine Gegenleistung und B ist sich dessen, bei geteilter Reziprozitätsnorm, bewusst (Blau 1964, S. 6; Coleman 1988, S. 102). Diese Normen verbinden die Akteure und motivieren daher die Partnerorganisationen das vorhandene Wissen mit der fokalen Projekteinheit zu teilen (Nahapiet/Ghoshal 1998, S. 255).

Neben der Etablierung von Normen lässt sich in starken Beziehungen eine Routinenbildung identifizieren, die den Wissenstransfer beeinflusst. In einer explorativen Studie nutzen Dyer und Nobeoka starke Beziehungen, um fehlende Motivation von Mitgliedern eines Netzwerks sowie das Freerider-Problem zu umgehen. Starke, im Sinne von eng verbundenen Beziehungen führen in dem Autozuliefernetzwerk von Toyota zu einer Institutionalisierung von Routinen im Miteinander, die den Wissenstransfer zwischen den Lieferanten im Netzwerk erleichtert (Dyer/Nobeoka 2000, S. 351ff.).

Darüber hinaus bietet eine häufige Interaktion konkrete Möglichkeiten, Wissen zu teilen, und dadurch wird der fokalen Projekteinheit Zugang zu der Wissensbasis der Partnerorganisationen verschafft. Die häufige Interaktion bindet die Akteure häufig auch näher aneinander und dadurch steigt die Motivation, Wissen zu teilen (Kraatz 1998, S. 623ff.; Nahapiet/Ghoshal 1998, S. 252).

Es wird daher ein positiver Zusammenhang zwischen der „Stärke der Beziehung" und dem interorganisationalen Wissenserwerb angenommen:

Hypothese 5: Je stärker die Beziehung zwischen der fokalen Projekteinheit und den Partnerorganisationen in einem interorganisationalen Projekt, desto mehr Wissen kann die fokale Projekteinheit erwerben.

Im Anschluss wird die zweite Variable der relationale Dimension, das „Vertrauen", vorgestellt.

4.3.3.3 Vertrauen und interorganisationaler Wissenserwerb

Neben der „Stärke der Beziehung" stellt die Variable „Vertrauen" einen weiteren Bestandteil der relationalen Dimension dar. Eine vertrauensvolle Beziehung zwischen der fokalen Projekteinheit und den Partnerorganisationen wird definiert als vorhersagbare und positive Erwartungen bezüglich des Wohlwollens und der fachlichen Kompetenzen des jeweiligen Gegenübers (Das/Teng 2001b, S. 256; Nooteboom 1996, S. 991). Vertrauen in einem interorganisationalen Projekt liegt, wie die Stärke der Beziehung, zunächst in dyadischen Beziehungen zwischen zwei Akteuren vor. Diese vertrauensvollen Beziehungen werden dann zu den Beziehungen der fokalen Projekteinheit und ihrer Partnerorganisationen aggregiert.

Da bereits die Definition der Variable zwei Aspekte beinhaltet, wird das „Vertrauen" häufig auch über die beiden Aspekte beschrieben und gemessen. Das Vertrauen in das Wohlwollen bezieht sich auf die guten Absichten des Senders in einer Beziehung und insbesondere in das Vertrauen dahingehend, dass der Gegenüber nicht opportunistisch, sondern gemäß seinen tatsächlichen Fähigkeiten handelt. In einer vertrauensvollen Beziehung können die Gegenüber dementsprechend einschätzen, ob diese nach ihrem Wohlwollen handeln. Einen weiteren Aspekt stellt die Weitergabe von notwendigen Informationen dar. Bei dem fachlichen Vertrauen verlässt sich ein Akteur auf die fachlichen Kompetenzen seines Gegenübers. Dazu gehören sowohl die technischen Kompetenzen wie auch die Erwartung, dass ein Akteur gemäß dieser fachlichen Expertise qualitativ hochwertig handelt (Barber 1983, S. 14; Das/Teng 2004, S. 98; Das/Teng 2001b, S. 256; Nooteboom 2004, S. 111; Ring/van de Ven 1994, S. 93).

Um diesen Unterschied herauszustellen, werden bei dem Vertrauen in das Wohlwollen das opportunistische Verhalten sowie das Vertrauen auf Unterstützung abgefragt. Bei dem fachlichen Vertrauen dagegen geht es um die wahrgenommene Kompetenz der fachlichen Entscheidungen und Handlungen der Partnerorganisationen. Das fachliche Vertrauen wird, im Gegensatz zu dem Vertrauen in das Wohlwollen, in der Literatur bisher selten operationalisiert. Abgeleitet aus der Definition des fachlichen Vertrauens wurde hier dieser Indikator selbst erarbeitet Die Variable „Vertrauen" wird wie folgt gemessen:

- Vertrauen in das Wohlwollen: „Unser Projektteam und die Projektmitarbeiter der Partnerunternehmen konnten durchweg darauf vertrauen, dass sie sich gegenseitig nicht ausnutzen, auch wenn sich die Gelegenheit dazu ergab." (Tsai/Ghoshal 1998, S. 469f.)
- Vertrauen in das Wohlwollen: „Unser Projektteam und die Projektmitarbeiter der Partnerunternehmen konnten stets darauf vertrauen, dass sie notwendige und korrekte Informationen sowie Unterstützung voneinander erhielten." (Tsai 2000, S. 931)
- Fachliches Vertrauen: „Unser Projektteam und die Projektmitarbeiter der Partnerunternehmen konnten stets darauf vertrauen, dass die jeweils anderen fachlich kompetent entschieden und handelten."

Ein positiver Einfluss von „Vertrauen" auf den Wissenserwerb wird in vielen Studien bereits untersucht, sowohl auf intraorganisationaler Ebene (Tsai/Ghoshal 1998; Uzzi 1996) als auch im interorganisationalen Kontext (Das/Teng 2001b; Powell/Koput/Smith-Doerr 1996; Ring/van de Ven 1994).

Viele Autoren sehen das Vertrauen und die daraus resultierende *Motivation* der Akteure, Wissen auszutauschen, als wichtige Voraussetzung für den Wissenstransfer zwischen Organisationen (Nahapiet/Ghoshal 1998, S. 255; Sessing 2006, S. 164).

In interorganisationalen Projekten ist, wie auch bei der Stärke der Beziehung, insbesondere die temporäre Beschränkung ein Hindernis für den Aufbau von vertrauensvollen Beziehungen. Vertrauen baut sich häufig erst im Laufe der Zeit auf und ist deshalb besonders in langfristigen Beziehungen anzutreffen (Grabher 2002, S. 205; Inkpen/Tsang 2005, S. 254; Söderlund 2004, S. 660). Gerade vor diesem Hintergrund ist es von Interesse, ob sich in interorganisationalen Projekten vertrauensvolle Beziehungen entwickeln und ob diese den Wissenserwerb fördern.

Insbesondere bei der Betrachtung des Vertrauens in einer Beziehung ist die Betrachtung von Sender und Empfänger wichtig, da die Motivation für beide jeweils unterschiedlich begründet ist. Daher sollen die beiden Seiten hier getrennt voneinander betrachtet werden.

Ein vertrauensvolles Verhältnis zwischen Sender und Empfänger wirkt opportunistischem Verhalten des Senders entgegen und bestärkt eine gute Zusammenarbeit zwischen den Akteuren (Das/Teng 2001b, S. 256; Nooteboom 1996, S. 990ff.). Opportunismus stellt vor allem in strategischen Allianzen ein Hindernis dar, weshalb das Vertrauen in interorganisationalen Projekten positiv für die Zusammenarbeit und den Wissenstransfer wäre (Inkpen/Tsang 2005, S. 158; Parkhe 1993, S. 794ff.). In einer vertrauensvollen Beziehung sind die Sender von Wissen eher bereit, ihre Ressourcen zu teilen, ohne Angst zu haben, dass der Empfänger dies zu seinem Vorteil ausnützt (Inkpen/Tsang 2005, S. 153f.; Nahapiet/Ghoshal 1998 S. 255; Tsai/Ghoshal 1998, S. 467).

Das Vertrauen des Senders wirkt sich dementsprechend positiv auf die Offenheit eines Senders aus, Wissen preiszugeben. Die These ist hier, dass ein Akteur, der an das Wohlwollen und die fachliche Kompetenz seines Gegenübers glaubt, offener mit seinem Wissen umgeht und motivierter ist, es preiszugeben. Dadurch wird der Wissenserwerb gesteigert (Nahapiet/Ghoshal 1998, S. 255). In der Literatur wird die Offenheit auch häufig mit der Transparenz des Wissens umschrieben und als ein wichtiger Erfolgsfaktor für den Wissenstransfer gesehen (Hamel 1991, S. 96; siehe Kapitel 3.4.2.1).

Die Motivation des Senders, Wissen preiszugeben, ist Grundvoraussetzung für den Empfänger, Wissen von dem Sender zu erwerben. Um eine solche Preisgabe zu unterstützen, kann die fokale Projekteinheit als Empfänger Signale setzen, die dem Sender zeigen, dass er dem Empfänger vertrauen kann. Diese Signale werden hier beispielsweise indirekt über die Beziehung, also über das Verhalten der fokalen Projekteinheit, gesendet (Inkpen/Tsang 2005, S. 154).

Auch zu erwähnen ist die Verletzbarkeit eines wissenssuchenden Empfängers, die den Wissenserwerb beeinflussen kann. Eine fokale Projekteinheit, die auf das Wohlwollen eines externen Partners vertraut, wird eher bereit sein, ihn nach Informationen oder Hilfe zu fragen, und sich dadurch angreifbar und verletzlich machen (Levin/Cross 2004, S. 1479). Hinzu kommt, dass in einer von Vertrauen geprägten Beziehung der Wissenssuchende eher bereit ist, nach Informationen zu fragen, da er weniger Angst hat, seinen guten Ruf zu verlieren, als in einer Beziehung zu einem unbekannten und nicht vertrauenswürdigen externen Partner (Burt/Knez 1996, S. 69ff.).

Aus den Argumenten abgeleitet, wird ein positiver Zusammenhang zwischen dem „Vertrauen" in interorganisationalen Projekten und dem interorganisationalen Wissenserwerb für die fokale Projekteinheit erwartet. Die Hypothese lautet:

Hypothese 6: Je vertrauensvoller die Beziehung zwischen der fokalen Projekteinheit und den Partnerorganisationen in einem interorganisationalen Projekt ist, desto mehr Wissen kann die fokale Projekteinheit erwerben.

Anschließend an die relationale Dimension wird im Folgenden die kognitive Dimension beschrieben.

4.3.4 Kognitive Dimension

4.3.4.1 Beschreibung der kognitiven Dimension

Die kognitive Dimension ist die in der Literatur des sozialen Kapitals noch am wenigsten untersuchte Dimension (Maurer/Ebers 2006, S. 264), wird aber bei einer Konzeption des gesamten sozialen Kapitals häufig mit aufgeführt (z.B. Inkpen/Tsang 2005; Nahapiet/Ghoshal 1998; Soda/Usai 1999; Tsai/Ghoshal 1998). Die kognitive Dimension beschreibt die Ausgestaltung der kognitiven Ähnlichkeiten zwischen zwei Akteuren. Kognitionen werden definiert als strukturierte mentale Prozesse, die die menschliche Handlung leiten. Sie verkörpern sich in Attributen wie Denkmustern, Paradigmen oder auch Zielen und Visionen (Nahapiet/Ghoshal 1998, S. 253f.; Soda/Usai 1999, S. 279; Tsai/Ghoshal 1998, S. 465). In diesem Themenbereich gibt es, losgelöst von dem sozialen Kapital, einige Veröffentlichungen aus anderen Bereichen wie der Psychologie und der Soziologie. Die kognitive Dimension verbindet dementsprechend soziologische Aspekte der Gruppenkoordination mit kognitiv-psychologischen Erkenntnissen (Heath 1991, S. 110; Riemer 2005, S. 144). Sofern diese auf den Kontext des sozialen Kapitals in interorganisationalen Projekten anwendbar sind, werden sie in der Argumentation der Hypothese mit aufgeführt.

Die kognitive Dimension manifestiert sich insbesondere in zwei Variablen, die hier beide betrachtet werden sollen: die „ähnlichen Denkmuster" sowie die „gemeinsamen Ziele" (Inkpen/Tsang 2005, S. 153f.; Nahapiet/Ghoshal 1998, S. 253f.). Für den Transfer von Wissen zwischen Akteuren unterschiedlicher Organisationen ist die kognitive Ähnlichkeit eine besondere Herausforderung, da die Organisationen häufig konkurrierende Ziele und unterschiedliche Hintergründe vereinen (Lane 2001, S. 702).

Im Folgenden soll die Wirkung der beiden Variablen „ähnliche Denkmuster" und „gemeinsame Ziele" auf den interorganisationalen Wissenserwerb vorgestellt werden.

4.3.4.2 Ähnliche Denkmuster und interorganisationaler Wissenserwerb

Die Variable „ähnliche Denkmuster" wird definiert über eine Ähnlichkeit der Ausgestaltung von Denkstrukturen zwischen Akteuren, insbesondere zwischen beruflichen Denkmustern und Hintergründen (Nahapiet/Ghoshal 1998, S. 253f.; Reagans/McEvily 2003, S. 250; Tsai/Ghoshal 1998, S. 465). Im interorganisationalen Projekt geht es dabei um den Grad der Ähnlichkeit, den Projektmitarbeiter der fokalen Projekteinheit mit Projektmitarbeitern der Partnerorganisationen aufweisen. Diese Ähnlichkeiten werden hier auf kumulierter Ebene der fokalen Projekteinheit betrachtet, wie auch bereits bei den vorhergehenden Variablen. Abgebildet wird die Variable „ähnliche Denkmuster" über folgenden Indikator:

„Unser Projektteam und die Projektmitarbeiter der Partnerunternehmen verfügten über sehr ähnliche Arbeitserfahrungen und berufliche Hintergründe." (Lui/Ngo 2005, S. 1150)

In dem Überblicksartikel zu sozialem Kapital von Nahapiet und Ghoshal werden ähnliche Denkmuster als ein Teil des sozialen Kapitals angesehen und es wird ein positiver Effekt auf den Wissenserwerb unterstellt. Weitere Studien sind aber noch rar (Nahapiet/Ghoshal 1998).

Das Hauptargument der Wirkung auf den interorganisationalen Wissenserwerb basiert auf dem Einfluss der Ähnlichkeit der Denkmuster und beruflicher Hintergründe auf die *Fähigkeit*, Wissen von einer anderen Person aufzunehmen (Adler/Kwon 2002, S. 26; Nahapiet/Ghoshal 1998, S. 253).

Das Ausmaß, zu dem sich die Denkmuster der fokalen Projekteinheiten mit denen der Partnerorganisationen überschneiden, beeinflusst zum einen die Ähnlichkeit der Sprache, die die Akteure miteinander sprechen. Weisen die Denkmuster große Affinitäten auf, teilen die Akteure eher verwandte fachliche Hintergründe und damit auch eine ähnliche Sprache. Je ähnlicher die Sprache zwischen Akteuren ist, desto besser verstehen sich diese. Folglich kann die fokale Projekteinheit das Wissen, das sie von den Partnerorganisationen erhält, besser auf seine Relevanz hin evaluieren, bei Bedarf aufnehmen und auch verarbeiten (Cicourel 1973, S. 40f.; Cohen/Levinthal 1990, S. 128; Nahapiet/Ghoshal 1998, S. 253; Yli-Renko/Autio/Sapienza 2001, S. 589).

Zu einer Ähnlichkeit der Sprache der Akteure gehört auch eine ähnliche Wissensbasis der Akteure. Akteure mit ähnlichen Denkmustern können häufig auf eine ähnliche fachliche Wissensgrundlage zurückgreifen. Dies erleichtert die Kommunikation miteinander und es können komplexe Themengebiete ausgetauscht und auch aufgenommen werden. Ein solcher Austausch fördert den Wissenserwerb (Riemer 2005, S. 145; Talmud 1999, S. 108).

Weiterhin können ähnliche Denkmuster und ein ähnliches Vokabular auch dazu führen, dass die Akteure gemeinsam Wissen schaffen. Für den kreativen Prozess der Wissensneugestaltung ist es notwendig, dass die Akteure sich gegenseitig verstehen und dadurch ihre unterschiedlichen Wissensbasen miteinander kombinieren (Boland/Tenkasi 1995, S. 350ff.; DeCarolis/Saparito 2006, S. 48; Nahapiet/Ghoshal 1998, S. 254).

Folglich kann hieraus geschlossen werden, dass „ähnliche Denkmuster" in einem interorganisationalen Projekt sich positiv auf den interorganisationalen Wissenserwerb auswirken:

Hypothese 7: Je ähnlicher die Denkmuster zwischen der fokalen Projekteinheit und den Partnerorganisationen in einem interorganisationalen Projekt sind, desto mehr Wissen kann die fokale Projekteinheit erwerben.

Eine weitere Variable der kognitiven Dimension sind „gemeinsame Ziele", diese werden im folgenden Kapitel betrachtet.

4.3.4.3 Gemeinsame Ziele und interorganisationaler Wissenserwerb

„Gemeinsame Ziele" bezeichnen das Ausmaß, zu dem Akteure über ein kollektives Verständnis hinsichtlich der in ihrer Zusammenarbeit verfolgten Absichten, Ziele und Visionen verfügen (Inkpen/Tsang 2005, S. 153). Im Kontext von interorganisationalen Projekten wird darunter das Ausmaß verstanden, zu dem Mitarbeiter der fokalen Projekteinheit und die Partnerorganisationen in dem interorganisationalen Projekt ein gemeinsames Ziel oder eine Vision verfolgen. In der empirischen Studie wird dafür folgender Indikator verwendet:

„Unser Projektteam und die Projektmitarbeiter der Partnerunternehmen verfolgten eine gemeinsame Mission und gemeinsame Ziele des Gesamtprojektes." (Lui/Ngo 2005, S. 1150; Tsai/Ghoshal 1998, S. 470)

Die gemeinsamen Ziele werden in mehreren Übersichtsartikeln als Variable von sozialem Kapital analysiert. Es wird hier ebenfalls ein positiver Effekt auf den interorganisationalen Wissenserwerb angenommen (Inkpen/Tsang 2005; Nahapiet/Ghoshal 1998; Yli-Renko/Autio/Sapienza 2001).

Wie auch bei der Variablen „ähnliche Denkmuster" ist bei den „gemeinsamen Zielen" vor allem die *Fähigkeit* der entscheidende Einflussfaktor, der den Wissenserwerb antreibt, da gemeinsame Ziele dazu verhelfen, den jeweiligen anderen besser einschätzen zu können und ihn dementsprechend besser verstehen zu können (Adler/Kwon 2002, S. 26; Nahapiet/Ghoshal 1998, S. 253).

Gemeinsame Ziele und Visionen fördern das kollektive Verständnis in einem interorganisationalen Projektteam. Wenn Akteure ein gleiches Ziel verfolgen, können sie die Handlungen der Gegenseite besser deuten und damit auch das Wissen, das diese mit ihnen teilen, besser aufnehmen (Cohen/Levinthal 1990, S. 128; Nahapiet/Ghoshal 1998, S. 253). Weiterhin lassen sich dadurch Missverständnisse in der Kommunikation vermeiden, wenn den beteiligten Akteuren die Intention der Kommunikation klar ist, dadurch kann die fokale Projekteinheit wiederum mehr Wissen erwerben (Tsai/Ghoshal 1998, S. 467).

Darüber hinaus bindet ein gemeinsames Ziel in einem interorganisationalen Projekt die Mitarbeiter aus unterschiedlichen Organisationen aneinander und es besteht die Chance der Bildung einer Teamkultur. Eine positive Teamkultur wirkt sich wie auch ein kollektives Verständnis positiv auf das Teilen von Wissen aus, da ähnliche Gesprächsmuster zwischen den Mitgliedern entstehen und man sich so besser versteht (Inkpen/Tsang 2005, S. 153; Yli-Renko/Autio/Sapienza 2001, S. 591).

Die Teamkultur kann überdies auch zu schlankeren und effizienteren Prozessen im Team führen. Die Zeit, die in dem Team ansonsten für Überwachung und Verhandlung von Teilzielen aufgewendet wird, kann hier jetzt in den Wissenstransfer investiert werden (Tsai/Ghoshal 1998, S. 467f.; Yli-Renko/Autio/Sapienza 2001, S. 591).

Neben der Fähigkeit des Empfängers, Wissen zu erwerben, können gemeinsame Ziele auch noch die Bereitschaft des Senders, Wissen abzugeben, erhöhen. Wenn die Partnerorganisationen an einem Strang ziehen und gemeinsam ein Ziel verfolgen, wie beispielsweise den erfolgreichen Abschluss des interorganisationalen Projektes, dann sind die Parteien motivierter, ihr Wissen zu teilen (Inkpen/Tsang 2005, S. 153; Yli-Renko/Autio/Sapienza 2001, S. 592).

Folglich wird in interorganisationalen Projekten ein positiver Zusammenhang zwischen der Existenz von „gemeinsamen Zielen" und dem interorganisationalen Wissenserwerb angenommen:

Hypothese 8: Die Existenz von gemeinsamen Zielen zwischen der fokalen Projekteinheit und den Partnerorganisationen in einem interorganisationalen Projekt führt zu dem Erwerb von mehr Wissen für die fokale Projekteinheit.

Zusammenfassung

Zusammenfassend postulieren die acht Hypothesen der Wirkung des sozialen Kapitals auf den interorganisationalen Wissenserwerb eine positive Wirkung der einzelnen Variablen der drei Dimensionen des sozialen Kapitals auf den interorganisationalen Wissenserwerb. Im Folgenden sollen nun die in der Literatur angeführten einzelnen Wirkungen der Variablen des sozialen Kapitals untereinander vorgestellt werden.

4.3.5 Wirkungen der Variablen des sozialen Kapitals untereinander

Anschließend an die vermuteten Wirkungen des sozialen Kapitals auf den interorganisationalen Wissenserwerb sollen in diesem Kapitel mögliche Wirkungen der einzelnen Variablen des sozialen Kapitals untereinander betrachtet werden. Das Konzept des sozialen Kapitals ist in der Literatur sehr uneinheitlich und es werden häufig Teilaspekte im Sinne einzelner Variablen des hier aufgezeigten Gesamtkontexts herausgegriffen und untersucht. Folglich findet nur selten eine Betrachtung der möglichen Wirkungen der Variablen untereinander statt. Allerdings greifen einige Autoren bei der Argumentation einzelner Variablenwirkungen auf andere Variablen des sozialen Kapitals zurück, ohne dabei aber deren Wirkungen explizit aufzustellen oder zu untersuchen. Eine Untersuchung der Wirkungen der Variablen des sozialen Kapitals untereinander gibt es nach aktuellem Kenntnisstand bisher nur im intraorganisationalen Rahmen. Aber auch hier werden lediglich die Wirkungen von drei Variablen zueinander untersucht, wobei je eine Variable eine Dimension repräsentiert (Tsai/Ghoshal 1998).

Deshalb ist es Ziel des Kapitels, mögliche, in der Literatur implizit oder explizit vorkommende, Wirkungen der Variablen des sozialen Kapitals untereinander aufzustellen. Angeführt werden hier nur solche Verbindungen, die in der Literatur zu finden sind.

4.3.5.1 Anzahl an Verbindungen und Heterogenität der Partner

Zunächst soll die mögliche Wirkung zwischen den beiden Variablen „Anzahl an Verbindungen" und „Heterogenität der Partner" betrachtet werden. Mit steigender Anzahl an direkten Verbindungen erhöht sich auch die Wahrscheinlichkeit, dass mehr spezifische Ressourcen in einem Netzwerk zur Verfügung stehen, die von unterschiedlichen Partnern bereitgestellt werden (Hansen/Podolny/Pfeffer 2001, S. 30). Dieser positive Effekt der „Anzahl an Verbindungen" auf die „Heterogenität der Partner" hat auch einen Einfluss auf den interorganisationalen Wissenserwerb, da eine hohe Anzahl an Verbindungen auch heterogene Partner mit sich bringt und dementsprechend der Zugang zu einem breiteren Wissensbestand geöffnet wird (Powell/Koput/Smith-Doerr 1996, S. 120).

Deshalb wird eine positive Wirkung der Variablen „Anzahl an Verbindungen" auf die Variable „Heterogenität der Partner" vermutet:

Hypothese 9: Je größer die Anzahl an Verbindungen zu Partnerorganisationen in einem interorganisationalen Projekt ist, desto heterogener sind die Partner untereinander.

4.3.5.2 Anzahl an Verbindungen und Stärke der Beziehung

Als Nächstes sollen beiden Variablen „Anzahl an Verbindungen" und „Stärke der Beziehung" analysiert werden. Einige Autoren sehen in den beiden Variablen zwei schwierig zu vereinende Gegenpole.

Das Hauptargument ist der zeitliche und finanzielle Aufwand, der für den Aufbau sowie den Erhalt einer starken Beziehung notwendig ist. Eine häufige Interaktion bringt einen hohen Zeitaufwand mit sich. Auch eine enge und reziproke Beziehung, die sich möglicherweise noch auf Gebiete außerhalb des interorganisationalen Projektes ausweitet charakterisiert eine starke Beziehung (Hansen/Podolny/Pfeffer 2001, S. 28; Reagans/McEvily 2003, S. 244). Je höher deshalb die Anzahl an Verbindungen ist, desto schwieriger und kostenintensiver wird es, mit diesen Verbindungen eine enge Beziehung zu führen (Balkundi/Harrison 2006, S. 52ff.; Hansen/Podolny/Pfeffer 2001, S. 25; Kim/Oh/Swaminathan 2006, S. 711; Mitchell/Singh 1996, S. 173). Nahapiet und Ghoshal bezeichnen soziales Kapital, insbesondere eine starke Beziehung, deshalb als eine Investition, bei der die relativen Kosten dem Nutzen gegenübergestellt werden müssen. Die Unterhaltskosten einer starken Beziehung steigen nach Ansicht der Autoren exponentiell an, wenn die Anzahl an Verbindungen zunimmt (Nahapiet/Ghoshal 1998, S. 260f.). Auch für Burt ist im Zusammenhang zwischen der Anzahl an Verbindungen und der Stärke einer Beziehung das Kriterium der Effizienz entscheidend. Burt bezeichnet ein sogenanntes dichtes Netzwerk, also ein Netzwerk mit vielen Verbindungen untereinander, als ineffizient, wenn durch starke Kohäsion innerhalb einer Gruppe die Anzahl an nicht-redundanten engen Kontakten, den sogenannten strukturellen Löchern, hoch ist. Der Theorie der strukturellen Löcher folgend, wäre es ökonomisch sinnvoll, das Netzwerk der fokalen Projekteinheit mit den Partnerorganisationen so zu gestalten, dass redundante Kontakte vermieden werden und starke Beziehungen nur zwischen Mittelspersonen notwendig wären, da diese Beziehungen ausreichend sind, um Ressourcen wie neues Wissen zu erlangen (Burt 1992, S. 18ff.; Burt 2000, S. 353f.).

Ein weiterer Aspekt, wieso eine hohe Anzahl an Verbindungen sich nur schwierig mit starken Beziehungen vereinbaren lässt, wird als relationaler Lock-in beschrieben. In einer qualitativen Studie von Start-up-Organisationen in der Biotechnologiebranche stellen Maurer und Ebers fest, dass insbesondere in der weiter fortgeschrittenen Phase der Gründung die Pflege der bestehenden Kontakte teilweise so viel Zeit einnimmt, dass man kaum mehr Kapazitäten frei hat, um neue, innovative Kontakte zu knüpfen (Maurer/Ebers 2006, S. 273ff.). Eine Konsequenz daraus wird in etablierten Organisationen sein, dass mit steigender Anzahl an Verbindungen die Zeit, die man für jeden Kontakt verwendet, abnimmt.

Aus diesen Gründen wird auch im Kontext der interorganisationalen Projekte eine negative Wirkung der Variablen „Anzahl an Verbindungen" auf die Variable „Stärke der Beziehung" vermutet:

Hypothese 10: Je größer die Anzahl an Verbindungen zu Partnerorganisationen in einem interorganisationalen Projekt ist, desto weniger stark ist die Beziehung zwischen der fokalen Projekteinheit und den Partnerorganisationen.

4.3.5.3 Heterogenität der Partner und ähnliche Denkmuster

Ein weiterer denkbarer Zusammenhang besteht zwischen den beiden Variablen „Heterogenität der Partner" und „ähnliche Denkmuster". Die beiden Variablen weisen zunächst Affinitäten auf, da beide Unterschiede zwischen Partnern betrachten. Zunächst sollen die beiden Variablen deshalb klar voneinander abgegrenzt werden.

Während die Variable „Heterogenität der Partner" die Unterschiedlichkeit der Partnerorganisationen zueinander abbildet, liegt bei den ähnlichen Denkmustern der Fokus auf der Unterschiedlichkeit der Denkmuster der einzelnen Mitarbeiter der fokalen Projekteinheit zu den einzelnen Mitarbeitern der Partnerorganisationen. Diese Abgrenzung verdeutlichen White und Siu-Yun Lui noch genauer, indem sie von der Betrachtung zweier Ebenen sprechen. Die Heterogenität der Partner liegt auf strategischer Ebene vor und zeigt die Unterschiedlichkeit der Partnerorganisationen zu der fokalen Organisation sowie untereinander: Die ähnlichen Denkmuster dagegen liegen auf organisationaler Ebene vor und bringen unterschiedliche Kulturen, Prozesse und Sprachen zwischen der fokalen Projekteinheit und jeder einzelnen Partnerorganisation, repräsentiert durch die einzelnen Mitarbeiter, mit sich (White/Siu-Yun Lui 2005, S. 917).

Bei einem heterogenen Partnerportfolio handelt es sich dementsprechend um unterschiedliche Organisationen, beispielsweise aus verschiedenen Branchen oder aus unterschiedlichen Stufen der Wertschöpfungskette. Das bedeutet nicht zwangsläufig, dass auch die beruflichen und fachlichen Hintergründe und damit die Denkmuster der einzelnen Partnerorganisationen zu der fokalen Projekteinheit sehr unterschiedlich sind. Beispielsweise können zwei Betriebswirtschaftler, die aufgrund ihrer Ausbildung ähnliche Denkmuster aufweisen, in heterogenen Organisationen arbeiten und deshalb divergierende Wissensbasen haben, auf die der jeweils andere Zugriff erhalten kann.

Trotz der klaren Abgrenzung der beiden Variablen kann ein Zusammenhang zwischen ihnen vermutet werden. So unterscheiden sich Partner, die in ihrer strategischen Ausgestaltung zueinander divergieren, möglicherweise auch zu der fokalen Projekteinheit. Weiterhin weichen dann möglicherweise auch ihre Kulturen und damit die internen Philosophien und Handlungsprozesse voneinander ab. Daraus kann sich ein negativer Fit zwischen der Heterogenität der Partner und den organisationalen Denkmustern der Partner ergeben. Diese Divergenz führt, wie White und Siu-Yun Lui in einer Studie von 231 Allianzen zwischen Architekten und Gebäudefirmen in Hongkong herausfinden, zu einem höheren Aufwand an Zeit und

Energie, den die Manager in die Beziehung investieren müssen, um ähnliche Denkmuster zu etablieren (White/Siu-Yun Lui 2005, S. 925ff.).

Es wird deshalb hier eine negative Wirkung der Variablen „Heterogenität der Partner" auf die Variable „ähnliche Denkmuster" vermutet:

Hypothese 11: Je heterogener die Partner in einem interorganisationalen Projekt sind, desto unähnlicher sind die Denkmuster zwischen der fokalen Projekteinheit und den Partnerorganisationen.

4.3.5.4 Stärke der Beziehung und Vertrauen

Ein Zusammenhang zwischen den beiden Variablen „Stärke der Beziehung" und „Vertrauen" liegt nahe, nicht zuletzt, weil Granovetter das Vertrauen bereits als einen Aspekt der Stärke der Beziehung ansieht (Granovetter 1973, S. 1361). Bei den Wirkungen der Variablen aufeinander lassen sich in der Literatur zwei verschiedene Ansätze feststellen:

Manche Autoren legen eine positive Wirkung der Stärke der Beziehung auf das Vertrauen zugrunde. Sie argumentieren über eine steigende Häufigkeit der Interaktion zwischen zwei Akteuren. So begründen Tsai und Ghoshal im intraorganisationalen Bereich einen statistisch nachweisbaren Wissenstransfer zwischen Individuen damit, dass zwei Akteure, die eine Verbindung unterhalten und häufiger interagieren, Vertrauen zueinander entwickeln und dieses dann den Wissenstransfer positiv beeinflusst (Hagedoorn 2006, S. 674; Tsai/Ghoshal 1998, S. 465). Diese These unterliegt jedoch dem Zeitverlauf, Vertrauen würde demnach erst gebildet, wenn eine intensive Interaktion zwischen den Parteien vorliegt. Aufgrund der temporären Beschränkung des interorganisationalen Projektes ist es fraglich, inwieweit diese These sich auf den interorganisationalen Rahmen übertragen lässt. Ebenso kann auch die Enge der zwischenmenschlichen Beziehung die Bildung von Vertrauen fördern, da Menschen, die sich nahestehen, sich tendenziell eher vertrauen als Menschen, die keine enge Bindung haben (Reagans/McEvily 2003, S. 244). Dieses Argument wird dadurch bestärkt, dass in engen Beziehungen seltener opportunistisches Verhalten auftritt, bedingt durch die Basis eines Vertrauensverhältnisses (Uzzi 1997, S. 43).

Demnach kann ein positiver Effekt der „Stärke der Beziehung" auf das „Vertrauen" aufgestellt werden:

Hypothese 12a: Je stärker die Beziehung zwischen der fokalen Projekteinheit und den Partnerorganisationen in einem interorganisationalen Projekt ist, desto vertrauensvoller ist diese Beziehung.

Im Gegensatz dazu lassen sich in der Literatur auch umgekehrte Argumente finden: Vertrauen in einer Beziehung hat beispielsweise auch eine positiv Auswirkung auf weitere Interaktionen in der Zukunft und erhöht damit die Häufigkeit der Interaktion, die einen Aspekt der Stärke der Beziehung darstellt (Ring/van de Ven 1994, S. 97ff.). Außerdem kann davon ausgegangen werden, dass, abhängig von dem Ausmaß des Vertrauens, auch die Enge der Beziehung zunimmt und sich möglicherweise auch auf ein privates Umfeld ausweitet. Reziprozitätsnormen, die Bestandteil einer starken Beziehung sind, werden eher etabliert, wenn man darauf vertrauen kann, dass der Akteur sowohl gewillt als auch fachlich fähig ist, eine wertvolle Gegenleistung zu bringen (Inkpen/Tsang 2005, S. 154; Uzzi 1997, S. 43).

Da beide Argumentationsstränge als sinnvoll erachtet werden können, soll hier auch die umgekehrte These, die positive Wirkung des „Vertrauens" auf die „Stärke der Beziehung", geprüft werden. Diese lautet:

Hypothese 12b: Je vertrauensvoller die Beziehung zwischen der fokalen Projekteinheit und den Partnerorganisationen in einem interorganisationalen Projekt ist, desto stärker ist diese Beziehung.

4.3.5.5 Stärke der Beziehung und ähnliche Denkmuster

Eine weitere Verbindung besteht zwischen den Variablen „Stärke der Beziehung" und „ähnliche Denkmuster". Eine starke Beziehung kann dazu führen, dass die Akteure sich gegenseitig besser verstehen und ähnliche Denkmuster entwickeln. Häufige Interaktionen führen zu der Entwicklung einer beziehungsspezifischen Sprache und zu einem besseren gemeinsamen Verständnis (Cohen/Levinthal 1990, S. 128; Reagans/McEvily 2003, S. 244). Der enge Kontakt hat Auswirkungen darauf, dass die Akteure gemeinsame Arbeitserfahrungen herstellen und sich so in ihren Denkmustern angleichen. Häufige Interaktion führt weiterhin dazu, dass sich Kommunikationsmuster entwickeln, die das gegenseitige Verständnis fördern (Uzzi 1997, S. 44f.).

Als weiters Argument lässt sich hier auch noch die Betrachtungsweise von Granovetter anführen. Er weist auf mehrere empirische Befunde in der Sozialpsychologie der 60er Jahre hin, die zeigen, dass mit der Stärke der Beziehung zwischen zwei Akteuren auch die Ähnlichkeiten zwischen den beiden steigen (Berscheid/Walster 1969, S. 69ff.; Brown 1965, S. 71ff.; Granovetter 1973, S. 1362). Von diesem Ausgangspunkt sieht Granovetter eine Tendenz dazu, dass sich in einem Beziehungsgeflecht Cliquen herausbilden, die über starke Beziehungen miteinander verbunden sind und sich in ihren Denkmustern sehr ähnlich werden (Granovetter 1973, S. 1362ff.).

Es wird deshalb ein positiver Effekt der „Stärke der Beziehung" auf die „ähnlichen Denkmuster" vermutet:

Hypothese 13: Je stärker die Beziehung zwischen der fokalen Projekteinheit und den Partnerorganisationen in einem interorganisationalen Projekt ist, desto ähnlicher sind die Denkmuster zwischen der fokalen Projekteinheit und den Partnerorganisationen.

4.3.5.6 Ähnliche Denkmuster und gemeinsame Ziele

Die beiden Variablen „ähnliche Denkmuster" und „gemeinsame Ziele" werden von einigen Autoren zur gleichen Dimension, der kognitiven Dimension, gezählt (Inkpen/Tsang 2005, S. 153f.; Nahapiet/Ghoshal 1998, S. 253f.). Daraus kann gefolgert werden, dass sie inhaltliche Ähnlichkeiten aufweisen.

Es kann argumentiert werden, dass Akteure mit ähnlichen Hintergründen in einem interorganisationalen Projekt ein ähnliches Arbeitsethos vertreten, da sie dieses über die ähnlichen Erfahrungen gelernt haben (Nahapiet/Ghoshal 1998, S. 253; Tsai/Ghoshal 1998, S. 465). Akteuren, die ein ähnliches Arbeitsethos haben, fällt es leichter, ein gleiches oder gemeinsames Ziel zu verfolgen (DeCarolis/Saparito 2006, S. 48f.; Inkpen/Tsang 2005, S. 153). Insbesondere im Kontext eines interorganisationalen Projektes kann diese Argumentation sinnvoll sein. Die gemeinsamen Ziele können hier deckungsgleich mit dem interorganisationalen Projektziel sein. Deshalb kann ein ähnliches Ethos dafür sorgen, dass die Partner gemeinsame die Vision oder das Ziel des Gesamtprojektes verfolgen.

Es wird deshalb ein positiver Effekt der „ähnlichen Denkmuster" auf die „gemeinsamen Ziele" vermutet:

Hypothese 14: Je ähnlicher die Denkmuster zwischen der fokalen Projekteinheit und den Partnerorganisationen in einem interorganisationalen Projekt sind, desto eher bilden sich gemeinsame Ziele zwischen der fokalen Projekteinheit und den Partnerorganisationen heraus.

4.3.5.7 Gemeinsame Ziele und Stärke der Beziehung

Weiterhin lässt sich ein Zusammenhang zwischen „gemeinsamen Zielen" und der „Stärke der Beziehung" vermuten.

Ein gemeinsames Ziel bindet in einem interorganisationalen Projekt die Mitarbeiter aus unterschiedlichen Organisationen stärker aneinander. Ein gemeinsames Ziel kann die Bildung einer Teamkultur fördern. Eine Teamkultur festigt die Stärke der Beziehung, da sie Reziprozitätsnormen enthalten kann und so auch die Mitglieder enger zusammenbringt. Dadurch werden die Partnerorganisationen motiviert, ihr Wissen mit den Mitarbeitern der fokalen Projekteinheit zu teilen (Inkpen/Tsang 2005, S. 153; Tsai/Ghoshal 1998, S. 467; Yli-Renko/Autio/Sapienza 2001, S. 591). Inkpen und Tsang sprechen eine solche Tendenz in der Betrachtung von gemeinsamen Zielen in strategischen Allianzen an, demnach können gemeinsame Ziele ein gegenseitiges Verständnis füreinander aufbauen und somit als Bindungsglied zwischen den Parteien fungieren (Inkpen/Tsang 2005, S. 157).

Deshalb wird eine positive Wirkung von „gemeinsamen Zielen" auf die „Stärke der Beziehung" angenommen:

Hypothese 15: Die Existenz von gemeinsamen Zielen zwischen der fokalen Projekteinheit und den Partnerorganisationen in einem interorganisationalen Projekt führt zu einer stärkeren Beziehung zwischen der fokalen Projekteinheit und den Partnerorganisationen.

4.3.5.8 Gemeinsame Ziele und Vertrauen

Als letzte Wirkung sollen die beiden Variablen „gemeinsame Ziele" sowie „Vertrauen" betrachtet werden. Im intraorganisationalen Bereich haben Tsai und Ghoshal die Hypothese bestätigen können, dass gemeinsame Ziele zwischen Mitarbeitern einer Organisation sich positiv auf das Vertrauen zueinander auswirken (Tsai/Ghoshal 1998, S. 472).

Das Hauptargument hierfür ist die Vermeidung von opportunistischem Verhalten zwischen den Akteuren, wenn gemeinsame Ziele vorhanden sind, da man sich als Akteur ansonsten selbst schaden würde (Ouchi 1980, S. 138; Tsai/Ghoshal 1998, S. 466). Dieses Argument lässt sich auf interorganisationale Projekte übertragen. In diesem Kontext ist die Etablierung von gemeinsamen Zielen schwieriger als in der intraorganisationalen Sichtweise. Wenn ein gemeinsames Ziel allerdings in dem Kontext geschaffen wird, ist auch die Argumentation auf interorganisationaler Ebene logisch und nachvollziehbar. Hierzu hilft auch noch die Argumentation von Sitkin und Roth, dass vertrauensvolle Beziehungen zumeist in einer Wertegleichheit verwurzelt sind, mit gemeinsamen Zielen kann man also davon ausgehen, dass man dem Gegenüber trauen kann (Sitkin/Roth 1993, S. 368).

Daraus abgeleitet wird eine positive Wirkung von „gemeinsamen Zielen" auf das „Vertrauen" in einer Beziehung unterstellt:

Hypothese 16: Die Existenz von gemeinsamen Zielen zwischen der fokalen Projekteinheit und den Partnerorganisationen in einem interorganisationalen Projekt führt zu einer vertrauensvolleren Beziehung zwischen der fokalen Projekteinheit und den Partnerorganisationen.

Zusammenfassung

Zusammenfassend zeigt die Vielzahl an Hypothesen für Wirkungen der Variablen des sozialen Kapitals untereinander die Verflechtung der einzelnen Konstrukte. Weiterhin wird in der vorliegenden Arbeit von einem positiven Einfluss der einzelnen Variablen auf den interorganisationalen Wissenserwerb ausgegangen. In der nachstehenden empirischen Studie sollen die Wirkungen der unabhängigen Variablen auf den interorganisationalen Wissenserwerb sowie die Wirkungen der unabhängigen Variablen untereinander geprüft werden.

5 Empirische Untersuchung

Nachdem in den vorherigen Kapiteln die theoretischen Grundlagen gelegt wurden, wird in Kapitel 5 die empirische Untersuchung dargestellt. Die Untersuchung wurde im deutschen Maschinen- und Anlagenbau durchgeführt, weshalb dieser zunächst vorgestellt werden soll. An die Branchenbeschreibung anschließend, werden der Ablauf der Datenerhebung sowie die Zusammensetzung der Stichprobe dargestellt. Als Nächstes werden die theoretischen Konstrukte operationalisiert. Dazu zählen sowohl abhängigen und unabhängigen Variablen als auch die Kontrollvariablen.

5.1 Stichprobe und Abbildung der Branche

5.1.1 Der deutsche Maschinen- und Anlagenbau

5.1.1.1 Branchenbeschreibung

Der deutsche Maschinen- und Anlagenbau zählt zu den bedeutendsten Industriezweigen Deutschlands. Im Jahresdurchschnitt von 2006 beschäftigt die Branche 873.000 Arbeitnehmer und stellt damit den größten industriellen Arbeitgeber dar (Dresdner Bank 2006, S. 3; IKB 2004, S. 3; VDMA 2007, S. 4). Der Maschinen- und Anlagenbau ist eine der tragenden Säulen des verarbeitenden Gewerbes. Die der Branchenbeschreibung zugrundeliegenden Daten beziehen sich auf das Jahr 2006, dem Jahr der Erhebung der empirischen Studie. Im Jahr 2006 stammen 12,3% des Gesamtumsatzes des verarbeitenden Gewerbes aus dem Maschinen- und Anlagenbau (VDMA 2007, S. 4). Die Umsätze des deutschen Maschinen- und Anlagenbaus sind in den letzten Jahren gewachsen und die Kapazität der Organisationen sind bereits stark ausgereizt[20] (IKB 2004, S. 4; VDMA 2007, S. 5).

Der deutsche Maschinen- und Anlagenbau ist stark mittelständisch geprägt (Deutsche Bank Research 2007, S. 2; Faix et al. 2006, S. 623; IKB 2004, S. 3; VDMA 2008b, S. 25). Zu einer Hauptstärke der Branche gehören die nichtpreislichen Wettbewerbsfaktoren. Hierzu zählen ein hoher Qualitätsstandard, der insbesondere auf das sehr gute technologische Niveau zurückzuführen ist, sowie Zuverlässigkeit im Sinne von Liefertreue und Problemlösungskompetenz. Verstärkt bieten die deutschen Organisationen auch Dienstleistungen an, wie After-Sales-Service und Wartung der Maschinen und Anlagen, deren Bedeutung auch global zunimmt. Eine weitere Stärke der Branche ist zudem der Fokus auf Spezial- oder Sondermaschinen, da in diesem Gebiet aktuell ein globaler Trend sichtbar ist

---

[20] 2006 lag die Kapazitätsauslastung bei 91,7%, damit kamen einige Organisationen über die Kapazitätsengpässe (VDMA 2007, S. 5).

(Deutsche Bank Research 2007, S. 3; Dresdner Bank 2008, S. 2f.; IKB 2004, S. 6; Kinkel/Som 2007, S. 4; Weber et al. 2000, S. 27; Witte 2006, S. 21).

Der deutsche Maschinen- und Anlagenbau nimmt seit Jahren eine Führungsposition im internationalen Markt ein. Im Jahr 2006 liegt er mit einem Handelsanteil von 19,2% deutlich vor den Hauptkonkurrenten USA (12,7%) und Japan (11,8%) (VDMA 2008b, S. 20). Ein starker Treiber dieser positiven Ergebnisse ist seit Jahren die hohe Exportquote, im Jahr 2006 betrug sie 77,2% (VDMA 2007, S. 5). Hauptabnehmer deutscher Produkte sind 2006 Europa, gefolgt von Asien und den USA (VDMA 2007, S. 13). Ihre Hauptkonkurrenten sehen die deutschen Maschinen- und Anlagenbau-Organisationen zunächst im eigenen Land und dann in den USA, Japan und Italien (Dresdner Bank 2008, S. 4). Bezüglich der preislichen Wettbewerbsfähigkeit wächst die Bedeutung von China als Konkurrent für den deutschen Maschinen- und Anlagenbau. In den vergangenen Jahren war der steigende Export nach China noch positiv für die Umsätze der deutschen Branche, zunehmend werden allerdings aufgrund niedrigerer Lohnkosten Standardmaschinen in China nachgebaut. Der große Anteil an Spezial- und Sondermaschinenbau im deutschen Maschinen- und Anlagenbau macht es jedoch den chinesischen Konkurrenten schwieriger, diese nachzubauen (Dresdner Bank 2008, S. 4; Weber et al. 2000, S. 26; Witte 2006, S. 4f.; siehe Anhang 2, Interview 33). Die Sicherung der hohen technologischen Kompetenz, des „Made in Germany" wird laut Einschätzung der Deutschen Industriebank AG (IKB) von entscheidender Wichtigkeit sein, um langfristig die Position im Weltmarkt halten oder verbessern zu können (IKB 2004, S. 32).

5.1.1.2 Organisation des deutschen Maschinen- und Anlagenbaus

Die Branche wird von dem „Verband Deutscher Maschinen- und Anlagenbau e.V." (VDMA) organisiert. Der VDMA versteht sich als ein Branchennetzwerk, bestehend aus momentan 39 Teilbranchen, sogenannte Fachzweigen. Diese bilden die gesamte Wertschöpfungskette der Investitionsgüterindustrie ab. Angeboten und produziert wird vom deutschen Maschinen- und Anlagenbau eine breite Produktpalette von der Komponente bis zur Anlage, vom Systemlieferanten bis zum Dienstleister (Deutsche Bank Research 2007, S. 3; IKB 2004, S. 7f.; VDMA 2008b, S. 25). Dies spiegelt die starke Heterogenität der Branche wider. Die einzelnen Teilbranchen haben unterschiedliche Größen, Trendzyklen, Konjunkturabhängigkeiten und technologische Einflüsse (IKB 2004, S. 7f.).

Um die Komplexität der Einzelbranchen für die vorliegende Arbeit gering zu halten und die internationale Vergleichbarkeit zu gewährleisten, wird für eine Kategorisierung der einzelnen Teilbranchen auf Daten des Statistischen Bundesamts zurückgegriffen. Der Klassifizierung der europäischen Wirtschaftszweige, der sogenannten NACE-Codierung, folgend, wird der deutsche Maschinen- und Anlagenbau in sieben große Einzelbereiche eingeteilt, die wiederum aus weiteren Unterteilungen bestehen[21]. Der Maschinen- und Anlagenbau wird unter die Abteilung 29 gefasst und mit „Maschinen" betitelt. Auch wenn der Anlagenbau in dem Titel nicht explizit enthalten ist, ist er Teil dieser Abteilung. In den detaillierten Unterebenen der Klassifikation der Branche werden charakteristische Waren und Dienstleistungen zugeordnet. Dadurch wird eine internationale Vergleichbarkeit auf allen Stufen gesichert (Statistisches Bundesamt 2003, S. 15f.; S. 260ff.). Eine Übersicht über die oberste Ebene, die sieben Einzelbereiche, ist in Tabelle 1 dargestellt.

Abteilung 29: Maschinen	
29.1	Maschinen für die Erzeugung und Nutzung von mechanischer Energie
29.2	Sonstige Maschinen für unspezifische Verwendung
29.3	Maschinen für die Land- und Forstwirtschaft
29.4	Werkzeugmaschinen, Teile dafür
29.5	Maschinen für sonstige bestimmte Wirtschaftszweige/Verwendungszwecke
29.6	Waffen und Munitionen, Teile dafür
29.7	Haushaltsgeräte, anderweitig nicht genannt

Tabelle 1: Klassifizierung des deutschen Maschinen- und Anlagenbaus nach NACE-Codes (Statistisches Bundesamt 2001, S. 375ff.)

Für eine detailliertere Unterteilung siehe die Klassifikation der Wirtschaftszweige des Statistischen Bundesamts (Statistisches Bundesamt 2003, S. 260ff.).

---

[21] NACE kommt aus dem Französischen und steht für „nomenclature statistique des activités économiques dans la Communauté européenne". Im Deutschen wird die Codierung mit „Statistische Systematik der Wirtschaftszweige in der Europäischen Gemeinschaft" bezeichnet.

5.1.1.3 Eignung der Branche für die empirische Studie

Für die Beantwortung der beiden Forschungsfragen der Arbeit erscheint der deutsche Maschinen- und Anlagenbau aus folgenden Gründen geeignet:

Die Aufgabenerstellung im Maschinen- und Anlagenbau erfolgt zumeist auf Projektbasis (Fong/Lung 2007, S. 157ff.; Gann/Salter 2000; Hobbs/Andersen 2001; Hobday 2000, S. 874; Kinkel/Som 2007, S. 7f.). Insbesondere die immense Komplexität der zu erstellenden Produkte in dieser Branche trägt zur Notwendigkeit der projektbasierten Zusammenarbeit unterschiedlicher Organisationen bei (Barlow 2000, S. 973ff.; Hobday 2000, S. 873ff.; Kallmeyer/Hauss/Seidel 2001; Prencipe/Tell 2001, S. 1374ff.). Zum einen sind die Finanzierungskosten und das Risiko von Projekten im Maschinen- und Anlagenbau für die stark mittelständisch geprägten Organisationen häufig sehr hoch, so dass die Notwendigkeit für eine Zusammenarbeit steigt, um die geforderten Kapazitäten liefern zu können (Hobday 2000, S. 874; IKB 2004, S. 33; Kallmeyer/Hauss/Seidel 2001, S. 66f.; Madauss 2000, S. 113). Zum anderen ist für die Erstellung der Leistungen Spezialwissen aus den unterschiedlichsten Bereichen notwendig, das eine einzelne Organisation häufig nicht alleine leisten kann (Barlow 2000, S. 979; Eccles 1981, S. 337; Madauss 2000, S. 113). Dies spiegelt die Tendenz zu einer geringeren Wertschöpfungstiefe einzelner Organisationen wider, die projektbezogene Zusammenarbeit mit spezialisierten Organisationen mit sich bringt (IKB 2004, S. 33; Witte 2006, S. 20f.). Hinzu kommen der hohe Anteil an Einzel- und Spezialanfertigungen für einen Kunden in der Branche sowie der Trend hin zu Angeboten aus einer Hand für den Kunden, den sogenannten schlüsselfertigen Anlagen, die eine Zusammenarbeit verschiedener Organisationen notwendig machen. Viele Organisation bieten über den Service aus einer Hand hinaus noch Dienstleistungen wie produktbegleitende Angebote in Form von Wartung und Service der Anlagen in sogenannten Betreibermodellen an (Dresdner Bank 2008, S. 2f.; IKB 2004, S. 6; Kinkel/Som 2007, S. 4; Weber et al. 2000, S. 27; Witte 2006, S. 21; siehe Anhang 2, Interview 32).

Aus diesen Gründen sieht die Dresdner Bank AG in einem Branchenreport die Kernkompetenz für die Organisationen im deutschen Maschinen- und Anlagenbau weniger als die Konstruktion und Fertigung an als vielmehr das Organisieren der Beziehungen in den interorganisationalen Projekten, insbesondere der Kunden-Lieferanten-Beziehungen (Dresdner Bank 2006, S. 3; Witte 2006, S. 7).

Weiterhin führt die starke Fokussierung auf die Kundenwünsche in der Branche häufig dazu, dass die Zusammenarbeit mit dem Kunden über dessen Spezialwünsche und Spezialanfertigungen direkt Innovationen für eine fokale Organisation mit sich bringt (DIHK 2007, S. 2).

Die Relevanz von Innovationen und der geregelte Umgang mit Wissen ist im deutschen Maschinen- und Anlagenbau sehr hoch, ein weiterer Grund aus dem die Branche für die vorliegende Fragestellung geeignet erscheint (Deutsche Bank Research 2007, S. 2; Kallmeyer/Hauss/Seidel 2001, S. 16; VDMA 2008a, S. 1ff.). In einer großzahligen Untersuchung des verarbeitenden Gewerbes, durchgeführt von dem Fraunhofer-Institut für System- und Innovationsforschung, bezeichnet mehr als ein Viertel der befragten Organisationen Innovationen und Technologie zusammen mit der Produktqualität als den wichtigsten Wettbewerbsfaktor. Damit hebt sich der deutsche Maschinen- und Anlagenbau deutlich von den restlichen Branchen des verarbeitenden Gewerbes ab, in denen nur 15% der zugehörigen Organisationen der Innovativität die höchste Wichtigkeit einräumen (Kinkel/Som 2007, S. 3).

Bereits in einer Studie von 1996 werden Innovationen sowie die Innovationsfähigkeit als für die Branche wichtig erachtet und die Öffnung nach außen sowie das Lernen von anderen Organisation als maßgebliches Instrument angesehen (Kalkowski 1996, S. 76ff.). Die Branche weist zum heutigen Stand eine hohe Innovativität auf, so dass von dem deutschen Maschinen- und Anlagenbau maßgebliche technische Impulse auf andere Bereiche der Wirtschaft, wie beispielsweise der Automobilindustrie, Elektrotechnik oder der jungen High-Tech-Branche, ausgehen (IKB 2004, S. 4; ZEW 2008a, S. 10). Dieser hohe Standard an Innovativität wird ausgedrückt über die Innovationsaufwendungen im Jahr 2006[22]. Diese betragen 10,7 Milliarden Euro und 5,4% vom Umsatz der Branche und erreichen damit einen historischen Höchststand (VDMA 2008b, S. 23).

Als eine Herausforderung für die Organisationen in der Branche sehen Experten die Erhaltung und Fortentwicklung eines hohen Innovativitätsstandards. Um langfristig erfolgreich auf den Weltmärkten agieren zu können und die Marktposition zu sichern, muss der gute Stand des deutschen Maschinen- und Anlagenbaus auf dem Weltmarkt weiter gehalten und ausgebaut werden. Hierzu werden die projektbasierte Zusammenarbeit mit weiteren Organisation sowie der interorganisationale Wissenserwerb als Grundvoraussetzung angesehen (IKB 2004, S. 6; S. 32; Witte 2006, S. 20). Einen Störfaktor für die Entwicklung der Innovationen in der Branche könnte der steigende Mangel an Fachkräften mit technischem oder naturwissenschaftlichem Know-how darstellen. Es handelt sich hierbei insbesondere um Ingenieure und den Fachkräftemangel bekommt überwiegend der Mittelstand deut-

---

[22] Unter Innovationsaufwendungen werden seit dem VDMA Branchenbericht 2008 neben den Ausgaben für Forschung und Entwicklung die Ausgaben für Konstruktion, Weiterbildung, Marketing, Produktgestaltung, Dienstleistungskonzeption sowie Vertrieb im Zusammenhang mit neuen und wesentlich verbesserten Produkten und Prozessen verstanden (VDMA 2008b, S. 23). An der Änderung der Kennzeichnung lässt sich die Zunahme der Relevanz von Produktneuerungen und Verbesserungen ablesen, in den Vorjahren wurden lediglich die F&E-Ausgaben ausgewiesen (siehe VDMA 2007, S. 23; VDMA 2006a, S. 28).

lich zu spüren (Deutsche Bank Research 2007, S. 2; DIHK 2007, S. 1; VDMA 2007, S. 7; VDMA 2008a, S. 3).

Der VDMA nennt als einen unverzichtbaren Schlüssel zu weiteren Erfolgen in der Branche forcierte Produkt- und Prozessinnovationen (VDMA 2007, S. 3). Damit wird nicht nur die Bedeutung der Innovationen für die Branche herausgestellt, sondern es werden auch die beiden in Kapitel 3.2 bereits erwähnten Arten des Wissens, die es im interorganisationalen Kontext zu erwerben gibt, für den Branchenkontext legitimiert: Markt- und Produktwissen sowie Wissen über interne Prozesse und Projektmanagement.

Produktinnovationen stellen neue oder deutlich verbesserte Produkte dar, die eine Organisation anbietet (VDMA 2008a, S. 8; ZEW 2008a, S. 4). Die entscheidende Herausforderung liegt für den Maschinen- und Anlagenbau darin, mit neuen Produkten und marktfähigen Innovationen der Konkurrenz einen Schritt voraus zu sein, dafür müssen Markt und Wettbewerber genau beobachtet werden (Witte 2006, S. 18f.). Diese Produktinnovationen können daraus abgeleitet dem Markt- und Produktwissen zugeordnet werden, das in einem interorganisationalen Projekt erworben werden kann.

Dagegen handelt es sich bei dem zu erwerbenden Wissen über interne Prozesse und Projektmanagement einerseits um Prozessinnovationen, wie neue oder merklich verbesserte Fertigungs- und Verfahrenstechniken, die in einer Organisation eingeführt werden (VDMA 2008a, S. 8; ZEW 2008a, S. 4). Das Management der internen Prozesse stellt häufig einen Störfaktor im Maschinen- und Anlagenbau dar, da intransparente Strukturen sowie zu viele Beteiligte die Komplexität der Prozessgestaltung erhöhen. In der Branche liegt daher zumeist retrospektives Prozessmanagement vor. In einer Studie des Fraunhofer-Instituts für Produktionstechnik und Automatisierung zu sogenannten Engineering-Cooperations wird daher von den beteiligten Organisation ein Optimierungsbedarf der Prozessmethoden gesehen (Kallmeyer/Hauss/Seidel 2001, S. 41). Unter Engineering-Cooperations verstehen die Autoren der Studie die mehr oder weniger partnerschaftliche Zusammenarbeit von Organisationen beispielsweise bei der Konstruktion neuer Produkte (Kallmeyer/Hauss/Seidel 2001, S. 2; S. 62). Neben dem Prozessmanagement ist ein weiterer wichtiger Teil das Projektmanagement. Die Bedeutung des Projektmanagements hat in den letzten Jahren zugenommen, ausgelöst aufgrund des steigenden Marktdrucks und des Trends zu kürzeren Produktentwicklungszyklen (Kallmeyer/Hauss/Seidel 2001, S. 56; Weber et al. 2000, S. 26). In der bereits erwähnten Studie des Fraunhofer-Instituts für Produktionstechnik und Automatisierung werden die vorhandenen Projektmanagementtechniken von den beteiligten Organisationen häufig als unzureichend beschrieben. Dadurch wird die Notwendigkeit eines funktionierenden Projektmanagements unterstrichen (Kallmeyer/Hauss/Seidel 2001, S. 56).

5.1.1.4 Beispielprojekte

Um einen umfassenden Eindruck von interorganisationalen Projekten im deutschen Maschinen- und Anlagenbau zu erhalten, sollen im Folgenden zwei Beispielprojekte aus der zugrundeliegenden Studie vorgestellt werden.

Das *erste Beispielprojekt* wird von zwei Projektleitern mit jahrelanger Projektmanagementerfahrung beschrieben. Die Organisation, in der beide arbeiten, ist weltweit tätig und insbesondere auf den Großanlagenbau und industrielle Dienstleistungen spezialisiert. Der Bau einer Ammoniakanlage in Mittelamerika stellt ein typisches interorganisationales Projekt dar. Das Projektvolumen betrug ungefähr 280 Millionen Euro. Beteiligt waren vier weitere Hauptpartnerorganisationen aus verschiedenen Ländern. Von der fokalen Organisation waren ungefähr 30 Mitarbeiter für das interorganisationale Projekt zuständig, insgesamt waren circa 150 Mitarbeiter aus den fünf Hauptpartnerorganisationen involviert. Die Subunternehmer werden hierbei nicht mitgezählt. Mit den Subunternehmern waren in der Spitze des Projektes auf der Baustelle circa 2000 Personen beschäftigt. Die fokale Organisation war einer der fünf Hauptpartner und hatte die Projektleitung inne. Die Projektlaufzeit betrug 24 Monate. Das Projekt war in Unterprojekte organisiert, wobei es einzelne Sub-Projektleiter für Teilgebiete wie Service, Stahlbau, Medien etc. gab. Das interorganisationale Projektteam war aus den unterschiedlichsten Spezialisten zusammengesetzt, um so deren Kernkompetenzen bestmöglich zu nutzen. Die Interviewpartner gaben an, dass sie von diesem Projekt mitgenommen haben, wie bestimmte Projektverfahren und die Projektzusammenarbeit im interorganisationalen Projekt verbessert werden können. Neben Wissen über interne Prozesse und Projektmanagement konnte auch Markt- und Produktwissen erworben werden. In diesem Falle handelt es sich um einen besseren Lieferanten sowie um einen weiteren Kunden, der von der Partnerorganisation empfohlen wurde (siehe Anhang 2, Interview 16).

Die zweite Organisation dagegen ist schwerpunktmäßig stärker im Maschinenbau tätig und ebenfalls weltweit aufgestellt. Ein typisches Projekt läuft hier ein Jahr, so auch die Erstellung des bestimmten Typs einer Folienveredelungsmaschine im *zweiten Beispielprojekt*. Hierbei waren zehn weitere Organisationen beteiligt, die fokale Organisation hatte die Rolle des Generalunternehmers inne. Die Partnerorganisationen stammten aus den Gebieten der Heiz- und Kühltechnik, der Elektrotechnik, der Montage und der Walztechnik. Die Hälfte der Partnerorganisationen war der fokalen Organisation bereits aus früheren Projekten bekannt. Die fokale Organisation greift gerne, soweit möglich, auf bereits bestehende Kontakte zu Partnerorganisationen zurück. Gründe für die wiederholte Zusammenarbeit seien beispielsweise preisliche Vergünstigungen. Neben den zehn Partnerorganisationen kamen noch weitere Sublieferanten dazu, die für das Gesamtprojekt nur eine untergeordnete Rolle einnahmen. Die Projektpartner haben sich während des einen Jahres drei Mal zu einem Projektmeeting getroffen. Ansonsten haben die Mitarbeiter der unterschiedlichen Organisationen über Telefonate und E-Mail miteinander

Kontakt gehalten. Von der fokalen Organisation waren fünfzehn Mitarbeiter an dem Projekt beteiligt. Auch in diesem Projekt konnte die fokale Organisation einiges lernen: In der Zusammenarbeit mit einem Partner hat sie beispielsweise erfahren, wie die Fernwartung von Maschinen technisch möglich ist. Darüber hinaus hat sie von einer Partnerorganisation ein EDV-System kennengelernt und dieses dann bei sich implementiert (siehe Anhang 2, Interview 19).

5.1.2 Ablauf der Datenerhebung

Anschließend an die Branchenbeschreibung soll im Folgenden der Ablauf der Datenerhebung der empirischen Studie dargestellt werden. Die Herangehensweise an die Datensammlung für die empirische Studie ist aus einem Standardartikel zur Konzeptualisierung komplexer Konstrukte angelehnt (Homburg/Giering 1996, S. 11f.; siehe für einen vergleichbaren Ablauf Schnell/Hill/Esser 1999 S. 8ff.). Es werden folgende fünf Schritte verfolgt:

(1) Grobkonzeptualisierung
(2) Pretests
(3) Datenerhebung
(4) Vereinfachte erste statistische Tests nach einer Anzahl von 60 Fragebögen
(5) Nachfassen nach Abschluss der Studie: weitere Expertengespräche für eine Diskussion der abweichenden Ergebnisse

In mehreren Schritten wurden Gespräche mit Experten geführt. Eine anonymisierte Auflistung dieser Gespräche ist in Anhang 2 abgedruckt.

Zu (1): Grobkonzeptualisierung

Den ersten Schritt stellt die Grobkonzeptualisierung dar. Neben einer ausführlichen Literaturrecherche sind hier insbesondere Interviews mit Experten aus der Branche von Bedeutung, um ein grundlegendes Verständnis für die zu untersuchende Fragestellung zu erlangen (Homburg/Giering 1996, S. 12).

Aus diesem Grund wurden vierzehn Interviews mit insgesamt siebzehn Experten der Branche geführt. Acht davon mit Projektleitern von interorganisationalen Projekten, vier mit Vorständen beziehungsweise Geschäftsführern aus Organisationen im Maschinen- und Anlagenbau. Drei weitere Gesprächspartner waren Mitarbeiter von Organisationen im Maschinen- und Anlagenbau, darunter ein Leiter der Produktentwicklung, ein Leiter der Abteilung Organisation und Qualitätsmanagement sowie ein Mitarbeiter der zentralen Strategie. Zusätzlich wurden ein Gespräch mit einem Unternehmensberater aus der Branche sowie ein Gespräch mit dem Geschäftsführer einer Sparte in einem großen Branchenverband geführt. Die Interviews verfolgten unterschiedliche Ziele:

Als Erstes wurde zusammen mit den Experten die *Relevanz der Fragestellung* für die Praxis diskutiert. Sowohl die Erforschung der praktisch bedeutsamen interorganisationalen Projekte als auch der interorganisationale Wissenserwerb als ein

Treiber für Innovation und langfristigen Unternehmenserfolg wurde von den unterschiedlichsten Experten aus Praxissicht als äußerst interessant und wichtig für die Branche angesehen.

Weiterhin sollte die *Passung der Branche* für die Beantwortung der Fragestellung abgeklärt werden. Hierzu bestätigten die Experten die Eignung aufgrund der hohen Relevanz von interorganisationalen Projekten in dem deutschen Maschinen- und Anlagenbau. Auch die Gestaltung der Beziehungen der Partnerorganisationen untereinander und der Wissenserwerb als Mittel der langfristigen Innovativität wurden als wichtig angesehen. Darüber hinaus beschrieben die Experten unterschiedliche Gestaltungsarten von typischen interorganisationalen Projekten. Für die Studie am besten geeignet wurde die Befragung der koordinierenden Organisation gehalten. Dies kann entweder als projektleitende Organisation oder als die im Maschinen- und Anlagenbau häufig vorkommende Rolle des Generalunternehmers gestaltet sein.

Ein weiteres Thema in den Expertengesprächen war die Frage nach den *Auskunftspersonen*, die an der Studie teilnehmen sollten. Die Experten hielten die Methode der Befragung einer Schlüsselauskunftsperson für eine gute Herangehensweise. Bei dieser Methode wird eine Schlüsselperson, repräsentativ für mehrere Auskunftspersonen, befragt. Laut Meinung der Experten stellt der jeweilige Projektleiter der fokalen Projekteinheit die Schlüsselperson dar, die das soziale Kapital in dem interorganisationalen Projekt sowie den für die fokale Organisation resultierenden Wissenserwerb am besten einschätzen kann. Laut Expertenmeinung ist eine solche Beurteilungskompetenz des Projektleiters realistisch, da gerade in den interorganisationalen Projekten im Maschinen- und Anlagenbau die Projektleiter sehr stark in den Prozess des Projektes involviert sind. Es handelt sich um komplexe Projekte mit hohen Budgets, für die ein Projektleiter viele Monate bis einige Jahre verantwortlich ist. Die Projektleiter sind häufig selbst Ingenieure und beteiligen sich an dem Design und dem Produktionsprozess ebenso wie an der Koordination der Mitarbeiter in dem Teil- und im Gesamtprojekt. Deshalb bekommen die Projektleiter detaillierte Einsichten in die Projektdetails sowie in die Beziehungen zwischen der fokalen Projekteinheit und den Mitarbeitern der Partnerorganisationen. Weiterhin ist die zentrale Stellung der fokalen Organisation im interorganisationalen Projekt von Vorteil, da hier der Projektleiter mit der Koordination der einzelnen Organisationen betraut ist und so einen guten Einblick in das soziale Kapital bekommen kann (siehe Anhang 2, Interview 16, 32, 8, 19).

Auch in der Literatur wird die Methode der Befragung einer Schlüsselauskunftsperson für das soziale Kapital als ausreichend betrachtet (Lui/Ngo 2004, S. 1135f.; Provan 1984, S. 819; Yli-Renko/Autio/Sapienza 2001, S. 596f.). Aus diesem Grund wird die Methode für die vorliegende empirische Studie als valide angesehen und deshalb von einer Befragung mehrerer Projektmitarbeiter oder gar der Befragung von Mitarbeitern der Partnerorganisationen abgesehen. Dies würde die Komplexität der Befragung immens erhöhen und damit die Anzahl an möglichen Projekten erheblich verringern.

Ein letzter Aspekt, der in den Experteninterviews besprochen wurde, war die Frage nach der *besten Strategie*, um die in Frage kommenden Projektleiter anzusprechen. Die Experten schlugen vor, so weit als möglich eine persönliche Beziehung zu den Projektleitern aufzubauen. Einerseits, um die Qualität der Antworten zu sichern und andererseits, um die Motivation der Projektleiter zu erhöhen. Die Motivation spielt insbesondere deshalb eine Rolle, weil die Projektleiter in ihrem täglichen Geschäft unter enormem Zeitdruck stehen und außerdem in dem Fragebogen kritische und interne Informationen herausgeben.

Zu (2): Pretest

Der weitere Schritt nach den Experteninterviews war die Konstruktion einer ersten Version des Fragebogens. Diese wurde in einem Pretest von insgesamt zwölf Auskunftspersonen in persönlichen Gesprächen evaluiert. Dazu gehörten sieben Projektleiter von interorganisationalen Projekten, wovon zwei bereits in der Grobkonzeptualisierung Auskunft erteilt hatten. Des Weiteren wurden drei Vorstände befragt und zwei Statistikexperten. Den Auskunftspersonen wurde die erste Version des Fragebogens vorgelegt. Ziel war hierbei vor allem die Überprüfung nachfolgender Aspekte (im Folgenden: Bühner 2004, S. 32f.; Schnell/Hill/Esser 1999, S. 324f.):

- Interesse gegenüber der gesamten Befragung
- Verständnis der Fragen
- Schwierigkeit der Fragen
- Ausreichende Variation der Antworten
- Interesse und Aufmerksamkeit gegenüber den Fragen
- Effekte der Fragenanordnung
- Kontexteffekte
- Dauer der Befragung
- Konstruktvalidität, um herauszufinden, ob die Indikatoren das messen, was sie messen sollen, beziehungsweise ob die Indikatoren die Variablen verlässlich abbilden

Nach diesen Kriterien wurde der Fragebogen mehrmals überarbeitet und dann eine endgültige Version erstellt, die nochmals in einer zweiten Pretest-Runde von zwölf Gesprächspartnern durchgesehen und für geeignet befunden wurde. Die Auskunftspersonen der zweiten Pretest-Runde waren acht Projektleiter, ein Direktor Projektleitung sowie drei Vorstände beziehungsweise Geschäftsführer. Ein Vorstand hatte bereits bei der ersten Runde des Pretests mitgewirkt.

Zu (3): Datenerhebung

Darauf erfolgte die eigentliche Datenerhebung im Zeitraum von Februar bis Juli 2006. Als Methode wurde die Primärerhebung ausgewählt. Dementsprechend wurden eigene Daten erhoben. Die Methode der Sekundärerhebung, bei der bereits vorhandenes Datenmaterial ausgewertet wird und die daher zeitlich und finanziell vorzuziehen wäre, stellte sich für die Fragestellung als nicht geeignet heraus (Bortz/Döring 2006, S. 381). Auch wenn regelmäßig von Quellen wie dem Statistischen Bundesamt oder dem VDMA Daten wie beispielsweise Umsatzzahlen und Innovationen des deutschen Maschinen- und Anlagenbaus veröffentlicht werden, genügt es nicht, davon Aussagen bezüglich der Fragestellung der Arbeit abzuleiten. Hinzu kommt, dass für die vorliegende Fragestellung insbesondere die Betrachtung von interorganisationalen Projekten im Vordergrund steht, die meisten Daten werden hingegen nicht auf Projektebene, sondern auf Organisationsebene veröffentlicht.

Um die Hypothesen an einer Vielzahl von Fällen testen zu können, wurde die quantitative Methode gewählt. Die Daten wurden mittels des im Pretest validierten und standardisierten Fragebogens erhoben. Die Fragen waren größtenteils geschlossen, so dass die Nachteile von offenen Fragen wie beispielsweise die Gefahr von unvollständigen Antworten oder einer schwierigen Kategorisierung zum Großteil umgangen werden konnten (Bortz/Döring 2006, S. 254f.).

Der standardisierte Fragebogen war von den Projektleitern selbständig und schriftlich auszufüllen, es handelte sich um eine schriftliche Befragung. Die Fragebögen wurden zum größten Teil per E-Mail versandt. Die Auskunftspersonen konnten den Fragebogen entweder direkt am PC ausfüllen und zurückschicken oder den Fragebogen ausdrucken, per Hand ausfüllen und per Post oder Fax zurückschicken.

Bei einer reinen schriftlichen Befragung wird der Nachteil in Kauf genommen, dass die Erhebungssituation unkontrolliert ist und die befragten Personen möglicherweise die Fragen falsch verstehen (Bortz/Döring 2006, S. 253). Um diesem Problem vorzubeugen, wurde den Projektleitern angeboten, den Fragebogen in einem persönlichen Gespräch auszufüllen und Rückfragen an den Interviewer zu stellen. Dazu wurden 54 persönliche ein- bis zweistündige Gespräche mit den Auskunftspersonen geführt.

Bei einigen Fragebögen war ein persönliches Treffen aus unterschiedlichen Gründen nicht möglich. Hier stand ein Team von wissenschaftlichen Mitarbeitern und studentischen Hilfskräften bereit, die per Telefon ihre Hilfe angeboten und Termine für Rückfragen verabredet haben. Auf diese Art wurden weitere 97 Auskunftspersonen bei der Fragebogenbearbeitung unterstützt. Die restlichen 67 Fragebogen wurden ohne Unterstützung ausgefüllt[23].

Mit dem Ziel, die Datenqualität zu sichern und die Rücklaufquote zu erhöhen, wurden unterschiedliche Techniken angewandt, um die Projektleiter für die Befragung zu gewinnen, diese sind in Anhang 3 dargestellt. Weiterhin wurde interessierten Branchenvertretern ein Informationsblatt ausgehändigt, dessen Inhalt in Anhang 4 abgedruckt ist.

Da schriftliche Befragungen, im Gegensatz zu mündlichen Befragungen, meistens den Nachteil einer niedrigeren Rücklaufquote mit sich bringen (Bortz/Döring 2006, S. 256f.), wurde folgendes Vorgehen gewählt, um die Rücklaufquote zu erhöhen: Bei Kontakten, an die bereits Fragebögen verschickt wurden, diese aber noch nicht zurückgekommen waren, wurden nach nicht länger als drei Wochen nach dem Abschicken des Fragebogens Erinnerungsanrufe getätigt. Nach fünf erfolglosen Erinnerungsversuchen wurde der Kontakt aus dem Kontaktmanagement gestrichen. Bei jedem getätigten Anruf wurde wiederum das Angebot zur persönlichen oder telefonischen Unterstützung beim Ausfüllen des Fragebogens unterbreitet.

Eine weitere Methode wurde angewandt, um die fehlenden Werte in den Fragebögen gering zu halten: Nachdem die Fragebögen von den Projektleitern zurückgesendet wurden, wurden sie auf fehlende Angaben hin überprüft. Für den Fall, dass einzelne Angaben fehlten, wurde die Auskunftsperson nochmals kontaktiert und Unterstützung angeboten. Auf diese Art und Weise konnte sichergestellt werden, dass bis auf einige fehlende Werte, zu denen die Auskunftspersonen keine Angaben machen konnten, die Daten vollständig sind.

Zu (4): Vereinfachte erste statistische Tests

Nach dem Erhalt der ersten 60 Fragebögen wurden vereinfachte erste statistische Tests durchgeführt, um die Validität und Reliabilität der Messmethode zu prüfen. Dazu gehörte insbesondere eine explorative Faktorenanalyse, um zu bestätigen, dass die Indikatoren sich, wie in der Theorie antizipiert, den einzelnen Variablen zuordnen lassen.

Zu (5): Nachfassen nach Abschluss der Studie

Nach Abschluss der Studie wurden weitere Experteninterviews geführt, mit dem Ziel, die teilweise von den Hypothesen abweichenden Ergebnisse der empirischen Studie für die Diskussion der Ergebnisse zu erklären. Dazu wurden insgesamt neun weitere Gesprächspartner befragt. Acht davon waren Projektleiter beziehungsweise Geschäftsführer, die auch an der Studie beteiligt waren. Ein zusätzlicher Experte,

---

[23] Eine Beeinflussung der Stichprobe aufgrund des unterschiedlichen Unterstützungsgrades beim Ausfüllen des Fragebogens wurde später bei der Analyse kontrolliert und dann ausgeschlossen, da keine signifikanten Unterschiede bemerkbar waren.

ein Geschäftsführer, wurde neu hinzugezogen. Für die Diskussion wurde darüber hinaus auch noch auf drei der bereits für die Grobkonzeptualisierung beziehungsweise den Pretest geführten Experteninterviews zurückgegriffen.

5.1.3 Zusammensetzung der Stichprobe

Nach der Darstellung der Branche sowie des Ablaufs der Datenerhebung soll im folgenden Kapitel die Zusammensetzung der Stichprobe erläutert werden.

Rücklaufquote und Branchenabbildung

Insgesamt wurden 705 Fragebögen an Projektleiter von interorganisationalen Projekten aus 568 unterschiedlichen Organisationen herausgegeben. Ausgewertet wurden 218 Fragebögen aus 144 Organisationen. Damit wurde auf Projektebene eine Rücklaufquote von 30,92% und auf Organisationsebene von 25,35% erreicht.

Diese 218 interorganisationalen Projekte der Stichprobe bilden den deutschen Maschinen- und Anlagenbau repräsentativ ab. Für die Klassifikation wurde die oben erwähnte Aufteilung nach NACE-Codes gewählt. Tabelle 2 zeigt die Abbildung der Branche durch die Stichprobe.

NACE-Code	Bezeichnung der Güterabteilungen und Gütergruppen	Anzahl Projekte in Stichprobe	Teilstich-probe* (in %)	Anteil an Betrieben in der Branche 2006		
				in %	in absoluten Zahlen	Differenz zur Stichprobe
	Abteilung 29: Maschinen	**185**	**84,86%**		**7191**	
29.1	Maschinen für die Erzeugung und Nutzung von mechanischer Energie	25	13,51%	15,73%	1131	2,21%
29.2	Sonstige Maschinen für unspezifische Verwendung	56	30,27%	30,97%	2227	0,70%
29.3	Maschinen für die Land- und Forstwirtschaft	0	0,00%	2,84%	204	2,84%
29.4	Werkzeugmaschinen, Teile dafür	28	15,14%	12,75%	917	-2,38%
29.5	Maschinen für sonstige bestimmte Wirtschaftszweige/ Verwendungszwecke	72	38,92%	35,04%	2520	-3,88%
29.6	Waffen und Munitionen, Teile dafür	1	0,54%	0,58%	42	0,04%
29.7	Haushaltsgeräte, anderweitig nicht genannt	3	1,62%	2,09%	150	0,46%
	Sonstige verwandte Abteilungen	**33**				
31	Geräte der Elekrizitätserzeugung und verteilung	9	Es liegen keine Branchenvergleichsdaten vor			
33	Medizin-, mess-, steuerungs-, regelungstechnische und optische Erzeugnisse; Uhren	14				
35	Sonstige Fahrzeuge	10				
Legende						
*	Angaben auf der Grundlage der Teilstichprobe Maschinen (100% = 185)					

Tabelle 2: Abbildung der Branche in der Stichprobe nach NACE-Codes (Datengrundlage: Statistisches Bundesamt 2006)

Die Tabelle zeigt die jeweilige Anzahl an Projekten zu jedem der *sieben Bereiche* der NACE-Codes in der Stichprobe. Zusätzlich wird der prozentuale Anteil dieser Projekte zu jedem der sieben Bereiche ausgewiesen. Daneben werden die Anteile der sieben Bereiche für die gesamte Abteilung 29 (Maschinen) angegeben[24]. Die Differenz zwischen den Branchenwerten und der Stichprobe ist in der letzten Spalte ausgewiesen. Da die Abweichungen zu den Branchenwerten in den meisten Fällen sehr gering ausfallen und in allen Fällen unter 5% bleiben, kann die Branchenabbildung als sehr gut angesehen werden.

Die Projekte, die in der Stichprobe enthalten sind, repräsentieren die Heterogenität des deutschen Maschinen- und Anlagenbaus. Sie weisen eine breite Spannweite auf von Design und Herstellung aller Arten von Maschinen und Anlagen von Einzelkomponenten bis hin zu komplexen Anlagen wie Produktionsstraßen oder ganzen Fabriken. Gemeinsam ist vielen Produkten, dass sie zumeist in Einzel- oder Sonderfertigung zusammen mit den Partnern des interorganisationalen Projektes für einen bestimmten Kunden erstellt wurden.

Die ausgeprägte Heterogenität der Branche bringt es mit sich, dass interorganisationale Projekte, die sowohl inhaltlich dem Maschinen- und Anlagenbau zugehörig sind als auch von den Projektleitern als solche bezeichnet werden, in verwandten Gebieten der NACE-Codierung der Branche angesiedelt sind. Projekte, die sich den *sonstigen verwandten Abteilungen* der Branche zuordnen lassen, sind beispielsweise große Chemieanlagen, Maschinen und Anlagen für Flugzeuge oder Raketen sowie Maschinen für Züge. Diese Gebiete werden in der Klassifizierung der europäischen Wirtschaftszweige anderen Abteilungen als dem Maschinen- und Anlagenbau zugeordnet, da die Maschinen und Anlagen für den jeweiligen Bereich hergestellt werden. Eine solche Zuordnung erscheint inhaltlich möglich, da bei der wesentlich komplexeren Klassifizierung des VDMA, der momentan 39 Fachzweige unterscheidet, die sonstigen verwandten Abteilungen enthalten sind (VDMA 2006b, S. 62ff.).

Stichprobenzusammensetzung

Nach Darstellung der Repräsentation der Branche durch die Stichprobe soll die Stichprobenzusammensetzung beschrieben werden. Neben der inhaltlichen Unterschiedlichkeit unterscheidet sich auch die Größe der in der Stichprobe enthalten Organisationen voneinander: Im Durchschnitt erreichen die Organisationen einen Umsatz von ungefähr 3 Milliarden Euro, mit einer Spannweite von 250.000 Euro bis 240 Milliarden Euro[25]. Durchschnittlich beschäftigen die Organisationen 3.700

---

[24] Als Vergleichsbasis zählt die Anzahl der Betriebe, die den einzelnen Untergruppen zugeordnet sind. Als Betriebe werden vom Statistischen Bundesamt alle Organisation mit mehr als 20 Beschäftigen bezeichnet (Statistisches Bundesamt 2006)

[25] Eine Ausnahme bildet eine beteiligte Organisation, die nur einen Umsatz von 4.500 Euro in dem abgelaufenen Geschäftsjahr nachweisen konnte, da es sich um einen Einmannbetrieb handelt, der gerade im Aufbau steht. Das interorganisationale Projekt, zu dem der Projektleiter Auskunft erteilte, war allerdings durchaus passend für die Stichprobe, weshalb es mit aufgenommen wurde. Die Organisation war hierbei mit der Leitung eines interorganisationalen Projektes mit einem Budget von 15.000 Euro beauftragt.

Mitarbeiter, die Stichprobe umfasst Einmannbetriebe genauso wie große Konzerne mit 380.000 Mitarbeitern.

Die Stichprobe deckt auch die in der Branche typische Spannweite der Volumina der interorganisationalen Projekte ab. Die verwendeten Projekte zeigen eine hohe Varianz auf: Das durchschnittliche Budget des Gesamtprojektes beträgt 42 Millionen Euro, die Spannweite reicht von einem Projekt mit 10.000 Euro bis hin zu einem Großprojekt mit einer Milliarde Euro. Die Laufzeit der interorganisationalen Projekte beträgt im Durchschnitt 20,4 Monate, hierbei gibt es einige Extremwerte, ein interorganisationales Projekt hatte nur eine Dauer von einem Monat und bei einem weiteren beträgt die Laufzeit 100 Monate, als über acht Jahre.

Die für die zugrundeliegende Arbeit erhobenen Daten sind Teil eines größeren Forschungsprojektes, in dessen Rahmen weitere Daten erhoben wurden. Aus diesem Grund liegen für eine Fallzahl von 128 Projekten aus derselben Grundgesamtheit weitere Indikatoren vor, die in der vorliegenden Arbeit als Kontrollen dienen[26].

Auswahl der interorganisationalen Projekte

Die Auswahl der Projekte basiert auf den in Kapitel 2.1 beschriebenen Kennzeichen von interorganisationalen Projekten. Alle Projekte sind nach folgenden Kriterien ausgewählt:

- Die Projekte wurden innerhalb der *letzten drei Jahre* vor Beginn der Studie abgeschlossen. Durch die Abgeschlossenheit des Projektes wird eine bessere Vergleichbarkeit gewährleistet, da die Projekte sich nicht in unterschiedlichen Projektstadien befinden. Außerdem wird die Aktualität der Projekte gewährleistet, da sie nicht länger als drei Jahre zurückliegen.
- Die Projekte waren *temporär* begrenzt.
- Es waren *mehrere Organisationen* an dem Projekt beteiligt, es handelt sich also um interorganisationale Projekte.
- Die befragte Person musste *Projektleiter* des interorganisationalen Projektes sein.
- Die befragte Organisation sollte die *projektleitende Rolle* beziehungsweise die Rolle eines *Generalunternehmers* in dem interorganisationalen Projekt innehaben. Damit wurde gewährleistet, dass die befragten Projektleiter tatsächlich einen guten Überblick über das gesamte interorganisationale Projekt hatten, da sie die Koordination des interorganisationalen Projektes übernommen hatten.

---

[26] Die Fallzahl von 128 stellt statistisch kein Problem dar, da bereits eine Fallzahl von 100 einen ausreichenden Stichprobenumfang für Strukturgleichungsmodelle, die Form, mit der die empirischen Daten ausgewertet werden, darstellt (Backhaus et al. 2003, S. 410).

- Das interorganisationale Projekt war *erfolgreich*. Der Erfolg wird definiert über zwei Kriterien: (a) die Effektivität, im Sinne der Zielerreichung der klassischen Erfolgsfaktoren wie Kosten, Qualität und Zeit (Atkinson 1999, S. 338; Corsten 2000, S. 44; Kerzner 2006, S. 4; Madauss 2000, S. 68) und (b) die ökonomische Tragfähigkeit, also ob das Projekt zum Gesamtunternehmenserfolg beigetragen hat (Karlsen/Gottschalk 2004, S. 3; Miller/Lessard 2000, S. 14f.; Shenhar et al. 2001, S. 705).

5.2 Operationalisierung der theoretischen Konstrukte

In einem weiteren Schritt sollen die theoretischen Konstrukte operationalisiert werden. Dabei werden zunächst die unabhängigen sowie die abhängigen Variablen betrachtet. Im Anschluss wird in Kapitel 5.2.2 die Operationalisierung der Kontrollvariablen vorgestellt.

5.2.1 Operationalisierung der unabhängigen und abhängigen Variablen

5.2.1.1 Messtheoretische Grundlagen

Ziel dieses Kapitels ist es, die messtheoretischen Grundlagen für die unabhängigen und abhängigen Variablen vorzustellen. Das Konzept des sozialen Kapitals wird bereits stark empirisch beforscht. In der Literatur finden sich daher valide und reliable Operationalisierungen für die verwendeten Konstrukte. Im ersten Schritt der Fragebogenentwicklung wurden daher bereits vorhandene Operationalisierungen gesichtet, mit dem Ziel etablierte Operationalisierungen zu identifizieren. Für die Mehrzahl an Variablen lagen bereits verwertbare Indikatoren vor, die möglichst in originaler Form übernommen wurden (siehe Kapitel 4.3). Lediglich für die Variable „Anzahl an Verbindungen" sowie für das fachliche Vertrauen konnten in der Literatur keine Operationalisierung gefunden werden. Auf Basis von Plausibilitätsüberlegungen wurden deshalb hierfür Indikatoren formuliert und deren Tauglichkeit, zusammen mit den anderen Indikatoren des sozialen Kapitals, in den beiden Phasen des Pretests überprüft.

Die Operationalisierung der abhängigen Variablen, interorganisationaler Wissenserwerb, dagegen ist in der Forschung noch weniger etabliert. Aus diesem Grund wurden für die vorliegende Arbeit spezielle Indikatoren gefunden, die die beiden inhaltlichen Arten des interorganisationalen Wissenserwerbs abdecken (siehe Kapitel 3.2). Auch diese werden in dem Pretest in ihrer Aussagekraft bestätigt. Die einzelnen Indikatoren der unabhängigen und abhängigen Variablen sind in den Kapiteln 3.2 und 4.3 bereits aufgeführt. In Anhang 1 ist zudem eine Übersicht über den Wortlaut der Indikatoren dargestellt.

In der Netzwerkforschung ist es in vielen Studien gebräuchlich, einzelne Variablen mit jeweils einem Indikator zu messen (Borgatti/Cross 2003, S. 436; Ibarra 1992, S. 431f.; Ibarra 1995, S. 684f.; Kale/Singh/Perlmutter 2000, S. 237ff.;

Marsden 1990). Auch in dem Gebiet der Marketingforschung werden Variablen häufig über einen Indikator abgebildet, sofern diese inhaltlich verständlich formuliert und aussagekräftig sind (Rossiter 2002, S. 331). Der zusätzliche Nutzen weiterer Indikatoren wird zumeist als geringer angesehen als die Kosten, die diese für die Befragung verursachen würden (Drolet/Morrison 2001, S. 196ff.). Für Variablen, die aus unterschiedlichen Aspekten bestehen, gilt dieselbe Empfehlung: Pro Aspekt ein Indikator ist ausreichend, um die Variable darzustellen (Drolet/Morrison 2001, S. 196ff.; Rossiter 2002, S. 331). Aus diesem Grund werden in der vorliegenden Arbeit bereits etablierte Indikatoren benutzt, um die jeweiligen Variablen zu messen. Häufig werden, trotz der Gebräuche in der Literatur, mehrere Indikatoren benutzt, um eine Variable darzustellen. Für die Variablen, die aus mehreren Aspekten bestehen, wie die „Stärke der Beziehung", das „Vertrauen" sowie die beiden abhängigen Variablen, werden pro Variable mehrere Indikatoren verwendet, um jeden Aspekt zu messen. Die Variablen „ähnliche Denkmuster" und „gemeinsame Ziele" bestehen jeweils nur aus einem Aspekt und sind dementsprechend über nur jeweils einen eindeutig formulierten Indikator repräsentiert.

Sowohl die abhängigen als auch die unabhängigen Variablen wurden mit Hilfe einer fünfstufigen Intervallskala gemessen. Die einzelnen Indikatoren wurden als Statements mit einem Antwortbereich von „stimme gar nicht zu" bis „stimme voll zu" abgefragt. Der Wertebereich besteht dementsprechend aus Zahlen zwischen 1 und 5.

Eine Ausnahme bildet die Variable „Anzahl an Verbindungen". Hier wurde zusätzlich zu der Frage nach der Anzahl an Verbindungen über die fünfstufige Intervallskala ein zweiter Indikator verwendet. Da in der Literatur diese Variable häufig über messbare Zahlen abgebildet wird, wurde hier die genaue Prozentzahl an Kontakten erfragt, die eine Person innehat, im Bezug zur insgesamt möglichen Anzahl an Verbindungen im interorganisationalen Projekt. Damit kann diese Variable Zahlen im Wertebereich zwischen 0 und 100 annehmen. Um diesen Indikator den restlichen anzugleichen, wurden die Werte durch 20 geteilt und damit ein Wertebereich von 0 bis 5 erreicht. Der Wert 0 wird jedoch nie angenommen, somit ist die Vergleichbarkeit mit dem Wertebereich der üblichen Variablen (1 bis 5) gesichert.

Um die unterschiedlichen Einzelindikatoren für die weiteren statistischen Tests zu einer Variablen zusammenzufassen, wurde auf die Bildung von Indizes zurückgegriffen. Dazu wurde die Methode der additiven Indexbildung gewählt, bei der die einzelnen Indikatoren zu einer Summe kumuliert werden. Dieser additive Wert wurde zusätzlich durch die Anzahl der Indikatoren geteilt und der Mittelwert aller Indikatoren gebildet. Diese Methode hatte zum Ziel, die Daten in dem ursprünglichen Wertebereich zu belassen und die Vergleichbarkeit zu gewährleisten, insbesondere da die Anzahl der Indikatoren pro Variable voneinander abweicht (Backhaus et al. 2003, S. 334ff.; Bortz/Döring 2006, S. 143ff.; Schnell/Hill/Esser 1999, S. 163ff.).

Für den Interaktionseffekt der Hypothesen 3 und 4 dagegen wurde, der Literatur zu Interaktionseffekten folgend, ein multiplikativer Index gewählt, bei dem die Indikatoren beziehungsweise Indexwerte der Variablen miteinander multipliziert wurden (Homburg/Klarmann 2006, S. 730; Huber/Heitmann/Herrmann 2006, S. 697ff.; Schnell/Hill/Esser 1999, S. 166). Dabei handelt es sich um zwei Variablen: den Interaktionseffekt zwischen einerseits der „Anzahl an Verbindungen" und der „Innovativität der Partner" sowie andererseits der „Heterogenität der Partner" und der „Innovativität der Partner". Für die multiple Verknüpfung wurden in einem ersten Schritt die Variablen mit mehreren Indikatoren additiv miteinander verknüpft.

5.2.1.2 Faktorenanalysen zur Überprüfung der theoretisch aufgestellten Zusammengehörigkeit der Variablen

Anschließend an die Darstellung der messtheoretischen Grundlagen soll die theoretisch fundierte Zusammengehörigkeit der Variablen empirisch überprüft werden. Dazu wurde in einem ersten Schritt eine explorative Faktorenanalyse durchgeführt, um die Datenstruktur zu prüfen. In einem zweiten Schritt wurde dann das strengere Verfahren der konfirmatorischen Faktorenanalyse angewandt, um die theoretisch vermutete Zusammengehörigkeit der einzelnen Indikatoren zu den Variablen sowie die Unabhängigkeit zu den anderen Variablen zu testen.

Explorative Hauptkomponentenanalysen

Um einen ersten Überblick über die Daten zu erhalten, wurden explorative Hauptkomponentenanalysen für alle unabhängigen und abhängigen Variablen durchgeführt. Dazu wurden jeweils alle Indikatoren einer Dimension des sozialen Kapitals sowie alle Indikatoren des interorganisationalen Wissenserwerbs jeweils einer Hauptkomponentenanalyse unterzogen. Hauptziel war dabei, die Struktur der Daten zu verstehen und die Zuordnung der theoretisch fundierten Indikatoren zu den jeweiligen Variablen zu prüfen (Matiaske 1996, S. 171ff.).

Bei der explorativen Hauptkomponentenanalyse wird davon ausgegangen, dass sich die Varianz eines Indikators vollständig durch einen übergeordneten Faktor erklären lässt. Die Ladungen der einzelnen Indikatoren auf einen Faktor werden als Faktorladungen bezeichnet. Liegen hohe Faktorladungen der einzelnen Indikatoren auf einen Faktor vor, werden diese Indikatoren dem Faktor statistisch aufgrund hoher Korrelationen zugeordnet. Dieser Faktor, dem die Indikatoren mit hohen Faktorladungen zugerechnet werden, wird als Komponente bezeichnet. Dies soll in einem Beispiel aus der vorliegenden Arbeit verdeutlicht werden: Laden die theoretisch gefundenen vier Indikatoren der Variablen „Stärke der Beziehung" alle auf den gleichen Faktor, können diese vier Indikatoren einer gemeinsamen Komponente zugeordnet werden. Sofern keine anderen Indikatoren auf diesen Faktor laden, stimmt dieser mit der theoretisch antizipierten Variablen „Stärke der Beziehung" überein. Damit kann deren Existenzberechtigung validiert werden. Weiterhin müssen dafür noch alle Indikatoren der Variablen „Vertrauen" auf einen gemeinsamen Faktor laden, damit dieser als die Komponente „Vertrauen" angesehen werden kann (Bühner 2004, S. 158f.).

Die Hauptkomponentenanalysen wurden mit Hilfe des Programms SPSS, Version 13.0, durchgeführt. Es wurde dabei auf folgende Punkte geachtet:

- Bei der Bestimmung der Anzahl der Faktoren wurden so viele Faktoren gebildet, wie Eigenwerte mit einem Wert größer als 1 vorlagen (Bühl/Zöfel 2005, S. 465).
- Zunächst wurde eine schiefwinklige Rotation, nach der sogenannten Oblimin-Methode, durchgeführt. Sofern zwischen den Indikatoren Korrelationen vorlagen, wurde diese beibehalten. Lagen keine oder vernachlässigbare Korrelationen zwischen den Indikatoren vor, wurde die orthogonale Rotationsmethode Varimax gewählt (Bühl/Zöfel 2005, S. 482ff.; Bühner 2004, S. 165f.)[27]. Hierbei wurden Bühl und Zöfel folgend Korrelationen unter 0,2 vernachlässigt, da sie als sehr gering einzuschätzen sind (Bühl/Zöfel 2005, S. 322).
- Als Kennzahlen für die Hauptkomponentenanalysen wurden die erklärte Gesamtvarianz, die Faktorladungen sowie das Kaiser-Meyer-Olkin-Kriterium (KMO-Kriterium) untersucht. Die einzelnen Definitionen sowie Grenzwerte können in Anhang 5 eingesehen werden.

Die Ergebnisse der Analyse sind in Tabelle 3 abgebildet.

---

[27] Bei der schiefwinkligen Rotation stehen die Achsen nach erfolgter Rotation nicht mehr rechtwinklig zueinander, hier können die Indikatoren untereinander Korrelationen aufweisen. Bei der rechtwinkligen Rotation stehen die Achsen dagegen nach erfolgter Rotation rechtwinklig zueinander, d.h., die Indikatoren korrelieren nicht untereinander (Bühl/Zöfel 2005, S. 483).

Indikatoren	Faktorladungen	Kennzahlen
Unabhängige Variablen: Soziales Kapital		
Strukturelle Dimension		
Heterogenität der Partner		
1a	0,884	KMO: 0,5, kumulierte erklärte Gesamtvarianz: 70,8%, Varimax Rotation
1b	0,887	
Anzahl an Verbindungen		
2a	0,797	
2b	0,785	
Relationale Dimension		
Stärke der Beziehung		
3a	0,776	
3b	0,708	
3c	0,619	KMO: 0,7, kumulierte erklärte Gesamtvarianz: 58,7%, Oblimin Rotation
3d	0,677	
Vertrauen		
4a	0,836	
4b	0,873	
4c	0,775	
Kognitive Dimension		
5	0,783	KMO: 0,5, kumulierte erklärte Gesamtvarianz: 61,3%, keine Rotation, nur eine Komponente
6	0,783	
Abhängige Variablen: Interorganisationaler Wissenserwerb		
Wissenserwerb Märkte und Produkte		
7a	0,692	
7b	0,772	KMO: 0,6, kumulierte erklärte Gesamtvarianz: 74,5%, Oblimin Rotation
7c	0,893	
Wissenserwerb interne Prozesse und Projektmanagement		
8a	0,958	
8b	0,951	

Tabelle 3: Ergebnisse der explorativen Hauptkomponentenanalysen

Die Ergebnisse der explorativen Hauptkomponentenanalysen bestätigen größtenteils die Existenz der theoretisch angenommenen Variablen. De Zuordnung der Nummerierung der Indikatoren sowie deren Wortlaut kann in Anhang 1 eingesehen werden.

Die Kennzahlen der explorativen Faktorenanalyse befinden sich für die Mehrzahl der Variablen in einem akzeptablen Bereich, deshalb kann die Abbildung der Variablen als gut bezeichnet werden. Die kumulierte erklärte Gesamtvarianz liegt mit Werten zwischen 58,7% und 74,5% über den geforderten 50% (Peter 1997, S. 180) und die Faktorladungen übertreffen mit Werten zwischen 0,619 und 0,958 deutlich die geforderten 0,4 (Ford/MacCallum/Tait 1986, S. 296). Die KMO-Werte erreichen mit Werten zwischen 0,5 und 0,7 den notwendigen Schwellenwert von 0,5 (für eine Übersicht über die Akzeptanzwerte der KMO-Werte siehe Anhang 5).

Die beiden Variablen der strukturellen Dimension, die „Heterogenität der Partner" sowie die „Anzahl an Verbindungen" bilden jeweils wie antizipiert zwei getrennte Komponenten. Die „Stärke der Beziehung" sowie das „Vertrauen" repräsentieren die relationale Dimension ebenfalls über zwei getrennte Komponenten.

Auffällig ist die kognitive Dimension, da hier jeweils nur ein Indikator für eine Variable vorliegt. Dies liegt an der Gestaltung der Studie. Folglich fallen bei der Hauptkomponentenanalyse die beiden Variablen „ähnliche Denkmuster" und „gemeinsame Ziele" zu einem Faktor zusammen. Ein KMO-Wert von 0,5 ist zwar ausreichend, wird aber leider nur mit „kläglich" beurteilt. Dieses Ergebnis bestätigt die Theorie. Wie zuvor angenommen ist es besser die beiden Indikatoren als zwei separate Variablen einer gemeinsamen Dimension zu betrachten und sie nicht zu einer Variablen zusammenzufügen.

Bei der abhängigen Variablen bilden die ersten drei Indikatoren, der generelle Wissenserwerb (7a), das Wissen über Märkte (7b) sowie das Wissen über Produkte (7c), einen gemeinsamen Faktor und werden als Komponente „Wissenserwerb Märkte und Produkte" angesehen. Die beiden Indikatoren Wissen über Projektmanagement (7d) und Wissen über interne Prozesse (7e) bilden ebenfalls eine Komponente, den „Wissenserwerb interne Prozesse und Projektmanagement".

Konfirmatorische Faktorenanalyse

Anschließend an die explorative Hauptkomponentenanalyse wurde das strengere Verfahren der konfirmatorischen Faktorenanalyse angewandt. Dabei wurde das Ziel verfolgt, die theoretisch vermutete Zugehörigkeit der einzelnen Indikatoren zu den jeweiligen Variablen sowie deren Unabhängigkeit zu den jeweils anderen Variablen zu testen.

Bei einer konfirmatorischen Faktorenanalyse bestehen bereits vorab konkrete theoretische Vorstellungen bezüglich möglicher hypothetischer Faktoren, dies trifft im Fall der vorliegenden Arbeit zu. Um den Begründungszusammenhang der theoretisch erarbeiteten Variablen zu prüfen, wird in der konfirmatorischen Faktorenanalyse ein Modell aus den theoretischen Zusammenhängen errichtet, und dieses mit Hilfe der Kausalanalyse auf Übereinstimmung mit dem empirischen Datenmaterial geprüft. Die konfirmatorische Faktorenanalyse wird in der Literatur als ein Spezialfall von Strukturgleichungsmodellen angesehen (Arbuckle 2006, S. 141ff.; Backhaus et al. 2003, S. 260; S. 330ff.; Bühner 2004, S. 220ff.; Byrne 2001, S. 98ff.).

Zur Analyse wurde das Programm AMOS (Analysis of Moment Structures), Version 7.0, gewählt. Zur Berechnung der Abhängigkeiten wurde die Standardmethode, Maximum Likelihood, genutzt (Backhaus et al. 2003, S. 362ff.). Die einzelnen Wirkungen der Indikatoren auf die jeweiligen Variablen sind in Tabelle 4 aufgeführt.

Indikatoren	Wirkungen
Unabhängige Variablen: Soziales Kapital	
Strukturelle Dimension	
Heterogenität der Partner	
1a	0,96***
1b	0,59***
Anzahl an Verbindungen	
2a	0,69**
2b	0,36**
Relationale Dimension	
Stärke der Beziehung	
3a	0,79***
3b	0,71***
3c	0,44***
3d	0,36***
Vertrauen	
4a	0,76***
4b	0,81***
4c	0,64***
Kognitive Dimension	
5	0,30**
6	0,76**

Abhängige Variablen: Interorganisationaler Wissenserwerb	
Wissenserwerb Märkte und Produkte	
7a	0,66***
7b	0,58***
7c	0,76***
Wissenserwerb interne Prozesse und Projektmanagement	
8a	0,88***
8b	0,95***

Signifikanzniveau:
*** p < 0,00: Fehlerwahrscheinlichkeit von unter 0,1%
** p < 0,0: Fehlerwahrscheinlichkeit von unter 1%

Tabelle 4: Ergebnisse der konfirmatorischen Faktorenanalyse: Wirkungen der Indikatoren auf die jeweiligen Variablen

Die Wirkungen der einzelnen Indikatoren auf die jeweils zugehörige Variable sind alle wie theoretisch antizipiert und hoch signifikant. Sie geben die Korrelation der

Indikatoren mit einem gemeinsamen Faktor an. Die jeweiligen Korrelationen der Indikatoren auf die zugehörigen Variablen sollten höher als 0,2 und statistisch signifikant sein (Arbuckle 2006, S. 143; Bühl/Zöfel 2005, S. 322). Vierzehn der Wirkungen der Indikatoren auf die übergeordnete Variable sind auf einem 0,1%igen und vier auf einem 1%igen Signifikanzniveau signifikant. Das bedeutet, dass die einzelnen Indikatoren geeignet sind, zu den jeweils in der Theorie gefundenen Variablen zugeordnet zu werden.

In Tabelle 5 sind weiterhin die Gütekriterien des Messmodells sowie deren herkömmliche Abkürzungen und Sollwerte zusammengefasst.

Gütekriterium	Abkürzung	Wert in Modell (konfirmatorische Faktorenanalyse)	Sollwerte
Chi-Quadrat/ Freiheitsgrade	χ^2/df	1,678 (erfüllt)	$\chi^2/df \leq 2,5$
Goodness-of-Fit-Index	GFI	0,911 (erfüllt)	$GFI \geq 0,9$
Adjusted-Goodness-of-Fit-Index	AGFI	0,867 (erfüllt)	$AGFI \geq 0,9$
Root Mean Square Error of Approximation	RMSEA	0,056 (akzeptabler Modellfit)	$RMSEA \leq 0,05$: guter Modellfit; $RMSEA \leq 0,08$: akzeptabler Modellfit; $RMSEA \geq 0,10$: inakzeptabler Modellfit

Tabelle 5: Gütekriterien der konfirmatorischen Faktorenanalyse (Backhaus et al. 2003, S. 372ff.; Browne/Cudeck 1993, S. 136ff.; Homburg/Baumgartner 1995, S. 172)

Die Auswahl der Gütekriterien ist der für Strukturgleichungsmodelle relevanten Literatur entnommen. Die Gütekriterien geben die Gesamtanpassungsgüte des theoretischen Modells an, es wird deshalb auch von dem Fit des Modells gesprochen. Bei den einzelnen Tests, die den Gütekriterien zugrunde liegen, wird betrachtet, wie gut das Messmodell das theoretisch formulierte Modell abbildet (Backhaus et al. 2003, S. 372ff.; Browne/Cudeck 1993, S. 136ff.; Homburg/Baumgartner 1995, S. 172). In Anhang 6 ist für eine detailliertere Beschäftigung eine Zusammenfassung der statistischen Bedeutungen der einzelnen Gütekriterien zusammengestellt.

Die Gütekriterien liegen im vorliegenden Modell der konfirmatorischen Faktorenanalyse alle in einem akzeptablen Rahmen. Deshalb kann von einem sehr guten Modell gesprochen werden (Backhaus et al. 2003, S. 410). Das bedeutet, dass die einzelnen Variablen gut von den jeweiligen Indikatoren abgebildet werden. Die in der Theorie gefundene Einteilung der Variablen kann durch die konfirmatorische Faktorenanalyse bestätigt werden[28].

Die kognitive Dimension bildet erneut eine Ausnahme, da hier für die beiden Variablen jeweils nur ein Indikator vorliegt. Aus diesem Grund wurden die beiden Indikatoren in der konfirmatorischen Faktorenanalyse zusammengefasst zu der kognitiven Dimension. Die Wirkung der beiden Indikatoren auf die kognitive Dimension ist jedoch ebenfalls auf einem 1%igen Signifikanzniveau signifikant.

Zusammenfassung

Zusammenfassend bestätigen sowohl die explorative als auch die konfirmatorische Faktorenanalyse die theoretisch getroffenen Zusammenhänge zwischen den Indikatoren und den Variablen sowohl der abhängigen als auch der unabhängigen Variablen. Auch die kognitive Dimension, die als Ausnahme nur über zwei Indikatoren abgebildet wird, erscheint in einem akzeptablen Rahmen zu sein. Sie soll aber bei der Überprüfung der Reliabilität und Validität im nächsten Kapitel nochmals genauer betrachtet werden.

5.2.1.3 Überprüfung der Reliabilität und Validität

Im Folgenden sollen die Reliabilität und die Validität der verwendeten Messmethode geprüft werden. Die Reliabilität gibt den Grad der Genauigkeit an, mit dem ein Test ein bestimmtes Merkmal misst. Reliabilität bezeichnet das Ausmaß, in dem wiederholte Messungen eines Objekts mit einem Messinstrument die gleichen Werte ergeben. Unter Validität wird das Ausmaß verstanden, in dem der Test das misst, was er vorgibt zu messen (Bortz/Döring 2006, S. 195f.; Bühner 2004, S. 29f.; Schnell/Hill/Esser 1999, S. 145).

Reliabilität

Zur Messung der Reliabilität wurden die *Cronbachs-Alpha-Koeffizienten* der Variablen errechnet. Der Cronbachs-Alpha-Koeffizient stellt eine Standardmethode zur Schätzung der internen Konsistenz dar[29]. Er repräsentiert den Anteil der Gesamtvarianz einer untersuchten Skala, der sich auf einen gemeinsamen Faktor zurückführen lässt (Bortz/Döring 2006, S. 198; Bühner 2004, S. 122; Cronbach et al. 1997, S. 374ff.; Hildebrandt/Temme 2006, S. 624). Der Koeffizient nimmt Werte zwischen 0 und 1 an. Für eine statistische Fundierung werden Werte über einem

---

[28] Die beiden Variablen „Heterogenität und Innovativität" sowie „Anzahl und Innovativität" sind nicht Teil der konfirmatorischen Faktorenanalyse, da es sich hierbei lediglich um abgewandelte Variablen handelt, die sich aus den Interaktionseffekten ergeben.

[29] Bei der internen Konsistenzschätzung wird der Test nach der Anzahl an Indikatoren in kleine Teile zerlegt. Aus dem Vergleich der kleineren Stichprobenteile wird dann die Reliabilität berechnet. (Bortz/Döring 2006, S. 198f.; Cronbach 1951 S. 300ff.).

Schwellenwert zwischen 0,7 (Homburg/Giering 1996, S. 12) und 0,8 (Schnell/Hill/Esser 1999, S. 147) gefordert.

In Tabelle 6 sind die Cronbachs-Alpha-Werte der einzelnen Variablen aufgeführt.

Variablen		Cronbachs-Alpha-Wert
Abhängige Variablen: Soziales Kapital		
Strukturelle Dimension	Heterogenität der Partner	0,7
	Anzahl an Verbindungen	0,4
Relationale Dimension	Stärke der Beziehung	0,7
	Vertrauen	0,8

Variablen	Cronbachs-Alpha-Wert
Unabhängige Variablen: Interorganisationaler Wissenserwerb	
Wissenserwerb Märkte und Produkte	0,7
Wissenserwerb interne Prozesse und Projektmanagement	0,9

Anmerkung: Da für die beiden Variablen der kognitiven Dimension nur jeweils ein Indikator vorliegt, kann hierfür kein eigener Cronbachs-Alpha-Wert errechnet werden.

Tabelle 6: Cronbachs-Alpha-Werte der abhängigen und unabhängigen Variablen

Die Cronbachs-Alpha-Werte liegen mit Werten zwischen 0,7 und 0,9 über den Anforderungen von 0,7 und bestätigen damit die interne Konsistenz der Faktoren (Homburg/Giering 1996, S. 12).

Eine Ausnahme stellt die Variable „Anzahl an Verbindungen" dar. Sie weist nur einen Cronbachs-Alpha-Wert von 0,4 auf. Dies kann möglicherweise an der unterschiedlichen Messart der beiden Indikatoren liegen. Obwohl der Wertebereich bei dem ersten Indikator angepasst wurde, handelt es sich hier um eine offenere Frage als bei den anderen Indikatoren. Weiterhin könnte der niedrige Wert aber auch darauf zurückzuführen sein, dass nur zwei Indikatoren in die Messung mit einfließen. Obwohl der Cronbachs-Alpha-Koeffizient eine Standardschätzmethode darstellt, ist er bereits häufig kritisiert worden. Gerade bei einer geringen Anzahl von Indikatoren wird die Reliabilität bei dieser Messung häufig unterschätzt, da der Cronbachs-Alpha-Wert mit der Anzahl an Indikatoren steigt (Bortz/Döring 2006, S. 198; Hildebrandt/Temme 2006, S. 624; Schnell/Hill/Esser, S. 147). Jedoch werden sowohl die Variablen „Heterogenität der Partner" als auch der „Wissenserwerb interne Prozesse und Projektmanagement" ebenfalls nur über zwei Indikatoren gemessen und weisen einen zufriedenstellenden Cronbachs-Alpha-Wert auf. Die Variable „Anzahl an Verbindungen" soll deshalb im Weiteren nochmals stärker geprüft werden.

Validität

Um die einzelnen Variablen valide abzubilden, wurden, wie bereits in 5.2.1.1 erwähnt, insbesondere für die unabhängigen Variablen in der Literatur bereits validierte und etablierte Indikatoren verwendet (siehe dazu die Quellenangaben bei den einzelnen Indikatoren in Kapitel 4.3). Hinzu kommt, dass das Hypothesengerüst aus Kapitel 4.3 vor allem auf bereits etablierten Zusammenhängen aufgebaut ist, die bereits in mehreren Einzelstudien gezeigt werden konnten. Dadurch konnte die *Konstruktvalidität* sichergestellt werden (Bühner 2004, S. 32).

Weiterhin wurde anhand der empirischen Daten die *Diskriminanzvalidität* der unabhängigen und abhängigen Variablen geprüft. Als Grundlage werden die bivariaten Korrelationen der Indikatoren der unabhängigen und abhängigen Variablen dargestellt. Der Literatur folgenden werden die abhängige und unabhängigen Variablen für den Test der Diskriminanzvalidität getrennt betrachtet. Hierzu sei angemerkt, dass die bivariaten Korrelationen nur einen ersten Überblick über die Wirkungen der Indikatoren geben können und hier insbesondere der Analyse der Diskriminanzvalidität dienen. In Kapitel 6.1 wird für die Auswertung der Hypothesen ein komplexes Verfahren genutzt, das auf den Korrelationen der einzelnen Konstrukte zueinander und insbesondere im Gesamtzusammenhang beruht.

Statistisch gesehen liegt Diskriminanzvalidität vor, wenn zwei Kriterien erfüllt sind: (1) Die Korrelationen aller Indikatoren innerhalb einer Variablen müssen über 0,2 liegen und statistisch signifikant sein (Bühl/Zöfel 2005, S. 322; Fornell/Larcker 1981, S. 41). (2) Die Korrelationen der Indikatoren innerhalb einer Variablen müssen größer sein als die Korrelationen der betreffenden Indikatoren mit den Indikatoren der außerhalb liegenden Variablen (Campbell/Fiske 1959, S. 84; Fornell/Larcker 1981, S. 41). Tabelle 7 zeigt zunächst die Korrelationstabelle der unabhängigen Variablen.

Indikatoren	1a	1b	2a	2b	3a	3b	3c	3d	4a	4b	4c	5	6
1a	1	0,58 **	-0,01	-0,08	0,03	-0,04	-0,11	-0,10	0,00	0,07	0,10	-0,05	0,03
1b		1	0,02	-0,05	0,06	0,03	-0,14 *	-0,05	-0,03	-0,02	-0,09	-0,14 *	-0,02
2a			1	0,25 **	0,28 **	0,46 **	0,14 *	0,13	0,11	0,13 *	0,08	0,08	0,19 **
2b				1	0,17 *	0,15 *	0,08	0,20 **	0,18 **	0,16 *	0,12	0,05	0,07
3a					1	0,57 **	0,37 **	0,28 **	0,26 **	0,27 **	0,27 **	0,17 *	0,31 **
3b						1	0,21 *	0,20 **	0,19 **	0,22 **	0,18 **	0,06	0,25 **
3c							1	0,31 **	0,30 **	0,16 *	0,16 *	0,13	0,22 **
3d								1	0,09	0,04	0,14 *	0,12	0,03
4a									1	0,67 **	0,50 **	0,12	0,38 **
4b										1	0,52 **	0,14 *	0,44 **
4c											1	0,18 **	0,24 **
5												1	0,23 **
6													1

Legende:
** Die Korrelation ist auf dem Niveau von 0,01 (2-seitig) signifikant.
* Die Korrelation ist auf dem Niveau von 0,05 (2-seitig) signifikant.
☐ Kritische Korrelationen

Tabelle 7: Korrelationstabelle der abhängigen Variablen (bivariate Korrelationen nach Pearson)

Aus der Korrelationstabelle lässt sich ablesen, dass das erste Kriterium der Diskriminanzvalidität für die unabhängigen Variablen erfüllt ist: Die Korrelationen der Indikatoren innerhalb einer Variablen liegen in allen Fällen über den geforderten 0,2 und sind statistisch signifikant. Auch das zweite Kriterium ist in den meisten Fällen erfüllt, eine Ausnahme bildet die Variable „Stärke der Beziehung". Hier sind die Korrelationen des alleinigen Indikators für „gemeinsame Ziele" mit Indikatoren der „Stärke der Beziehung" (3a, 3b, 3c) höher als die Korrelationen der Inkatoren der „Stärke der Beziehung" untereinander. Auch der Indikator 2a, der erste Indikator der Variablen „Anzahl an Verbindungen", korreliert mit den Indikatoren 3a und 3b stärker als einige der Indikatoren der „Stärke der Beziehung" untereinander.

Zunächst soll der Indikator „gemeinsame Ziele" betrachtet werden. Der Indikator „gemeinsame Ziele" korreliert mit drei der vier Aspekte der „Stärke der Beziehung", der Enge, der Häufigkeit und der Reziprozität teilweise höher als einige der Aspekte der „Stärke der Beziehung" untereinander. Diese Ergebnisse lassen sich auf unterschiedliche Gründe zurückführen. Zum einen besteht die Variable „Stärke der Beziehung" aus vier Aspekten. Diese Aspekte bilden zusammen eine Variable und jeder Indikator repräsentiert einen Teil der Variablen. Deshalb sagen die einzelnen Indikatoren nicht unbedingt das Gleiche aus, weshalb sie auch nicht notwendigerweise hoch korrelieren müssen. Die einzelnen Aspekte der Variablen können sich auch ergänzen. Hinzu kommt, dass die vier Aspekte der „Stärke der Beziehung" in der Literatur bereits häufig verwendet und empirisch bestärkt worden sind (Granovetter 1973, S. 1361; Marsden/Campbell 1984, S. 483ff.). Auf der anderen Seite lässt sich eine Gemeinsamkeit zwischen der Variablen „gemeinsame Ziele" sowie der „Stärke der Beziehung" inhaltlich nachvollziehen. Aus diesem Grund wurde in Kapitel 4.3.5.7 eine positive Wirkung der „gemeinsamen Ziele" auf die „Stärke der Beziehung" als Hypothese aufgestellt. Inhaltlich hängen diese Indikatoren folglich unter Umständen zusammen. Vor dem theoretischen Hintergrund des Gesamtkontextes des sozialen Kapitals allerdings gehören die gemeinsamen Ziele näher zur kognitiven Dimension, da hier Gemeinsamkeiten der Akteure im Vordergrund stehen. Diese inhaltliche Zusammengehörigkeit wird auch über die Korrelation zwischen den beiden Indikatoren der kognitiven Dimension bestätigt (0,23**), die nur unwesentlich geringer ausfällt als die Korrelation mit den drei Indikatoren der „Stärke der Beziehung" (0,22**; -0,21**).

Um die Beziehung der Indikatoren zu den zugeordneten Variablen noch weiter zu prüfen, wurde die Trennschärfe für jeden Indikator analysiert. Die Trennschärfe weist die Korrelation jedes Indikators mit der Gesamtskala, die sich unter Ausschluss des betreffenden Indikators ergäbe, aus. Damit kann interpretiert werden, wie sich der Indikator zu den übrigen verhält (Bortz/Döring 2006, S. 219f.; Brosius 2004, S. 812f.). Für einen Trennschärfetest wurden die vier Indikatoren der „Stärke der Beziehung" sowie der eine Indikator der Variablen „gemeinsame Ziele" gemeinsam analysiert. Dabei wurde für jeden Indikator der Wert angegeben, der sich bilden würde, wenn dieser Indikator von der Gesamtskala der fünf Indikatoren ausgeschlossen werden würde. Der Trennschärfetest für die Indikatoren der „Stärke der Beziehung" und dem Indikator der Variablen „gemeinsame Ziele" ist in Tabelle 8 dargestellt.

Indikatoren	Korrigierte Indikatoren-Skala-Korrelation
Stärke der Beziehung	
3a	0,60
3b	0,46
3c	0,41
3d	0,31
Gemeinsame Ziele	
6	**0,30**

Tabelle 8: Trennschärfetest Stärke der Beziehung und Indikator 6

Dargestellt wird in der Tabelle die Korrelation des betreffenden Indikators gemeinsame Ziele (6), mit der um diesen Indikator bereinigten Gesamtskala der restlichen Indikatoren der Variablen „Stärke der Beziehung" (3a-3d). Als Ergebnis wird eine korrigierte Indikatoren-Skala-Korrelation ausgewiesen, in der die gemeinsamen Ziele (6) mit einer geringeren Korrelation mit der Gesamtskala auffallen als die restlichen Indikatoren. Unter Ausschluss des Indikators der Variablen „gemeinsame Ziele" korrelieren die Indikatoren der „Stärke der Beziehung" mit Werten von 0,31 mit 0,60 höher mit der Gesamtskala als der Indikator der Variablen „gemeinsame Ziele", der nur eine Korrelation von 0,30 aufweist. Auch wenn der Unterschied der Korrelation zu dem Indikator 3d (0,31) nur unwesentlich geringer ausfällt, deutet dies darauf hin, dass der Indikator für gemeinsame Ziele (6) möglicherweise nicht dieselbe Größe misst wie die Indikatoren der Variablen „Stärke der Beziehung" (3a-3d) (Brosius 2004, S. 812f.; Schnell/Hill/Esser 1999, S. 444f.). Aus diesen Gründen soll für die Auswertung der Daten der Indikator gemeinsame Ziele (6) weiterhin als repräsentativ für die kognitive Dimension benutzt werden und nicht der „Stärke der Beziehung" zugerechnet werden. Damit kann weiterhin auch die Beständigkeit einiger Hypothesen sichergestellt werden (siehe Kapitel 4.3.4.3; 4.3.5.6; 4.3.5.7; 4.3.5.8).

Die zweite Auffälligkeit stellt der erste Indikator der Variablen „Anzahl an Verbindungen" (2a) dar. Dieser korreliert stärker mit der Enge (3a) und der Häufigkeit der Beziehung (3b) als einige Variablen innerhalb der „Stärke der Beziehung". Diese Korrelation lässt sich nicht zufriedenstellend über die oben geführte Argumentation begründen. Zum einen ist die Korrelation zwischen der Häufigkeit (3b) und der Anzahl (2a) mit 0,46** höher als die soeben analysierte Korrelation zwischen den gemeinsamen Zielen (6) und den Komponenten der „Stärke der Beziehung" (3a-3c). Zum anderen ist die inhaltliche Übereinstimmung zwischen den beiden Indikatoren aufgrund der Formulierung möglicherweise höher als zuvor in der Operationalisierung angenommen. Der Indikator für die „Anzahl an Verbindungen" (2a) fragt danach, ob die Projektmitarbeiter des fokalen Projektteams insgesamt mit den meisten Projektmitarbeitern der Partnerorganisationen Kontakt hatten. Ähnlich dazu wird bei der Häufigkeit (3b) als Teil der „Stärke der Beziehung" erhoben, ob die Akteure sehr oft miteinander gesprochen haben. Für den genauen Wortlaut der Indikatoren siehe Anhang 1. Das Wort „Kontakt" kann in dem ersten Indikator, trotz der zufriedenstellenden Ergebnisse des Pretests, möglicherweise missverstanden worden sein und die Häufigkeit des Miteinandersprechens abgebildet haben.

Auch für den Indikator 2a wird deshalb ein Trennschärfetest durchgeführt. Die Ergebnisse sind in Tabelle 9 abgebildet.

Indikatoren	Korrigierte Indikatoren-Skala-Korrelation
Stärke der Beziehung	
3a	0,56
3b	0,54
3c	0,36
3d	0,33
Anzahl an Verbindungen	
2a	**0,34**

Tabelle 9: Trennschärfetest Stärke der Beziehung und Indikator 2a

Der Indikator 2a fällt bei dem Trennschärfetest nicht aus dem Rahmen, wie dies bei dem Indikator der Variablen „gemeinsame Ziele" (6) geschehen ist. Die Korrelation des Indikators 2a mit der Gesamtskala ist mit 0,34 nicht geringer als beispielsweise die Korrelation des Indikators Intimität 3d, die 0,33 beträgt. Es ist deshalb nicht klar, ob der Indikator nicht inhaltlich der „Stärke der Beziehung" nahe ist (Brosius 2004, S. 812f.).

Hinzu kommt, dass der Cronbachs-Alpha-Wert, wie oben unter Reliabilität erwähnt, für die Variable „Anzahl an Verbindungen" nur 0,4 beträgt. Das wiederum spricht für die schlechte inhaltliche Passung der beiden Variablen. Aus diesen Gründen soll der erste Indikator der Variablen „Anzahl an Verbindungen" aus der Analyse eliminiert werden. Dies ist möglich, da die beiden Indikatoren der Variablen „Anzahl an Verbindungen" als Substitute konstruiert wurden und nicht unterschiedliche Aspekte darstellen. Dadurch erhöht sich die kumulierte erklärte Gesamtvarianz der strukturellen Dimension auf 85,9% (siehe Anhang 7).

Für die Prüfung der Diskriminanzvalidität der unabhängigen Variablen sind in Tabelle 10 die Korrelationen zwischen den Indikatoren dargestellt.

Indikatoren	7a	7b	7c	8a	8b
7a	1	0,32 **	0,49 **	0.29 **	0,34 **
7b		1	0,50 **	0,26 **	0,25 **
7c			1	0,23 **	0,24 **
8a				1	0,84 **
8b					1

	**	Die Korrelation ist auf dem Niveau von 0,01 (2-seitig) signifikant.
	*	Die Korrelation ist auf dem Niveau von 0,05 (2-seitig) signifikant.
		Kritische Korrelation

Tabelle 10: Korrelationstabelle für die unabhängigen Variablen (bivariate Korrelationen nach Pearson)

Das erste Kriterium der Diskriminanzvalidität ist erfüllt, die Korrelationen der beiden Variablen untereinander sind alle höher als 0,2 und statistisch signifikant. Für das zweite Kriterium fällt die Variable „Wissenserwerb Märkte und Produkte" leicht aus dem Rahmen: Die Korrelation des Indikators interne Prozesse (8b) mit dem allgemeinen Indikator für den generellen Wissenserwerb (7a) ist mit 0,34** leicht höher als die Korrelation desselben Indikators (7a) mit dem Indikator für Markt (7b) der Variablen „Wissenserwerb Märkte und Produkte". Diese beträgt nur 0,32**.

Aus diesem Grund wurde auch hier ein Trennschärfentest durchgeführt. Die Ergebnisse sind in Tabelle 11 dargestellt.

Indikatoren	Korrigierte Indikatoren-Skala-Korrelation
Wissenserwerb Märkte und Produkte	
7a	0,51
7b	0,47
7c	0,57
Wissenserwerb interne Prozesse und Projektmanagement	
8b	**0,35**

Tabelle 11: Trennschärfetest Wissenserwerb Märkte und Produkte und Indikator 8b

Der Trennschärfetest für die abhängigen Variablen dagegen gibt ein zufriedenstellendes Bild. Es ergibt sich eine stärkere interne Zusammengehörigkeit der Indikatoren des „Wissenserwerb Märkte und Produkte" (7a-7c) ohne den Indikator interne Prozesse (8b) als mit diesem. Aus diesem Grund sowie abgeleitet aus der inhaltlichen Zugehörigkeit sollen hier dieselben Argumente wie für die gemeinsamen Ziele (6) geltend gemacht werden und die Indikatoren wie theoretisch aufgestellt verwendet werden.

Nach Prüfung der Diskriminanzvalidität wurde eine Verzerrung, die auf die Erhebungsmethode zurückzuführen ist, ausgeschlossen. Eine mögliche Verzerrung aufgrund der Erhebungsmethode wird „Common Method Bias" genannt. Es wird überprüft, ob eine Verzerrung der Korrelation zwischen den abhängigen und unabhängigen Variablen vorliegt, die nicht auf den tatsächlichen Zusammenhang zwischen diesen Variablen, sondern auf die Erhebungsmethode zurückzuführen ist. Ein in der Literatur übliches Verfahren, diese Verzerrung aufzudecken, stellt Harmans Einfaktortest dar (Bachmann 2007, S. 95; Ernst 2003, S. 1259ff.; Podsakoff et al. 2003, S. 889f.; Podsakoff/Organ 1986, S. 536f.; Söhnchen 2007, S. 137). Hierbei können sogenannte „Single Source Bias" ausgeschlossen werden. Dabei handelt es sich um Verzerrungen, die aufgrund der Befragung einer nur alleinigen Quelle oder aufgrund der Befragung zu unterschiedlichen Untersuchungszeitpunkten für unabhängige und abhängige Variablen eintreten. Weiterhin können Verzerrungen ausgeschlossen werden, die auf die Formulierung der Indikatoren oder die Positionierung im Fragebogen sowie den Erhebungskontext zurückzuführen sind (Ernst 2001, S. 87ff.; Ernst 2003, S. 1251f.; Podsakoff et al. 2003, S. 881ff.; Söhnchen 2007, S. 138f.).

Um eine mögliche Verzerrung aufzudecken, wurde eine explorative Hauptkomponentenanalyse, mit allen Indikatoren des aufgestellten Modells, durchgeführt. Das Ergebnis war positiv: Die beiden Voraussetzungen des Harmans Einfaktortest sind erfüllt: (1) Es werden sechs Faktoren gebildet, die unabhängigen und die abhängigen Variablen fallen auseinander. Würde nur ein Faktor gebildet werden, wäre eine hohe gemeinsame Methodenvarianz in den Daten vorhanden und wären somit Verzerrungen sehr wahrscheinlich. (2) Die sechs Faktoren erklären gemeinsam 66% der Varianz und keiner der Faktoren erklärt alleine einen Großteil der Varianz, was auf eine Verzerrung hindeuten würde (Podsakoff et al. 2003, S. 889; Podsakoff/Organ 1986, S. 536).

Um einer Verzerrung aufgrund der Erhebungsmethode vorzubeugen, wurden in der Datenerhebung folgende Techniken angewandt: Zunächst wurde den Auskunftspersonen Anonymität bei der Behandlung ihrer Antworten zugesichert. Dadurch kann die Beantwortung nach der sozialen Erwünschtheit ausgeschlossen werden (Podsakoff et al. 2003, S. 888; Söhnchen 2007, S. 142).

Als Kontrolle wurden weiterhin während der Erhebung zusätzlich zu den 218 befragten Projektleitern 35 weitere Auskunftspersonen der gleichen Organisation um eine Validierung der abhängigen Variablen in dem Projekt sowie einiger allgemeiner Kontrollvariablen gebeten (Podsakoff et al. 2003, S. 887; Söhnchen 2007, S. 141). Die Funktionen der zusätzlich befragten Personen waren die eines in der Organisation hierarchisch höher gestellten Projektleiters, der als Führungskraft mehrere Projekte verantwortete, sowie Mitglieder der Geschäftsführung oder des Vorstands. Es konnten hier keine signifikanten Abweichungen von den Aussagen der restlichen Befragten festgestellt werden.

Zusätzlich wurden bei 60 Projekten die Kontrollvariablen Umsatz, Alter der Organisation sowie Ausgaben für Forschung und Entwicklung anhand von auf der Website der Organisationen veröffentlichten Daten validiert. Die Angaben stimmten ausnahmslos mit denen der Auskunftspersonen überein.

5.2.2 Operationalisierung der Kontrollvariablen

Anschließend an die Operationalisierung der unabhängigen und abhängigen Variablen wird im Folgenden die Operationalisierung der Kontrollvariablen dargestellt. Dabei werden zunächst für die in Kapitel 3.4 vorgestellten theoretischen Einflussfaktoren auf den interorganisationalen Wissenserwerb Kontrollvariablen gefunden. Anschließend werden allgemeine Kontrollvariablen aufgezeigt.

5.2.2.1 Kontrollvariablen für theoretisch begründete Einflussfaktoren auf den interorganisationalen Wissenserwerb

Zusätzlich zu den Variablen des sozialen Kapitals wurden Kontrollvariablen gebildet, die, wie in Kapitel 3.4 aufgezeigt, gegebenenfalls einen Einfluss auf den interorganisationalen Wissenserwerb ausüben. Diese sind die Eigenschaften des Senders und des Empfängers sowie die Eigenschaften des Wissens und der Transferkanäle. Der genaue Wortlaut der Kontrollvariablen kann in Anhang 8 nachgelesen werden.

Eigenschaften des Senders

Zunächst wurde auf eine Abbildung der beiden Einflussgrößen der Eigenschaften des Senders geachtet. Die beiden Einflussgrößen sind zum einen die Motivation des Senders zur Wissensteilung sowie zum anderen dessen Status.

Die *Motivation* des Senders wird zumeist über die Beziehung und im Kontext des sozialen Kapitals insbesondere über die relationale Dimension abgeprüft (Aadne/von Krogh/Roos 1996, S. 14ff.; Adler/Kwon 2002, S. 25ff.; Inkpen 2002, S. 275ff.; Wathne/Roos/von Krogh 1996, S. 60f.). Aus diesem Grund wurde hier keine eigene Kontrollvariable eingeführt.

Der *Status* des Senders wurde über die Kontrollvariable „Innovativität der Partner" abgefragt, die in Kapitel 4.3.2.4 bereits für den Interaktionseffekt mit der „Anzahl an Verbindungen" und der „Heterogenität der Partner" genutzt wurde. Orientierungshilfen waren dabei die in Kapitel 4.3.2.4 genannten Studien, die die Innovativität der Partner mit einem höheren Status verknüpfen (z.B. Ingram 2005, S. 648; Podolny/Stuart 1995). Folglich kann mit der „Innovativität der Partner" eine positive Wirkung auf den interorganisationalen Wissenserwerb assoziiert werden.

Eigenschaften des Empfängers

Die Eigenschaften des Empfängers, konkret die Aufnahmefähigkeit sowie die Bereitschaft, Wissen zu erwerben, wurden über folgende Kontrollvariablen geprüft:

Die *Aufnahmefähigkeit* einer fokalen Projekteinheit oder Organisation wird häufig über die Ausgaben für Forschung und Entwicklung (F&E) abgebildet. Empirisch konnten Zusammenhänge gefunden werden, wie die F&E-Ausgaben die Aufnahmefähigkeit bedingen. Unterstellt wird dabei, dass Organisationen durch die F&E-Aktivitäten organisationales Wissen über bestimmte wissenschaftliche Gebiete und Technologien aufbauen und diese dann in Beziehung zu den Märkten und Produkten der eigenen Organisation setzen können. Dadurch werden sie befähigt, wertvolles externes Wissen zu erkennen und aufzunehmen (Cohen/Levinthal 1989; Cohen/Levinthal 1990, S. 146ff.; ähnlich bei Mowery/Oxley/Silverman 1996, S. 85ff.). Für die Kontrollvariable „F&E-Ausgaben" wurden die Auskunftspersonen zu dem Prozentsatz ihrer F&E-Ausgaben am Umsatz im abgelaufenen Geschäftsjahr befragt (Smith/Collins/Clark 2005, S. 353). Hohe Ausgaben für Forschung und Entwicklung antizipieren, dass die Organisation bereits über ein gewisses Vorwissen verfügt und neues Wissen so leichter mit dem bestehenden verknüpfen kann. Es wird angenommen, dass mit steigender Höhe der Ausgaben für F&E auch der interorganisationale Wissenserwerb wächst, da die Aufnahmefähigkeit einer Organisation erhöht wird (Cohen/Levinthal 1990, S. 146ff.; Cohen/Levinthal 1989; Mowery/Oxley/Silverman 1996, S. 89ff.; Tsai 2001, S. 1000f.).

F&E-Ausgaben werden in der Literatur häufig als Kontrollvariable für die Aufnahmefähigkeit verwendet. Darüber hinaus wurden für die vorliegende Studie weitere Kontrollen für die Aufnahmefähigkeit gefunden. Dabei handelt es sich um Annäherungen, sogenannte Proxies, die nicht genau das theoretische Konstrukt messen, sondern ein verwandtes Gebiet. Dabei soll insbesondere das vorher bereits in der fokalen Organisation vorhandene Wissen abgebildet werden. Ein Proxy ist das „standardisierte Wissensmanagement". Hierbei wurde das Ausmaß erfasst, zu dem in einer Organisation standardisierte Wissensmanagementverfahren, wie beispielsweise interne Wissensdatenbanken oder sogenannte Lessons Learned-Treffen, genutzt werden. Ist in einer Organisation bereits Wissen vorhanden und wird dieses professionell und standardisiert gemanagt, steigen die Fähigkeit, Wissen aufzunehmen, und damit auch der interorganisationale Wissenserwerb (Brookes et al. 2006, S. 475ff.; Cohen/Levinthal 1990, S. 128; Sessing 2006, S. 217).

Ein weiterer Proxy für die Aufnahmefähigkeit stellt die Kontrollvariable „Schulungen" dar. Das vorher in der Organisation vorhandene Wissen lässt sich durch Schulungen der Mitarbeiter und Projektleiter steigern. Es kann davon ausgegangen werden, dass Schulungen das in einer Organisation vorhandene Wissen erhöhen. Liegt demnach eine höhere Schulungsintensität vor, kann der interorganisationale Wissenserwerb gesteigert werden (Cohen/Levinthal 1990, S. 129). Dafür wird in Form von zwei Kontrollvariablen nach der Anzahl an Tagen im Jahr gefragt, die die Mitarbeiter und die Projektleiter jeweils für Schulungen aufbringen.

Um die *Aufnahmebereitschaft* des Empfängers zu testen, wurde der Erwerb von Wissen als ein Grund für die interorganisationale Zusammenarbeit in dem Projekt abgefragt. Die Kontrollvariable „Lernen als Projektgrund" deckt, neben anderen Gründen, das Lernen als konkretes Ziel einer Zusammenarbeit mit anderen Organisationen ab. Sie ist als Dummyvariable mit den beiden Ausprägungen 0 und 1 konstruiert und die Befragten können Lernen als Projektgrund entweder ankreuzen oder nicht[30]. Liegt unter den Akteuren die Bereitschaft oder das konkrete Ziel zum Wissenserwerb vor, kann davon ausgegangen werden, dass dies den interorganisationalen Wissenserwerb fördert (z.B. Child 2001, S. 657; Hamel 1991, S. 90f.; Ingram 2005, S. 649; Salk/Simonin 2003, S. 255; Simonin 2004, S. 409).

Weiterhin stellen auch die bereits bei der Aufnahmefähigkeit aufgeführten „F&E-Ausgaben" das Interesse einer Organisation dar, neues Wissen zu erlangen. Organisation, die in Forschung und Entwicklung investieren haben eine erhöhte Bereitschaft, neues Wissen aufzunehmen. Das spiegelt sich auch in den Mitarbeitern wider (Cohen/Levinthal 1990, S. 146ff.).

---

[30] Eine Dummyvariable zerlegt ein dichotomes Merkmal in die Ausprägung 0 oder 1 (Gierl 1995, S. 157).

Eigenschaften des Wissens

Für die Eigenschaften des Wissens wurden die Kontrollvariablen für das Ausmaß der Komplexität sowie der Tazitness des Wissens eingeführt. Diese Kontrollvariablen stammen aus dem Teilprojekt, in dem die Stichprobe nur aus 128 Fällen besteht.

Die *Komplexität des Wissens* wurde über die Prozentzahl erhoben, die den Anteil an Aufgaben im Projekt widerspiegelt, die von einer einzelnen Person erledigt werden können. Liegt ein hoher Anteil an Aufgaben vor, die eine einzelne Person erledigen kann, so ist das Ausmaß der Komplexität gering (Simonin 1999, S. 600; Zander/Kogut 1995, S. 82). Aus diesem Grund wurde die Kontrollvariable „Komplexität des Wissens" recodiert. Das bedeutet, je höher die Komplexität des Wissens ausfällt, also je weniger Aufgaben von einer einzelnen Person übernommen werden können, desto weniger Wissen kann im interorganisationalen Projekt erworben werden (McEvily/Chakravarthy 2002, S. 300; Reed/DeFillippi 1990, S. 95ff.; Simonin 1999, S. 608ff.).

Das Ausmaß der *Tazitness des Wissens* wurde über die beiden Gegenpole explizites und tazites Wissen abgebildet. Hierbei wird ein Proxy für das Ausmaß der Tazitness des Wissens im interorganisationalen Projekt verwendet. Es geht dabei weniger um den Einfluss der Tazitness auf den interorganisationalen Wissenserwerb, sondern mehr um die Beschaffenheit des Wissens, das in dem interorganisationalen Projekt erworben werden kann. Die Frage bezieht sich auf Wissen, das aus früheren Projekten resultiert und im interorganisationalen Projekt angewendet wird. Die Kontrollvariable „Tazitness des Wissens" wird über vier unterschiedliche Dummyvariablen gemessen, die je zwei Fragen zum expliziten und taziten Wissen beinhalten. Da explizites Wissen als leicht zu übertragendes und formalisierbares Wissen gilt, wurde danach gefragt, ob es sich um Wissen handelt, das formalisiert zum Beispiel in Datenbanken oder Handbüchern gespeichert oder formalisiert in Seminaren vermittelt wurde. Bei dem schwierig zu formalisierenden taziten Wissen, das insbesondere zwischen Einzelpersonen geteilt wird, wurde danach gefragt, ob es informell zwischen Kollegen weitergegeben oder von Einzelpersonen getragen wurde (Nonaka 1994, S. 16; Polanyi 1985, S. 14ff.).

Eigenschaften des Transferkanals

Den letzten theoretisch aufgezeigten Einflussfaktor stellen die Eigenschaften des Transferkanals dar.

Die *Existenz des Transferkanals* wird einerseits über die „Anzahl an Verbindungen" als Variable der strukturellen Dimension bereits abgeprüft. Es kann davon ausgegangen werden, dass, sobald eine Verbindung zwischen zwei Akteuren besteht, zwischen ihnen auch ein Transferkanal existiert. Ein weiterer Proxy kann ein bereits bestehender Kanal sein. Kennen sich die Partnerorganisationen bereits aus früheren Projekten, kann davon ausgegangen werden, dass zwischen ihnen schon ein Transferkanal existiert. Bei der Kontrollvariablen „Kennen aus früherer Zusammenarbeit" wurde auf einer fünfstufigen Intervallskala erhoben, ob die Projektmitarbeiter die Mitarbeiter der Partnerorganisationen bereits aus früherer Zusammenarbeit kannten. Kennen sich die Akteure bereits aus früherer Zusammenarbeit, besteht ein Transferkanal und es kann folglich mehr Wissen erworben werden (Grabher 2004, S. 1493; Huber 1982, S. 145; Parkhe 1993, S. 799ff.).

Für die *Reichhaltigkeit des Transfermediums* wurden die Auskunftspersonen direkt nach ihrem Kommunikationsverhalten mit den drei wichtigsten Partnern im interorganisationalen Projekt befragt und die Reichhaltigkeit des Mediums wurde dabei über drei Kontrollvariablen operationalisiert: der „Anteil der schriftlichen Kommunikation zwischen den Partnern", der „Anteil an persönlicher Kommunikation zwischen den Partnern" sowie die „Häufigkeit der Kommunikation zwischen den Partnern". Alle drei Kontrollvariablen wurden als Prozentangaben erhoben. Je reichhaltiger die Kommunikation zwischen den Partnern stattfindet, desto mehr Wissen kann erworben werden (Nohria/Eccles 1992; Vickery et al. 2004; Wathne/Roos/von Krogh 1996, S. 59ff.). Die Häufigkeit der Kommunikation wird von einigen Autoren in diesem Forschungsrahmen mitbetrachtet und deshalb ebenfalls kontrolliert. Je häufiger die Kommunikation zwischen den Partnern stattfindet, desto mehr Wissen kann erworben werden (Gupta/Govindarajan 1991, S. 777f.). Wie auch bei den Eigenschaften des Wissens liegen bei den drei Indikatoren nur 128 Fällen vor.

5.2.2.2 Allgemeine Kontrollvariablen

Neben den theoretisch begründeten Einflussfaktoren sollen in das Modell allgemeine Kontrollvariablen eingeführt werden, die unter Umständen einen Einfluss auf die abhängige Variable nehmen könnten. Hierzu wurden unterschiedliche Kontrollvariablen geformt. Einerseits Kontrollvariablen, die die fokale Organisation betreffen, sowie andererseits Kontrollvariablen, die sich auf das interorganisationale Projekt beziehen. Die genauen Formulierungen der Kontrollvariablen sind in Anhang 9 abgebildet.

Ebene der fokalen Organisation

Auf Ebene der fokalen Organisation könnte die *Größe der Organisation* einen Einfluss auf den interorganisationalen Wissenserwerb haben, da größere Organisationen mehr Ressourcen zur Verfügung haben und dadurch möglicherweise mehr Kapazitäten um Wissen zu erwerben (Henderson/Clark 1990, S. 16ff.; Ingram 2005, S. 648; Marquardt/Reynolds 1994, S. 35ff.). Andererseits sind häufig auch gerade kleine Organisationen innovativer, weil sie flexibler reagieren können und so möglicherweise eher bereit sind, neues Wissen interorganisational zu erwerben (Cohen 1995, S. 185).

Um die Größe einer Organisation zu erfassen, wurde die Kontrollvariable „Umsatz" anhand der Angaben in Euro im zur Zeit der Studie abgelaufenen Geschäftsjahr, also 2005, gemessen. Um stark auseinanderfallende Werte vergleichbar zu halten und Verzerrungen zu vermeiden, wurde der natürliche Logarithmus gebildet (siehe für ein vergleichbares Vorgehen Simonin 1997, S. 1164; Smith/Collins/Clark 2005, S. 353). Weiterhin stellt der Auslandsumsatz ein Merkmal für die Größe einer Organisation dar. Insbesondere im deutschen Maschinen- und Anlagenbau scheint dies eine relevante Kontrollgröße zu sein, da der Export dort eine entscheidende Rolle spielt (siehe Kapitel 5.1.1.1). Die Kontrollvariable „Auslandsumsatz" beschreibt den Anteil, den der Umsatz im Ausland am Gesamtumsatz der Organisation hatte. Auch hier wurde als Referenzmaß das Jahr 2005 verwendet. Die „Anzahl der Mitarbeiter" stellt eine weitere Abbildung für die Größe einer Organisation dar. Wie auch bei dem Umsatz kann möglicherweise eine Organisation mit vielen Mitarbeitern mehr Wissen erwerben als eine Organisation mit wenig Mitarbeitern, da jeder Mitarbeiter eine Chance darstellt, neues Wissen für die Organisation aufzunehmen (Muthusamy/White 2005, S. 428; Simonin 1997, S. 1164). Dafür wurde die ungefähre Anzahl an Mitarbeitern einer Organisation erhoben. Sofern es sich bei der Organisation um einen Konzern mit mehreren selbständigen Geschäftsbereichen oder strategischen Geschäftseinheiten handelte, wurde die Anzahl an Mitarbeitern des jeweiligen rechtlich selbständigen Geschäftsbereichs beziehungsweise der jeweiligen strategischen Geschäftseinheit abgefragt.

Neben der Größe kann auch das *Alter einer Organisation* einen Einfluss auf den interorganisationalen Wissenserwerb nehmen (Dodgson 1993, S. 32). Je älter eine Organisation ist, desto größer könnte ihr bereits vorhandener Wissensbestand sein und damit würde die Fähigkeit erhöht, neues Wissen aufzunehmen (Rao/Drazin 2002, S. 499; Sorensen/Stuart 2000, S. 83ff.). Die Kontrollvariable „Alter der Organisation" wurde über die Zeitspanne von dem erfragten Gründungsjahr bis zum Zeitpunkt der Studie, 2006, berechnet.

Weiterhin kann die *Branche* einen potentiellen Einflussfaktor darstellen, da interorganisationale Projekte von Branche zu Branche unterschiedlich sein können. Genauso können auch das soziale Kapital sowie der interorganisationale Wissenserwerb in verschiedenen Branchen unterschiedlich ausgeprägt sein (Appleyard 1996, S. 140ff.; Ekstedt et al. 1999, S. 56; Rowley/Behrens/Krackhardt 2000, S. 373ff.). So stellt Hagedoorn als einen Einflussfaktor für die Formation von interorganisationalen Partnerschaften die Eingebundenheit in die Umwelt heraus. Seiner These folgend kann es Unterschiede im Verhalten der Organisationen geben, abhängig von dem Land oder der Branche, in der sie operieren (Hagedoorn 2006, S. 672f.). Um diese Effekte zu minimieren, wurde die vorliegende Studie auf ein Land und eine Branche, den deutschen Maschinen- und Anlagenbau, beschränkt und die Branche repräsentativ abgebildet. Jedoch kann die starke Heterogenität des deutschen Maschinen- und Anlagenbaus möglicherweise einen Unterscheidungsfaktor darstellen (siehe Kapitel 5.1.1.2). So könnten einzelne Teilbranchen den interorganisationalen Wissenserwerb als wichtiger erachten als andere. Aus diesem Grund wurde die Kontrollvariable „Branche: NACE-Codes" eingeführt, die die

Stichprobe in die sieben Subgruppen der in Kapitel 5.1.1.2 und Tabelle 1 (siehe vorliegende Arbeit S. 97) beschriebenen NACE-Codes unterteilt. Da auch zwischen Projekten aus dem reinen Maschinenbau und Projekten aus dem reinen Anlagenbau Unterschiede bestehen können, beispielsweise augrund ihrer Größe, wurde anhand einer Dummyvariablen auch dieser Unterschied kontrolliert. Zusätzlich wurde auch die Mischform der beiden Unterbranchen, Projekte aus dem Maschinen- und Anlagenbau, als einzelne Variante erhoben. Diese zweite Kontrollvariable wurde „Branche: allgemein" genannt.

Ebene des interorganisationalen Projektes

Auf Ebene des interorganisationalen Projektes spielt als Kontrolle ebenfalls die Größe eine Rolle, in Form der *Projektgröße*. Ähnlich wie im organisationalen Kontext stehen in einem großen Projekt mehr Ressourcen zur Verfügung. Damit verbunden hat ein großes Projekt möglicherweise mehr Kapazitäten, um Wissen zu transferieren und zu erwerben. Die Größe von interorganisationalen Projekten kann sich in dem Budget sowie in der Anzahl der Projektmitarbeiter unterscheiden (Inkpen 2002, S. 271; Marr/Steiner 2004, S. 1197). In der empirischen Studie wurde für die Kontrollvariable „Budget" konkret nach dem jeweiligen Budget des interorganisationalen Projektes in Euro gefragt. Für die Anzahl der am Projekt beteiligten Mitarbeiter wurden drei Kontrollvariablen erhoben: Zum einen die „Anzahl der Projektpartner", hierbei wurde die Anzahl der Partnerorganisationen, die am interorganisationalen Projekt beteiligt waren, abgefragt. Zum Zweiten die „Anzahl der Mitarbeiter im interorganisationalen Gesamtprojekt", hierbei wurde die Anzahl aller Mitarbeiter des interorganisationalen Projektes erhoben. Dies beinhaltet sowohl die Mitarbeiter des Teilprojektes der fokalen Organisation als auch die Mitarbeiter der Partnerorganisationen, die in dem interorganisationalen Projekt involviert waren. Als dritte Kontrolle diente die „Anzahl der Mitarbeiter im Teilprojekt der fokalen Organisation", bei der die Gesamtzahl der Mitarbeiter gezählt wurde, die seitens der fokalen Organisation an dem interorganisationalen Projekt mitgewirkt haben. Je mehr Mitarbeiter an dem interorganisationalen Projekt beteiligt sind, desto mehr Möglichkeiten ergeben sich, von den externen Mitarbeitern Wissen zu erwerben, da sowohl mehr Sender als auch Empfänger von Wissen vorhanden sind (Uzzi 1997, S. 40ff.).

Eine weitere Kontrolle stellt die *Dauer des interorganisationalen Projektes* dar. Die Kontrollvariable „Dauer des Projektes" wurde über die Laufzeit in Monaten operationalisiert. Hierbei wird ebenfalls die Möglichkeit erhöht, Wissen zu senden, oder zu empfangen, je länger die Zusammenarbeit dauert (Brookes et al. 2006, S. 470ff.).

Mögliche *Gründe für die interorganisationale Zusammenarbeit* können ebenfalls den interorganisationalen Wissenserwerb beeinflussen. Es wurde deshalb nach allen Gründen gefragt, aus denen das Projekt in Zusammenarbeit mit Partnerorganisationen durchgeführt wurde. Neben den vier aus der Literatur vorgegebenen Gründen Kapazitätserfordernisse/Projektgröße, spezielle Kompetenzen der Partner, Projektfinanzierung sowie Lernen von den Projektpartnern (Child 2001, S. 666;

Madauss 2000, S. 113) gab es die Möglichkeit unter dem Punkt „Sonstige" weitere Gründe aufzuzählen. Die Ergebnisse wurden kategorisiert in die folgenden drei zusätzlichen Gründe: interorganisationale Zusammenarbeit aufgrund einer bestehenden Partnerschaft, gesetzliche Anforderungen sowie Kundenforderung. Jeder der sieben Gründe wurde als binärcodierte Dummyvariable in das Modell eingeführt und als Kontrollvariable „Gründe für ein interorganisationales Projekt" bezeichnet.

Auch der *Erfolg oder Misserfolg des interorganisationales Projektes* kann den interorganisationalen Wissenserwerb beeinflussen. Wahrscheinlich wird Wissen von Partnerorganisationen eher übernommen, wenn das gemeinsame Projekt ein Erfolg war (Smith-Doerr/Manev/Rizova 2004, S. 62ff.). Ausgehend von dieser These war ein Auswahlkriterium für die Aufnahme des interorganisationalen Projektes in die Stichprobe der Erfolg des Projektes (siehe Kapitel 5.1.3). Ein erfolgreiches Projekt wurde zum einen definiert über die Effektivität, also die Zielerreichung der klassischen Erfolgsfaktoren wie Kosten, Qualität und Zeit (Atkinson 1999, S. 338; Corsten 2000, S. 44; Kerzner 2006, S. 4; Madauss 2000, S. 68). Zum anderen über die ökonomische Tragfähigkeit, also ob es zum Gesamtorganisationserfolg der Organisation beigetragen hat (Karlsen/Gottschalk 2004, S. 3; Miller/Lessard 2000, S. 14f.; Shenhar et al. 2001, S. 705). Als Kontrolle wurden zusätzlich 30 interorganisationale Projekte mit in die Stichprobe aufgenommen, die von den Projektleitern als, nach den oben genannten Kriterien, nicht erfolgreich bezeichnet wurden. Die Kontrollvariable „Erfolg des interorganisationalen Projektes" wurde als binärcodierte Dummyvariable behandelt.

Weiterhin kann die *Beschaffenheit der Aufgabe* eine Wirkung auf den interorganisationalen Wissenserwerb haben. Aus diesem Grund wurde die Unsicherheit der Aufgabe, die Kontrollvariable „Aufgabenunsicherheit", über drei Indikatoren gemessen, die Folgendes abbilden: Zum einen messen sie das Ausmaß, zu dem das Projekt aus neuartigen Aufgabenstellungen und Lösungsansätzen bestand. Zum anderen stellen sie dar, ob standardisierte Vorgehensweisen und Verfahren existierten oder sich diese erst schrittweise während des Projektes ergaben (van de Ven/Ferry 1980, S. 434; Bensaou/Venkatraman 1995, S. 1479). Der Cronbachs-Alpha-Wert der drei Variablen beträgt 0,60. Für die Kontrollvariable „Aufgabenunsicherheit" wurde ein additiver Index gebildet, wie auch bei den abhängigen und unabhängigen Variablen. Besteht eine hohe Unsicherheit bezüglich der Aufgaben, die die Mitarbeiter im Projekt zu erledigen haben, können Programme oder standardisierte Verfahren schwieriger angewendet werden. Für die Performance einer Organisation kann dies einen Nachteil darstellen, da hohe Unsicherheit zu Fehlern und langsameren Arbeitsabläufen führen kann (Bensaou/Venkatraman 1995, S. 1474ff.; van de Ven/Delbecq 1974, S. 324). Für den interorganisationalen Wissenserwerb allerdings kann eine hohe Aufgabenunsicherheit vorteilhaft sein, wenn dadurch der Abstimmungsbedarf im interorganisationalen Projekt zunimmt. Mit einem steigenden Abstimmungsbedarf steigt die Kommunikation zwischen den beteiligten Organisationen und so wird die Möglichkeit erhöht, neues Wissen zu erwerben (Söderlund/Andersson 1998, S. 186).

Zusammenfassung

Mit der Operationalisierung der einzelnen Variablen sowie der Erläuterung der Stichprobe wurde in Kapitel 5 die Grundlage für die Auswertung der Daten gelegt. Die ausgewählte Branche, der deutsche Maschinen- und Anlagenbau, erscheint geeignet um die Hypothesen zu prüfen. Auch die messtheoretischen Grundlagen sind zufriedenstellend, so dass die Hypothesen in der geplanten Form statistisch ausgewertet werden können.

6 Auswertung und Darstellung der Ergebnisse der empirischen Untersuchung

In Kapitel 6 werden die Ergebnisse der empirischen Studie ausgewertet und dargestellt. Zunächst wird die statistische Auswertung des Modellgerüsts demonstriert. Dazu gehören die Auswahl der Analysemethode, das Vorgehen bei der Auswertung sowie das Ergebnismodell. Daran anschließend werden die bestätigten und nicht bestätigten Hypothesen zusammengefasst. Als Letztes werden die abweichenden Ergebnisse in einer ausführlichen Diskussion erörtert und mögliche Erklärungsansätze dafür gefunden.

6.1 Statistische Auswertung des Modells

6.1.1 Auswahl der Analysemethode

Die in Kapitel 4.3 theoretisch aufgestellten Hypothesen wurden mit Hilfe eines Strukturgleichungsmodells getestet. Dieses ist insbesondere für die hier zu beantwortende Fragestellung geeignet, da sich damit komplexe Kausalstrukturen, insbesondere Beziehungen mit mehreren abhängigen Variablen, abbilden lassen. Die Methode wurde aus dem Grund der vermuteten Wirkungen der unabhängigen Variablen untereinander gewählt. Einfache oder multiple Regressionen sowie auch multiple Varianzanalysen wären hier nicht in der Lage, dieses komplexe Wirkungsgeflecht zwischen den unabhängigen Variablen und deren Wirkung auf zwei abhängige Variablen darzustellen (Backhaus et al. 2003 S. 9ff.; Hair et al. 2006, S. 711ff.). In einem vollständigen Strukturgleichungsmodell würde zusätzlich noch die Möglichkeit bestehen, latente, also nicht beobachtbare, Variablen und deren mehrstufige Kausalbeziehungen zueinander zu untersuchen. In der Literatur zur Methodik von Strukturgleichungsmodellen wird jedoch insbesondere in neueren Veröffentlichungen gefordert, die Komplexität eines solchen Modells gering zu halten (Diller 2006, S. 612; Homburg/Klarmann 2006, S. 727). Um die Komplexität des bereits aus vielen Variablen bestehenden Gesamtmodells nicht unnötig zu vergrößern, wurden keine latenten Variablen in das Modell aufgenommen, es liegt demnach die Form eines sogenannten Pfadmodells vor (Reinecke 2005, S. 45ff.). Sowohl die unabhängigen als auch die abhängigen Variablen sind durch die Indexbildung auf Basis der explorativen und konfirmatorischen Faktorenanalysen zu direkt messbaren Konstrukten umgewandelt worden (siehe Kapitel 5.2.1.1; 5.2.1.2)[31].

---

[31] Die Entscheidung für die Nicht-Aufnahme von latenten Variablen in das Messmodell erleichtert zusätzlich auch den Umgang mit der aktuellen Diskussion in der Literatur über die Unterscheidung zwischen reflexiven oder formativen Konstrukten in Strukturgleichungsmodellen (siehe z.B. Diamantopoulos/Winklhofer 2001; Diller 2006, S. 613; Eberl 2006; Fassott 2006;

Zur Analyse wurde das Programm AMOS (Analysis of Moment Structures), Version 7.0, gewählt. Zur Berechnung der Abhängigkeiten wurde auf die Standardmethode, Maximum Likelihood, zurückgegriffen (Backhaus et al. 2003, S. 362ff.; Reinecke 2005, S. 377f.).

6.1.2 Vorgehen bei der statistischen Auswertung

Als erster Schritt der Hypothesenprüfungen wurde ein Pfadmodell mit allen in Kapitel 4.3 postulierten Hypothesen aufgestellt und mit AMOS errechnet. Dazu wurden zunächst theoretisch begründete Wirkungen der unabhängigen auf die abhängigen Variablen sowie die Wirkungen zwischen den unabhängigen Variablen überprüft.

Zusätzlich zu den aufgeführten Hypothesen wurde ein vermuteter Pfad zwischen den beiden abhängigen Variablen des interorganisationalen Wissenserwerbs eingeführt. Ein statistischer Zusammenhang erscheint hier naheliegend aufgrund der engen inhaltlichen Zusammengehörigkeit zwischen den beiden abhängigen Variablen trotz der Tatsache, dass sie in der Faktorenanalyse in zwei Faktoren zerfallen. Inhaltlich lässt sich insbesondere eine gerichtete Wirkung des „Wissenserwerbs Märkte und Produkte" auf den „Wissenserwerb interne Prozesse und Projektmanagement" vermuten: Zum einen ist bei der Variablen „Wissenserwerb Märkte und Produkte" auch der allgemeine Wissenserwerb (7a) integriert. Wenn generelles Wissen erworben wird, ist damit die Wahrscheinlichkeit gegeben, dass es sich dabei möglicherweise um Projektmanagement und interne Prozesse handelt. Zum anderen wird unter Umständen, wenn Wissen über neue Märkte, Produkte oder Technologien erworben wird, häufig auch gleichzeitig Wissen über die Umsetzung des Wissens im organisatorischen Sinne, wie über das Projektmanagement oder über interne Prozesse, erworben.

Um die Komplexität weiterhin zu verringern, wurden in einem zweiten Schritt die Variablen, die keine Wirkungen zu anderen unabhängigen oder den abhängigen Variablen innehatten, aus dem Modell eliminiert. Dabei handelt es sich um die beiden Variablen „Heterogenität der Partner" sowie „Anzahl und Innovativität".

Als nächster Schritt wurde die Wirkung aller theoretisch in Frage kommenden Kontrollvariablen auf die abhängigen Variablen in dem Pfadmodell geprüft. Für

---

Hildebrandt/Temme 2006, S. 6ff.; Williams/Edwards/Vandenberg 2003, S. 906). Diese Diskussion soll hier nicht extra geführt werden. Die einzelnen Indikatoren werden in der vorliegenden Arbeit nicht Teil des Messmodells, da anstatt der latenten Variablen additive Verknüpfungen der Indikatoren in das Modell mit aufgenommen werden. Die additiven Verknüpfungen werden sowohl für reflexive Indikatoren als auch für korrelierende formative Indikatoren empfohlen, um im zweiten Fall eine Multikollinearität der Indikatoren zu vermeiden (Albers/Hildebrandt 2006, S. 25). Insbesondere die Aufnahme von formativen Indikatoren in Strukturgleichungsmodellen ist in der methodischen Literatur noch wenig erforscht und wird als sehr aufwändig beschrieben, so dass davon abgeraten wird (Albers/Hildebrandt 2006, S. 27; Christophersen/Grape 2007, S. 108).

einige Kontrollvariablen liegt nur eine Fallzahl von 128 vor. Aus diesem Grund wurde hier die Vorgabe von AMOS, ohne fehlende Werte zu rechnen gelockert und fehlende Werte zugelassen (Arbuckle 2006, S. 273ff.). Bei dieser Methode wird eine Fallzahl von 218 bei den restlichen Variablen beibehalten, und bei den restlichen Variablen mit fehlenden Werten gerechnet. Aus diesem Grund werden die Gütekriterien für zwei Messmodelle angegeben, die in Kapitel 6.1.3 dargestellt werden. Anschließend wurden die Kontrollvariablen, deren Wirkung auf die abhängigen Variablen nicht signifikant war, eliminiert.

6.1.3 Ergebnismodell mit Gütekriterien

Abbildung 15 stellt das endgültige Pfadmodell mit allen signifikanten Wirkungen der unabhängigen sowie der Kontrollvariablen auf die abhängigen Variablen dar.

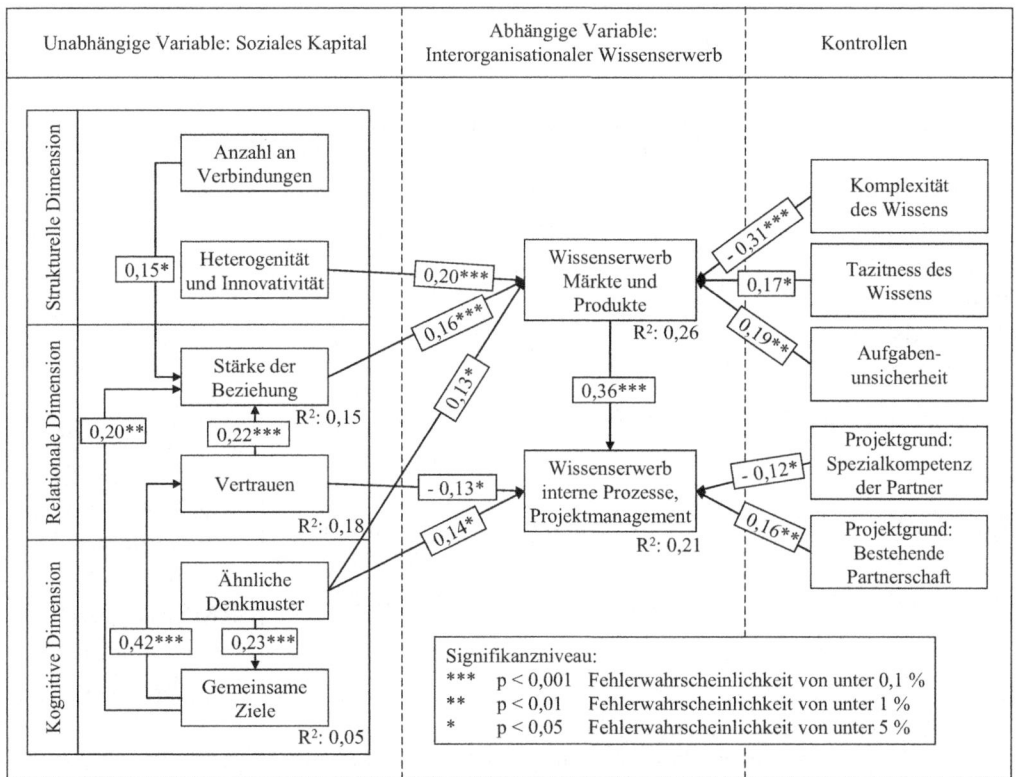

Abbildung 15: Ergebnismodell mit unabhängigen, abhängigen und Kontrollvariablen

Für die Beurteilung des Pfadmodells sind zunächst die einzelnen Pfadkoeffizienten relevant. Die Pfeile zwischen den einzelnen Variablen stehen für die statistisch signifikanten Wirkungen. Auf den Pfeilen sind die jeweiligen Wirkungen sowie die Signifikanz dieser Wirkungen abgebildet. Liegt zwischen zwei Variablen kein Verbindungspfeil vor, konnte hierfür kein statistisch signifikanter Zusammenhang gefunden werden. Wirkungspfeile, die keine signifikante Wirkung ausüben, wurden aus dem statistischen Modell eliminiert. Wie bereits angesprochen wurden die Variablen, denen keine statistische Wirkung auf andere Variablen nachgewiesen werden konnte, ebenfalls aus dem Modell entfernt. Herausgenommen wurden auf diesem Wege die beiden unabhängigen Variablen „Heterogenität der Partner" und „Anzahl und Innovativität" sowie etliche Kontrollvariablen.

Zur Beurteilung der Güte des Pfadmodells wird auf dieselben Gütekriterien zurückgegriffen wie bei der konfirmatorischen Faktorenanalyse (siehe Kapitel 5.2.1.2 sowie Anhang 6 für eine detailliertere Erklärung der einzelnen Gütemaße). Die Gütekriterien des Ergebnismodells sowie eines extra berechneten Teilmodells sind, zusammen mit den Sollwerten, in Tabelle 12 abgebildet.

Gütekriterium	Abkürzung	Wert in Gesamtmodell	Wert in Teilmodell	Sollwerte
Chi-Quadrat/ Freiheitsgrade	χ^2/df	1,618 (erfüllt)	1,690 (erfüllt)	$\chi^2/df \leq 2,5$
Goodness-of-Fit-Index	GFI	nicht errechenbar	0,949 (erfüllt)	$GFI \geq 0,9$
Adjusted-Goodness-of-Fit-Index	AGFI	nicht errechenbar	0,917 (erfüllt)	$AGFI \geq 0,9$
Root Mean Square Error of Approximation	RMSEA	0,053 (guter Modellfit)	0,056 (akzeptabler Modellfit)	$RMSEA \leq 0,05$: guter Modellfit; $RMSEA \leq 0,08$: akzeptabler Modellfit; $RMSEA \geq 0,10$: inakzeptabler Modellfit

Tabelle 12: Gütekriterien für das Ergebnismodell
(Browne/Cudeck 1993, S. 136ff.; Homburg/Baumgartner 1995, S. 172)

Für die Beurteilung des Gesamtmodells sind insbesondere der Wert des Chi-Quadrats im Verhältnis zu den Freiheitsgraden (χ^2/df) sowie der Root Mean Square Error of Approximation (RMSEA) relevant. Der χ^2/df-Wert liegt mit 1,618 deutlich unter den geforderten 2,5, damit zeigt es einen guten Modellfit an. Auch der RMSEA stellt mit 0,053 einen guten Modellfit dar.

Zusätzlich zu den Gütekriterien im Gesamtmodell werden noch Werte für das Teilmodell ausgewiesen. Da in dem Gesamtmodell für die beiden Kontrollvariablen „Komplexität des Wissens" und „Tazitness des Wissens" nur 128 anstatt 218 Fälle vorliegen, können zwei der Gütekriterien, der Goodness-of-Fit-Index (GFI) und der Adjusted-Goodness-of-Fit-Index (AGFI), nicht errechnet werden. Grund dafür ist, dass für die Erstellung der beiden Gütekriterien nicht mit fehlenden Werten gerechnet werden kann. Es wird hier deshalb zusätzlich noch das Teilmodell, ohne die beiden Kontrollen, berechnet. Für das Teilmodell sind die Gütekriterien dargelegt. Das Teilmodell ist in Anhang 10 abgebildet, es weist gegenüber dem Gesamtmodell keine großen Unterschiede auf[32]. Sowohl der GFI als auch der AGFI liegen in dem Teilmodell über 0,9 und somit ist auch dieses Kriterium erfüllt.

Es kann daher zusammenfassend von einem „sehr guten" Modell gesprochen werden (Backhaus et al. 2003, S. 410). Das bedeutet, dass die Gesamtstruktur des theoretisch aufgestellten Modells gut durch das statistische Modell abgebildet wird (Backhaus et al. 2003, S. 372ff.; Browne/Cudeck 1993, S. 136ff.; Homburg/Baumgartner 1995, S. 172).

Für die Beurteilung von Strukturgleichungsmodellen wird in der Literatur vorwiegend die Güte des Gesamtmodells als relevant angesehen. Kriterien für die Betrachtung anderer Techniken, wie bei einfachen und multiplen Regressionen, sind dagegen für komplexe Strukturgleichungsmodelle weniger geeignet (Hair et al. 2006, S. 718). Dennoch lassen sich aus den vorliegenden R^2-Werten Interpretationen ableiten. Der R^2-Wert ist in Abbildung 15 unter der jeweils abhängigen Variable angegeben. Er weist aus, wie viel Prozent der abhängigen Variablen von den unabhängigen Variablen erklärt wird (Reinecke 2005, S. 38; 50). Durch das bestehende Modell werden 26% der abhängigen Variablen „Wissenserwerb Märkte und Produkte" und 21% der abhängigen Variablen „Wissenserwerb interne Prozesse und Projektmanagement" erklärt. Dieser Wert ist zufriedenstellend, da der interorganisationale Wissenserwerb, wie in Kapitel 3 dargestellt, die unterschiedlichsten Einflüsse haben kann und deshalb nicht allein über das hier dargelegte Konzept erklärt werden kann.

Bei den Wirkungen der Variablen des sozialen Kapitals untereinander sind drei weitere R^2-Werte relevant. Die „Stärke der Beziehung" wird zu 15% von den anderen Variablen des sozialen Kapitals, der „Anzahl an Verbindungen", dem „Vertrauen" sowie den „gemeinsamen Zielen", erklärt. Das „Vertrauen" wird zu 18%

---

[32] Einen Unterschied machen die Signifikanzen der Wirkungen „Heterogenität und Innovativität" sowie „Stärke der Beziehung" auf den „Wissenserwerb Märkte und Produkte". Im Gesamtmodell liegt die Fehlerwahrscheinlichkeit unter 0,1%, in dem Teilmodell nur bei 1%. In beiden Fällen sind die Wirkungen an der Grenze, so dass diese Änderung höchstwahrscheinlich an dem Einfluss der kleineren Fallzahl, mit der die Kontrollvariablen gemessen wurden, liegt. Deshalb ist sie zu vernachlässigen.

von den „gemeinsamen Zielen" erklärt und die „gemeinsamen Ziele" zu 5% von den „ähnlichen Denkmustern".

6.2 Übersicht über bestätigte und nicht bestätigte Hypothesen

Nach einer Darstellung der Ergebnisse sollen die Hypothesen geprüft werden. Eine Übersicht über die bestätigten und nicht bestätigten Hypothesen ist in Tabelle 13 dargestellt.

An Wirkungen des sozialen Kapitals auf den interorganisationalen Wissenserwerb als abhängige Variable kann lediglich Hypothese 7, die positive Wirkung ähnlicher Denkmuster auf den interorganisationalen Wissenserwerb, verifiziert werden.

Teilweise bestätigt werden die Hypothesen 3 und 5. So wirken die Interaktionsvariable „Heterogenität und Innovativität" (H3) sowie die Variable „Stärke der Beziehung" (H5) positiv auf den „Wissenserwerb Märkte und Produkte". Nicht nachgewiesen werden kann Hypothese 6. Alternativ jedoch kann eine signifikant negative Wirkung der Variablen „Vertrauen" (H6) auf den „Wissenserwerb interne Prozesse und Projektmanagement" herausgefunden werden.

Nicht bestätigt werden können darüber hinaus die Hypothesen der Variablen „Heterogenität der Partner" (H1), „Anzahl an Verbindungen" (H2) sowie der Interaktionsvariablen „Anzahl und Innovativität" (H4). Auch die angenommene positive Wirkung von „gemeinsamen Zielen" (H8) auf den interorganisationalen Wissenserwerb kann nicht gefunden werden.

Von den Wirkungen der Variablen des sozialen Kapitals untereinander können die Hypothesen 12b, 14, 15 und 16 bestätigt werden. Das bedeutet, die Variable „Vertrauen" wirkt sich positiv auf die „Stärke der Beziehung" aus (H12b), die umgekehrte Wirkung von „Stärke der Beziehung" auf „Vertrauen" (H12a) kann in dem Gesamtmodell nicht nachgewiesen werden. Darüber hinaus wirken „ähnliche Denkmuster" positiv auf „gemeinsame Ziele" (H14). „Gemeinsame Ziele" wirken wiederum positiv auf die „Stärke der Beziehung" (H15) wie auch auf das „Vertrauen" (H16).

Nicht bestätigt wird dagegen eine negative Wirkung der „Anzahl an Verbindungen" auf die „Stärke der Beziehung" (H10). Anstatt einer negativen Wirkung der „Anzahl an Verbindungen" auf die „Stärke der Beziehung" kann jedoch ein signifikant positiver Zusammenhang festgestellt werden. Auch die negative antizipierte Verbindung der „Heterogenität der Partner" und der „ähnlichen Denkmuster" (H11) kann statistisch nicht nachgewiesen werden. Weiterhin wird die positive Wirkung der „Stärke der Beziehung" auf „ähnliche Denkmuster" (H13) nicht bestätigt.

Hypothesen	Unabhängige Variable	Abhängige Variable	Vermutete Wirkung	Bestätigt/ nicht bestätigt	Alternative Wirkung
H1	Heterogenität der Partner		positiv	Nicht bestätigt	
H2	Anzahl an Verbindungen		positiv	Nicht bestätigt	
H3	Heterogenität und Innovativität		positiv	Teilweise bestätigt	Wissenserwerb Märkte und Produkte
H4	Anzahl und Innovativität	Inter-organisationaler Wissenserwerb	positiv	Nicht bestätigt	
H5	Stärke der Beziehung		positiv	Teilweise bestätigt	Wissenserwerb Märkte und Produkte
H6	Vertrauen		positiv	Nicht bestätigt	**Negative Wirkung:** Wissenserwerb interne Prozesse und Projektmanagement
H7	Ähnliche Denkmuster		positiv	Bestätigt	
H8	Gemeinsame Ziele		positiv	Nicht bestätigt	
H9	Anzahl an Verbindungen	Heterogenität der Partner	positiv	Nicht bestätigt	
H10	Anzahl an Verbindungen	Stärke der Beziehung	negativ	Nicht bestätigt	**Positive Wirkung**
H11	Heterogenität der Partner	Ähnliche Denkmuster	negativ	Nicht bestätigt	
H12a	Stärke der Beziehung	Vertrauen	positiv	Nicht bestätigt	
H12b	Vertrauen	Stärke der Beziehung	positiv	Bestätigt	
H13	Stärke der Beziehung	Ähnliche Denkmuster	positiv	Nicht bestätigt	
H14	Ähnliche Denkmuster	Gemeinsame Ziele	positiv	Bestätigt	
H15	Gemeinsame Ziele	Stärke der Beziehung	positiv	Bestätigt	
H16	Gemeinsame Ziele	Vertrauen	positiv	Bestätigt	

Tabelle 13: Übersicht über die bestätigten und nicht bestätigten Hypothesen

Von den Kontrollvariablen wirken im Falle der theoretisch begründeten Einflussfaktoren lediglich die Eigenschaften des transferierten Wissens. Die „Komplexität des Wissens" wirkt negativ auf den „Wissenserwerb Märkte und Produkte". Bei der Kontrollvariablen „Tazitness des Wissens" wirkt die dritte Dummyvariable auf den „Wissenserwerb Märkte und Produkte". Von den allgemeinen Kontrollvariablen wirkt die Variable „Aufgabenunsicherheit" auf die abhängige Variable „Wissenserwerb Märkte und Produkte". Als Gründe für die interorganisationale Projektzusammenarbeit wirken die Spezialkompetenz der Partner negativ sowie die bestehende Partnerschaft positiv auf den „Wissenserwerb interne Prozesse und Projektmanagement". Die beiden Kontrollvariablen werden mit „Projektgrund: Spezialkompetenz der Partner" und „Projektgrund: Bestehende Partnerschaft" bezeichnet.

Nach der Vorstellung der bestätigten und nicht bestätigten Hypothesen sollen im folgenden Kapitel schwerpunktmäßig die Ergebnisse diskutiert werden, die von der aufgestellten Theorie abweichen.

6.3 Diskussion der Ergebnisse

Wie die Übersicht über die bestätigten und nicht bestätigten Hypothesen zeigt, ergibt die Auswertung der empirischen Daten ein differenzierteres Bild an Wirkungszusammenhängen als zunächst theoretisch angenommen. Nur manche Variablen wirken auf den interorganisationalen Wissenserwerb und die Wirkungen unterscheiden sich nach den beiden inhaltlichen Arten des interorganisationalen Wissenserwerbs. Um die Abweichungen zu erklären, werden im Folgenden zunächst die beiden abhängigen Variablen betrachtet. Zudem wird auf mögliche Unterschiede zwischen den beiden Wissensarten eingegangen. Die beiden inhaltlichen Arten des interorganisational zu erwerbenden Wissens wurden bereits in Kapitel 3.2 vorgestellt und mit Markt- und Produktwissen sowie Wissen über interne Prozesse und Projektmanagement benannt. Auf die Unterschiede der Wissensarten aufbauend, werden die unabhängigen Variablen diskutiert und dabei insbesondere deren differenzierte Wirkungen auf die beiden abhängigen Variablen betrachtet. Abschließend werden die divergierenden Wirkungen der Variablen des sozialen Kapitals untereinander erörtert.

Für eine Erklärung der abweichenden Ergebnisse wird wie folgt vorgegangen: Zunächst werden Begründungen aus der Literatur dafür gesucht. Diese werden dann mit weiteren Ergebnissen aus der empirischen Studie unterstrichen. Dazu werden bestehende oder weitere Kontrollvariablen benutzt. Darüber hinaus werden Erkenntnisse aus Gesprächen mit Experten der Maschinen- und Anlagenbaubranche dargestellt, welche das Ziel verfolgen, die theoretischen und empirischen Funde zu verifizieren. Zu diesem Zweck wurden nochmals sieben persönliche Gespräche mit Experten der Branche, die auch an der Studie beteiligt waren, geführt. Zusätzlich wurde auf drei der bereits im Pretest geführten Experteninterviews zurückgegriffen. Da bei einigen Gesprächen mehrere Experten anwesend waren, kann insgesamt Material von sechzehn Experten benutzt werden. Eine Übersicht über die geführten Gespräche ist in Anhang 2 dargestellt. Für die Zitation der einzelnen Interviews wird daher im Folgenden jeweils auf diesen Anhang verwiesen.

6.3.1 Abhängige Variable: Interorganisationaler Wissenserwerb

Den Ergebnisse der empirischen Studie zufolge weisen die beiden inhaltlichen Arten des interorganisationalen Wissenserwerbs zueinander eine stärkere Unterscheidung auf, als zuvor angenommen. Dies zeigt sich darin, dass die unabhängigen Variablen unterschiedlich auf den interorganisationalen Wissenserwerb wirken. Dieses Phänomen kann möglicherweise branchenspezifisch bedingt sein. Der deutsche Maschinen- und Anlagenbau zeichnet sich besonders durch seine Innovationskraft und Notwendigkeit zur Innovation aus. Ingenieurstätigkeiten rücken hierbei in großem Maße in den Vordergrund, genauso wie Spezialwissen für die häufig auftretenden Sonderanfertigungen (siehe Kapitel 5.1.1.3). Diese Charakteristika können einen Einfluss haben auf das Wissen, das in der Branche relevant ist und das es in interorganisationalen Projekten zu erwerben gibt. Aus diesem Grund werden im Folgenden zunächst Unterscheidungsmerkmale zwischen den beiden Wissensarten der abhängigen Variablen aufgestellt. Die beiden inhaltlichen Arten, das Markt- und Produktwissen sowie das Wissen über interne Prozesse und Projektmanagement (siehe Kapitel 3.2) werden hierzu theoretisch verknüpft mit den Eigenschaften des Wissens, die den Transferprozess beeinflussen können (siehe Kapitel 3.4.2.3). Daraus abgeleitet werden die Unterscheide zwischen den beiden inhaltlichen Arten herausgestellt. Diese werden zunächst mit Argumenten aus der Literatur belegt. Die theoretischen Argumente werden dann in einem weiteren Schritt mit Anhaltspunkten aus der empirischen Studie unterstützt. Dazu werden vor allem Interpretationen der Wirkungen von Kontrollvariablen herangezogen. Anschließend werden die Argumente mit Expertenmeinungen aus der Branche erweitert.

6.3.1.1 Wissenserwerb Märkte und Produkte

Zunächst soll die Variable „Wissenserwerb Märkte und Produkte" analysiert werden.

Technologisches Wissen: Hohe Ambiguität

In der Literatur wird das Markt- und Produktwissen häufig als technologisches Wissen beschrieben. Damit sind unter anderem Neuerungen für Produktentwicklungen oder Ideen für neue, innovative Produkte zu verstehen (Yli-Renko/Autio/Sapienza 2001, S. 589; Westney 2002, S. 340f.). Gerade im deutschen Maschinen- und Anlagenbau sind neue Produkte oder Produktweiterentwicklungen stets sehr technologisch. Technologisches Wissen oder Spezialwissen von Ingenieuren ist hier zumeist vonnöten. Gleiches gilt für Wissen über den Markt. Aufgrund der Heterogenität der Branche sowie der Komplexität der einzelnen Produkte und Dienstleistungen auf dem Markt nimmt bei dem Wissen über Märkte das technologische Verständnis einen großen Raum ein (siehe Kapitel 5.1.1).

Technologisches Wissen wird in der Literatur über ein hohes Ausmaß an Ambiguität charakterisiert. Die Ambiguität des Wissens setzt sich, wie in Kapitel

3.4.2.3 beschrieben, aus komplexem und tazitem Wissen zusammen (siehe Kapitel 3.4.2.3 für eine Definition von Ambiguität, Komplexität und Tazitness als Eigenschaften von Wissen). Technologisches Wissen wird in der Literatur häufig als komplexes Wissen bezeichnet, da mit dem Wissen unterschiedliche Individuen, Ressourcen und Technologien verknüpft sind. Aufgrund der Beschaffenheit des Wissens ist es nur schwierig möglich, dass eine einzelne Person das gesamte notwendige Wissen innehat (Simonin 1999, S. 600). Weil das technologische Wissen komplexes Wissen darstellt, ist es schwierig zu übertragen, da der Empfänger es zunächst verstehen und erfassen muss (Kotabe/Martin/Domoto 2003, S. 296f.; McEvily/Chakravarthy 2002, S. 286; Simonin 1999; Zander/Kogut 1995, S. 82). Daneben wird technologisches Wissen häufig als tazites oder als diffizil zu kodifizierendes Wissen bezeichnet. Das bedeutet, es ist schwierig zu formalisieren oder zu artikulieren und basiert auf Erfahrungen der beteiligten Personen. Folglich hängt es an einzelnen Personen (Kogut/Zander 1992, S. 387f.; Makhija/Ganesh 1997, S. 516; Nonaka 1994, S. 16; Polanyi 1985, S. 14ff.). Das tazite Wissen ist somit schwierig zu erwerben. Eine Übertragung wird deshalb durch persönliche Erfahrung oder gemeinsame Interaktion vereinfacht (Kogut/Zander 1992, S. 387f.; Makhija/Ganesh 1997, S. 516; Nonaka 1994, S. 16; Polanyi 1985, S. 14ff.).

In einer Studie von sechzehn dyadischen Beziehungen in der Elektrobranche in China wird folgende Parallele zwischen Markt- und Produktwissen und tazitem Wissen beschrieben: Das von den Lieferanten zu erwerbende tazite Wissen beinhaltet Produktdesign, Neuproduktentwicklung, Weiterentwicklung der F&E sowie Kundenmanagement (Duanmu/Fai 2007, S. 467f.).

In den Daten lässt sich die Komplexität des technologischen Markt- und Produktwissens ebenfalls finden: Die Kontrolle „Komplexität des Wissens" hat eine stark signifikante und negative Wirkung auf den „Wissenserwerb Märkte und Produkte". Dementsprechend wird umso weniger Markt- und Produktwissen erworben, je komplexer das Wissen im interorganisationalen Projekt ist. Konkret besagt die Kontrollvariable, dass je weniger Aufgaben im interorganisationalen Projekt von einer Person allein erledigt werden konnten, desto mehr Markt- und Produktwissen von den Projektpartnern erworben werden konnte. Es kann damit gezeigt werden, dass die Zusammenarbeit mit mehreren Akteuren den Erwerb von Markt- und Produktwissen steigert. Die Komplexität des Wissens spielt demnach insbesondere bei dem Erwerb von Markt- und Produktwissen eine Rolle.

Das Ausmaß der Tazitness des Markt- und Produktwissens wird über die Kontrollvariable „Tazitness des Wissens" reflektiert, die einen Proxy darstellt. Von den vier Dummyvariablen zu explizitem versus tazitem Charakter des Wissens wirkt die Variable des taziten Wissens auf den „Wissenserwerb Märkte und Produkte". Der Proxy gibt die Beschaffenheit des Wissens an, das in dem interorganisationalen Projekt vorliegt, aus dem das Wissen erworben werden kann. Die Wirkung bedeutet, dass im aktuellen interorganisationalen Projekt Wissen angewendet wurde, das aus früheren Projekten resultierte und informell zwischen den Kollegen weitergegeben wurde. Sofern diese informelle Wissensweitergabe vorlag, wurde von der fokalen Organisation im interorganisationalen Projekt mehr Markt- und Produktwissen erworben. Damit kann gezeigt werden, dass die informelle Weitergabe von Wissen bei Markt- und Produktwissen vorteilhaft ist und es sich deshalb höchstwahrscheinlich um tazites Wissen handelt.

Die Argumentation von Markt- und Produktwissen als technologisches sowie tazites beziehungsweise komplexes Wissen wird darüber hinaus in weiteren Gesprächen mit Experten aus dem Maschinen- und Anlagenbau unterstützt.

Das Markt- und Produktwissen wird zumeist als technologisches Wissen beschrieben und auch von der Mehrzahl der Gesprächpartner als Engineering-Wissen oder Ingenieur-Wissen bezeichnet (Interview 16, 30, 31, 32, 33). Als Beispiele werden angeführt: „Verfahrenstechnik, Bedieneroberflächen und Technologien im weitesten Sinne" sowie konkret „Technologien von Getrieben oder Anlagen" (Interview 31, 33). Im Interview 32 weitet der Gesprächspartner das Wissen aus auf Softwarecodes, bei denen versucht wird, diese komplett von einer Partnerfirma zu erwerben (Interview 32).

Daneben wird Markt- und Produktwissen in den Gesprächen mehrmals als komplexes Wissen beschrieben (Interview 16, 30, 31). In folgendem Beispiel wird dargelegt, wie die Komplexität durch die notwendige Beteiligung mehrere Ingenieure mit Spezialwissen zustande kommt:

> „Engineering-Know-how ist vom Prinzip her komplexer, tiefer, es ist ein ganz anderes Wissen. Sie müssen vernetzt technologisch die physikalische Größe in intelligente Lösungen, welches Softtool auch immer das ist, verfahrenstechnisch umsetzen. Und das ist sehr komplex. Man muss in der digitalen Welt zurechtkommen und in der Systemwelt. Ingenieur A vertieft sich in eines, Ingenieur B in etwas anderes. Da braucht man schon wirklich Kompetenzen beziehungsweise Spezialisten, ja fast schon Koryphäen." (Interview 31)

Neben der Komplexität des Wissens wird in dem oben genannten Zitat explizit von „Know-how" gesprochen. Diese Bezeichnung findet sich in einigen weiteren Gesprächen wieder, ebenso wie eine konkrete Abgrenzung des Know-hows von reinen Informationen (Interview 29, 30, 31, 32, 33). Ein Gesprächspartner unterstützt in diesem Kontext mit seiner Beschreibung des Markt- und Produktwissens weiterhin die These, dass es sich bei Markt- und Produktwissen um tazites, also schwierig zu kodifizierendes, Wissen handelt:

> „Das technologische Wissen – es ist ja wirklich Know-how, was da im Kopf steckt – das kann man mit Formalismus nicht abbilden. Das ist nicht formelles Wissen. […] Know-how kann ich nicht definieren. Ich kann eine Schnittstelle beschreiben, aber nicht das Know-how einer Maschine." (Interview 32)

Das Wissen wird folglich dadurch schwierig abbildbar, dass es sich nicht um formelles Wissen handelt. Dadurch ist es nicht einfach explizit zu machen oder leicht zu kodifizieren. Diese Aussage wird noch dadurch unterstrichen, dass gerade bei dem technologischen Wissen Erfahrungen sehr wichtig sind, weshalb das Markt- und Produktwissen nicht leicht zu kopieren ist (Interview 31). Hinzu kommt, dass dieses Wissen stark personengebunden ist und wenig schriftlich oder digital kodifiziert wird oder werden kann (Interview 29).

Ein weiterer Experte führt diese Kennzeichen in einem Beispiel genauer aus: In einem Getriebe steckt das Know-how von vielen unterschiedlichen Ingenieuren. Relevant ist hier, welches sogenannte „Ritzel" an welchem Platz sitzt und wie ein solches Ritzel beschaffen ist. In sogenannten „AutoCad"-Zeichnungen werden einige Details festgehalten, dadurch kann dieses Wissen bis zu einem gewissen Grad explizierbar gemacht werden. Dennoch ist Detailarbeit wichtig. Bei der Beschaffenheit der Ritzel ist beispielsweise entscheidend, wie diese aussehen, welche Oberfläche gewählt wird und wie sie zu härten sind. Allein eine Zeichnung genügt deshalb nicht, um beispielsweise die Maße zu verändern. Eine Abänderung und Anpassung sind notwendig, wenn die Zeichnungen für einen weiteren Auftrag verwendet werden sollen, und dafür ist Ingenieur-Know-how notwendig (Interview 33). Da es sich im Maschinen- und Anlagenbau zumeist um Sonderanfertigungen handelt, wird selten das gleiche Produkt nochmals genauso gefertigt (Interview 8, 30, 33). Folglich ist es erforderlich, die Details und Feinheiten der Technologie zu verstehen und tief in das Engineering hineinzusehen (Interview 31).

Ein weiteres Beispiel für die Relevanz von Erfahrungen macht ein Gesprächspartner aus Interview 16 an dem Bau eines Stahlwerks in Brasilien deutlich: In diesem Beispiel war es das Projektziel, eine bereits in einem früheren Projekt konstruierte Anlage nochmals zu errichten, allerdings in einem anderen Land. Dabei wurde allerdings nicht bedacht, dass in Brasilien für den Bau der Hallen die Schneelast nicht miteingerechnet werden müsste. Auch dieses Beispiel zeigt, dass es sich bei technologischem Wissen nicht um Wissen handelt, das man kritiklos wieder anwenden kann. Es gehört Erfahrung dazu und die Kompetenz, bereits Bestehendes kritisch zu beleuchten, um es für ein neues Produkt anwendbar zu machen (Interview 16).

Wettbewerbsentscheidender Charakter und Innovativität

Neben der Komplexität und dem taziten Charakter wird dem Markt- und Produktwissen auch noch eine strategische Bedeutung zugesprochen. Bei technologischem Wissen ist es für eine Organisation wichtig, nicht auf einem technologisch veralteten Stand zurückzubleiben, sondern ständig neues Wissen zu erwerben, da dies zur langfristigen Innovativität der Organisation beiträgt (Ingram 2005, S. 642; Westney 2002, S. 339f.). Um die langfristige Innovativität einer Organisation zu sichern, wird dem Erwerb von Markt- und Produktwissen deshalb eine wettbewerbsentscheidende Bedeutung beigemessen, da das Wissen über neue Märkte, Kunden oder innovative Produkte einen direkten Einfluss auf die Performance einer Organisation nehmen kann (Dougherty 1992, S. 179ff.; Howells/James/Malik 2003, S. 396f.; Inkpen 1998, S. 69). Insbesondere die Fähigkeit, Partnerfirmen beziehungsweise Konkurrenten zu imitieren und Wissen über neue Märkte zu transferieren, ist von fundamentaler Bedeutung, um wettbewerbsfähig zu bleiben (Zander/Kogut 1995, S. 76). Deshalb ist dieses Wissen auf der einen Seite eine begehrte Ressource für den Empfänger von Wissen und auf der anderen Seite auch eine schützenswerte Ressource für den Sender (Fong 2003, S. 483).

Der Charakter der Neuartigkeit des Markt- und Produktwissens zeigt sich indirekt auch in der empirischen Studie in der Wirkung der Kontrollvariablen „Aufgabenunsicherheit". Diese wirkt positiv auf den „Wissenserwerb Märkte und Produkte". Damit wird erklärt, dass mehr Markt- und Produktwissen erworben werden kann, wenn das interorganisationale Projekt aus neuartigen Aufgabenstellungen und Lösungsansätzen besteht, zu denen es noch keine standardisierten Verfahren gibt. Gerade die Neuartigkeit der Aufgaben und die Innovativität der Herangehensweisen im Projekt wirken sich positiv auf den „Wissenserwerb Märkte und Produkte" aus.

Die Experten aus dem Maschinen- und Anlagenbau beschreiben ebenfalls den neuartigen und wettbewerbsentscheidenden Charakter des Markt- und Produktwissens. Ein Befragter bezeichnet das Know-how als „im Prinzip unbezahlbar" (Interview 33).

Um langfristig innovativ und wettbewerbsfähig zu bleiben, sehen viele Organisationen die Notwendigkeit, neue Produkte zu entwickeln oder sich in anderen Märkten oder auf anderen Wertschöpfungsstufen weiterzuentwickeln oder neue Lieferanten oder Kunden zu gewinnen (Interview 16, 30, 32, 33).

In Interview 30 wird die Notwendigkeit von Innovationen, wie Neuproduktentwicklung oder Produktweiterentwicklung, angesprochen, um langfristig neue Produkte für die Kunden anzubieten mit dem Ziel wettbewerbsfähig zu bleiben (Interview 30).

Ein zentraler Aspekt, der bei mehreren Gesprächen aufkommt, sind die wettbewerbsentscheidenden Einblicke, die man über die Zusammenarbeit mit Partnern erhält. Bei einer gemeinsamen Entwicklung neuer Produkte oder neuer Märkte kann eine Organisation so weit Einblicke in die Partnerorganisation erhalten, dass sie das Produkt einer beteiligten Organisation beim nächsten Auftrag selbst herstellen kann. In Interview 32 wird als Ziel genannt, sich langfristig in gewissen Randbereichen zu etablieren und dafür über die Partnerfirmen Wissen aufzubauen:

> „Man versucht immer was mitzubekommen aus gewissen Randbereichen. Meistens arbeiten Firmen zusammen, die gewissen Randbereichen angehören. Dann versucht man natürlich schon, in den Randbereichen Wissen aufzubauen. [...] Es geht um eine große Produktionsstraße im Maschinenbau. Der eine Partner hat Stampfen als Gewerk, der nächste Biegen etc. Und dann werden noch die Zuführstrecke und die Abführstrecke von jemandem übernommen. Da will ich wissen, wie steuert er an, wie macht er seinen Sortierer etc. Denn das könnte ich auch anbieten. So dass ich dann im nächsten Projekt selber weiß, wie es geht, dann kann ich es anbieten. So weit, dass ich sage, okay, ich sauge von dem die Software ab." (Interview 32)

Neben der Etablierung in Randbereichen können auch neue Märkte und Länder erschlossen werden, da durch die Zusammenarbeit Einblicke in fremde Märkte und Länder erreicht werden (Interview 30, 32). Als Beispiel beschreibt der eben zitierte Experte aus Interview 32, wie durch die Zusammenarbeit mit einem Produzenten in China über die eigene Erfahrung Wissen über den chinesischen Markt erworben wird. Insbesondere über die Funktionsweise der Produktion in diesem Land sowie über die vorherrschenden Qualitätsstandards wird Wissen erhalten (Interview 32).

Gerade weil es sich bei Markt- und Produktwissen um wettbewerbsentscheidendes Wissen handelt, wird dessen Schutz als entscheidend in der Branche angesehen. Geheimhaltung des eigenen Wissens sowie Verschwiegenheit darüber werden deshalb häufig streng von der Geschäftsführung gefordert, können aber nicht immer gewährleistet werden (Interview 16, 32, 33). Als ein Mittel, um in der Branche wettbewerbsfähig zu bleiben, wird die „aktive Industriespionage" oder auch weniger negativ ausgedrückt der „Know-how-Transfer" in Interview 32 angesprochen. Als Antwort auf die Gefahr des Wissensverlustes gibt es mittlerweile Schutzmodule für Software in der Steuerungstechnik, damit die Software nicht einfach so übernommen werden kann (Interview 32). Die Organisation des Gesprächspartners aus Interview 29 misst dem Schutz des Know-hows eine herausragende Bedeutung bei. Um einem Abwandern von Know-how entgegenzuwirken, wird der PC-Arbeitsplatz streng von dem Internetzugang getrennt und die Zugriffe auf die Ordner des Servers werden mit eingeschränkten Befugnissen versehen. Weiterhin wird Anschauungsmaterial an den Kunden nie per E-Mail, sondern immer per Hard Copy oder auf anderem sicheren Weg, zum Beispiel durch passwortgeschützten Zugriff auf die entsprechenden Ordner, ermöglicht (Interview 29).

Zwei weitere Experten weisen in diesem Zusammenhang darauf hin, dass gerade der wettbewerbsentscheidende Charakter des Markt- und Produktwissens es für asiatische Wettbewerber so interessant macht, sich dieses anzueignen und zur Nachproduktion zu billigeren Preisen zu nutzen. Da das Markt- und Produktwissen allerdings komplex und tazit ist, sind die Aufwendungen, es zu kopieren, immens (Interview 16, 33). Als Erklärung für die Kopierbarkeit wird in Interview 33 beschrieben, dass zumeist bei interorganisationalen Projekten mit asiatischen Partnern bis zu 50 Ingenieure von asiatischer Seite aktiv in das Projekt miteingebunden sind, häufig mit dem erklärten Ziel, das Produkt nachzubauen. Auf europäischer Seite hingegen sind zumeist nur drei bis vier Ingenieure beteiligt, da dies die notwendige Anzahl für die Durchführung des interorganisationalen Projektes ist. Neben dem hohen personalen Einsatz und der starken Spezialisierung spielt auch eine Rolle, dass zumeist Anlagen, Maschinen oder Einzelteile von asiatischen Wettbewerbern zwar eins zu eins kopiert werden, eine Abänderung auf andere Gegebenheiten jedoch selten möglich ist, was wiederum den taziten und komplexen Charakter ausdrückt (Interview 33).

6.3.1.2 Wissenserwerb interne Prozesse und Projektmanagement

In Abgrenzung zu Markt- und Produktwissen wird im Folgenden Wissen über interne Prozesse und Projektmanagement beschrieben.

Informationen: Geringe Ambiguität

Bei dem Wissen über interne Prozesse und Projektmanagement kann die These vertreten werden, dass es sich nicht um technologisches Wissen handelt, sondern um Wissen über die internen Abläufe in einer Organisation beziehungsweise in einem Projekt (Ingram 2005, S. 642; Westney 2002, S. 341; Yli-Renko/Autio/Sapienza 2001, S. 589).

In der Literatur wird Wissen über interne Prozesse und Projektmanagement, das in einem interorganisationalen Projekt von einem Partner erworben werden kann, beispielsweise als ein Werkzeug für die Planung und Organisation von internen Prozessen und Projektmanagement beschrieben (Morris 1994, S. 104). Dieses Wissen lässt sich vergleichen mit Informationen, die auch in Projekthandbüchern oder in Literatur zu Prozessmanagement festgeschrieben sind.

Wissen über interne Prozesse und Projektmanagement weist deshalb eine geringere Ambiguität als Markt- und Produktwissen auf: Zum einen ist Wissen über interne Prozesse und Projektmanagement weniger komplex. Für das reine Management der Projekte oder der internen Prozesse sind weniger Individuen notwendig und damit werden weniger Ressourcen gebunden als bei dem komplexen technologischen Wissen. Folglich lässt sich das Wissen über interne Prozesse und Projektmanagement leichter zwischen Akteuren übertragen als das komplexe technologische Wissen (Kotabe/Martin/Domoto 2003, S. 296f., S. 82; McEvily/Chakravarthy 2002, S. 286; Simonin 1999). Das Wissen über interne Prozesse und Projektmanagement ist zum anderen leichter zu kodifizieren und damit als explizites Wissen zu interpretieren. Damit gilt es ebenfalls als leichter zu transferieren (Kale/Singh/Perlmutter 2000, S. 221; Kim 2001, S. 272). Der Grund hierfür sind die einfache Artikulierbarkeit und externe Speichermöglichkeit von explizitem Wissen, da es einfach in formale und systematische Sprache übertragbar ist (Nonaka 1994, S. 16). Der explizite Charakter des Wissens über interne Prozesse und Projektmanagement wird in der bereits im Zusammenhang mit der Beschaffenheit des Markt- und Produktwissens erwähnten Studie der Wissensweitergabe an Lieferanten in China beschrieben: Ziel für dieses sogenannte Managementwissen ist die Lieferung einer konsistenten Qualität der internen Prozesse, deshalb werden in diesem Zusammenhang Wissensgebiete wie Qualitätssysteme, Produktkostenanalysen und Materialquelleninformation genannt (Duanmu/Fai 2007, S. 467f.).

Auch für die geringe Bedeutung der Komplexität sowie der Tazitness des Wissens über interne Prozesse und Projektmanagement kann in der empirischen Auswertung eine Annäherung gefunden werden. Während die Kontrollvariable „Komplexität des Wissens" eine direkte Wirkung auf den „Wissenserwerb Märkte und

Produkte" hat, wirkt sie auf den „Wissenserwerb interne Prozesse und Projektmanagement" nur indirekt. Daraus kann gefolgert werden, dass bei dem Erwerb von Wissen über interne Prozesse und Projektmanagement, im Gegensatz zu Markt- und Produktwissen, die Komplexität des Wissens nicht im Vordergrund steht. Auch die Kontrollvariable „Tazitness des Wissens" wirkt nur indirekt, also über „Wissenserwerb Märkte und Produkte", auf den „Wissenserwerb interne Prozesse und Projektmanagement" und hat dementsprechend ebenfalls eine geringfügigere Bedeutung.

In den Gesprächen mit Vertretern der Branche festigt sich ein ähnliches Bild: Das Wissen über interne Prozesse und Projektmanagement wird hier klar von Markt- und Produktwissen abgegrenzt. Während bei Markt- und Produktwissen von Know-how gesprochen wird, handelt es sich bei Wissen über interne Prozesse und Projektmanagement um Informationen. In Interview 31 beschreibt ein Gesprächspartner das Wissen über interne Prozesse und Projektmanagement folgendermaßen:

> „Das sind eher Informationen wie wo steht was, wie funktioniert was, aber das ist kein Know-how. Es ist eher ein Wissen, die Abläufe wirtschaftlich klug abzuwickeln. Wer kann was am besten und wie bekomme ich den richtigen Mann zur richtigen Zeit mit dem richtigem Werkzeug." (Interview 31)

Einzelne Teilbereiche des Wissens über interne Prozesse und Projektmanagement sind beispielsweise die Planung in Form von Ablaufphasen, Balkenplänen, Ressourcenplanung mithilfe von MS Project, das Projektcontrolling sowie die Abwicklung des Projektes und die Nachbearbeitung mit dem Kunden (Interview 27, 31). Hierzu gehört auch das Wissen, wie interne Prozesse funktionieren und wie Einzelkomponenten der Maschinen und Anlagen zusammengehören. Das Detailwissen zu den Einzelkomponenten lässt sich nicht hierunter verankern, das wiederum ist Teil des Markt- und Produktwissens (Interview 31).

Das Wissen über interne Prozesse und Projektmanagement wird deshalb von den Experten als weniger komplex bezeichnet als das Markt- und Produktwissen. Eine Auskunftsperson aus Interview 32 charakterisiert es als „einfacher", da es sich vielfach um „Standardprozesse, Standardtools und Standardverträge" handelt (Interview 32). Das Management von internen Prozessen und Projekten wird ebenfalls als weniger komplex dargestellt, da es insbesondere darum geht, Einzelgewerke und Personen miteinander zu koordinieren. Dafür hilft aber zumeist ein Projektplan oder konkreter auch ein Netzplan, in dem die Abläufe und zeitkritischen Elemente dargelegt werden (Interview 31). Weiterhin geht es bei dem Wissen über interne Prozesse und Projektmanagement insbesondere um die Koordination der Abläufe, das Wissen muss jedoch technologisch nicht in die Tiefe gehen, dafür sind Spezialisten in der jeweiligen Fachabteilung zuständig (Interview 27).

Aus den Gesprächen wird ebenfalls ersichtlich, dass das Wissen über interne Prozesse und Projektmanagement einen expliziteren Charakter besitzt als das

Markt- und Produktwissen. Im Gegensatz zu Markt- und Produktwissen bezeichnet ein Experte das Wissen über interne Prozesse und Projektmanagement als „formelles Wissen", da es sich um einen „formalen Prozess handelt, der sich leicht standardisieren und formalisieren lässt" (Interview 32). Wissen über interne Prozesse und Projektmanagement lässt sich, nach Meinung einiger Gesprächspartner, in Büchern anlesen oder auch in Standardseminaren leicht vermitteln und erlernen und ist deshalb explizit (Interview 29, 30). Weiterhin lässt es sich leicht kodifizieren und kann in Datenbanken eingespeist werden (Interview 27, 28, 29, 32). Bei der Speicherung in Datenbanken werden beispielsweise folgende projektspezifische Daten abgelegt: Informationen über den Ablauf eines Projektes, die beteiligten Projektpartner sowie der formale Inhalt des Projektes wie zum Beispiel der Schriftverkehr mit dem Kunden, der interne Schriftverkehr, der Vertrag, Garantien sowie die kaufmännischen Details (Interview 27, 28).

Geringe Wettbewerbswirkung und etabliertes Wissen

Weiterhin kann der Erwerb von Wissen über interne Prozesse und Projektmanagement als eine nicht direkt wettbewerbswirksame Größe dargestellt werden. In der Literatur wird dargelegt, dass Wissen über interne Prozesse und Projektmanagement die Performance einer Organisation erst in einem nachgelagerten Schritt beeinflusst (Brusoni/Prencipe/Pavitt 2001, S. 597ff.).

Darüber hinaus handelt es sich bei Wissen über interne Prozesse und Projektmanagement weniger um neuartiges oder innovatives Wissen, sondern um bereits etabliertes Wissen. Es handelt sich hauptsächlich um Erfahrungen aus dem aktuellen interorganisationalen Projektmanagement oder um Einblicke in die internen Prozesse der beteiligten Organisationen, also aus Wissen, das bereits vorhanden ist (Westney 2002, S. 342).

Insbesondere die fehlende Neuartigkeit zeigt sich in der empirischen Studie an der Kontrollvariablen „Aufgabenunsicherheit". Sie wirkt nicht direkt auf den „Wissenserwerb interne Prozesse und Projektmanagement", was bedeutet, dass neuartige Aufgabenstellungen und Lösungsansätze im interorganisationalen Projekt nicht direkt den Erwerb von Wissen über interne Prozesse und Projektmanagement mit sich bringen. Diese Wirkung findet nur indirekt, über den Erwerb von Markt- und Produktwissen, statt.

Die Meinung, dass Wissen über interne Prozesse und Projektmanagement erst in einem nachgelagerten Schritt die Organisationsperformance beeinflusst, spiegelt sich auch in den Expertengesprächen wider. Für einen Befragten wirkt Wissen über interne Prozesse und Projektmanagement nur indirekt auf die Performance ein, da es bei Projektmanagement hauptsächlich darum geht, einen Kundenauftrag möglichst zufriedenstellend auszuführen (Interview 32). Hierbei können Standardisierungen der Prozesse durchaus hilfreich sein, aber für den langfristigen Wettbewerbsvorteil ist es entscheidend, technologisch den Vorsprung zu schaffen (Interview 32, 33). Für eine gute Organisationsperformance ist es deshalb ausschlaggebend, dass die internen Prozesse und das Projektmanagement auf einem gewissen Niveau gut funktionieren und dieses auch gehalten oder langsam verbessert wird. So kann ein ausreichendes Qualitätsniveau gewährleistet werden. Neue Produkte und Produktweiterentwicklungen dagegen sind das Zugpferd für die Innovativität einer Organisation (Interview 30, 33).

In diesem Zusammenhang sehen die Experten Wissen über interne Prozesse und Projektmanagement eher als Basis- oder Grundwissen, das vorausgesetzt wird, und nicht als neuartige Innovation (Interview 29, 33). Bei dem Erwerb von Wissen über interne Prozesse und Projektmanagement steht nicht die komplette Erneuerung der Prozesse im Vordergrund, vielmehr liegt der Fokus auf der Verbesserung einiger Details im bestehenden System (Interview 30, 32, 33). Als Beispiel können Prozesse verbessert und effizienter abgewickelt werden (Interview 32, 33). Dadurch kann Geld gespart werden, indem man eine Anlage beim nächsten Mal billiger herstellen kann (Interview 30, 33). Ein weiteres Beispiel stellen auch die Einblicke in die Kalkulation der Partnerorganisationen dar, auch diese können dazu beitragen, dass die eigenen Prozesse effizienter ablaufen (Interview 32).

Als Ergänzung zu der fehlenden Neuartigkeit von Wissen über interne Prozesse und Projektmanagement kommt ein weiterer branchentypischer Punkt hinzu: Viele der Organisationen im Maschinen- und Anlagenbau stellen ihre internen Prozesse und ihr Projektmanagement als sehr ausgereift und leistungsfähig dar (Interview 16, 32). So bezeichnen die Befragte aus Interview 16 das Projektmanagement als die Kernkompetenz ihrer Organisation (Interview 16).

Dieser Sichtweise stimmt ein weiterer Gesprächspartner indirekt zu, jedoch kritisiert er den Standpunkt vieler Organisation, die denken, dass sie ihre internen Prozesse und das Projektmanagement nicht mehr weiterentwickeln müssen. Der Experte erhält als Geschäftsführer einer Unternehmensberatung, die sich auf den Maschinen- und Anlagenbau spezialisiert hat, zahlreiche Einblicke in die Prozesse vieler Organisationen:

> „Die Firmen behaupten immer alle, sie seien schon die Besten im Projektmanagement. Aber im Endeffekt ist es genau nicht so. Das Problem ist, es gibt wenige, die wirklich gut sind, und wenige, die über ihren Horizont hinwegschauen. Im Maschinen- und Anlagenbau behauptet man, man hätte das Wissen schon. Auf der Projektebene, also Installationsseite, bedeutet also ausführungsseitig, haben sie natürlich eine Routine, wie sie die Maschine aufbauen, aber in der Projektkoordination ist da an Projektablaufoptimierung und im Dokumentenaustausch schon noch relativ viel Bedarf da. Das ist einfach ein Standardisierungsproblem, dass es nicht standardisiert ist." (Interview 32).

Dieses stärkere Interesse an dem Erwerb von Markt- und Produktwissen lässt sich auch in einer Studie des Zentrums für Europäische Wirtschaftsforschung (ZEW) erkennen, die das Innovationsverhalten der unterschiedlichsten deutschen Branchen untersucht hat. Im Jahr 2006 gab es im deutschen Maschinen- und Anlagenbau 73% Innovatoren[33], darunter waren 64% Produktinnovatoren (vergleichbar mit Markt- und Produktwissen) und 47% Prozessinnovatoren (vergleichbar mit Wissen über interne Prozesse und Projektmanagement) (ZEW 2008a, S. 3; ZEW 2008b, S. 2; siehe auch VDMA 2008a, S. 8).

Die stärkere Gewichtung des Erwerbs von Markt- und Produktwissen, die von den Experten angesprochen wird, lässt sich auch aus den Daten ableiten. Der Mittelwert der Variablen „Wissenserwerb Märkte und Produkte" ist mit 2,65 höher als der Mittelwert der Variablen „Wissenserwerb interne Prozesse und Projektmanagement" (2,13). Das bedeutet, dass in der vorliegenden Stichprobe mehr Markt- und Produktwissen als Wissen über interne Prozesse und Projektmanagement erworben wird. Dieser Unterschied zwischen den beiden Variablen wurde in einem T-Test auf Signifikanz geprüft. Diese kann bestätigt werden, die Details dazu sind in Anhang 11 abgebildet. Dieses Ergebnis ist insbesondere deshalb verblüffend, da Wissen über interne Prozesse und Projektmanagement als einfacher zu erwerben gilt als Markt- und Produktwissen. Die Motivation scheint dabei eine entscheidende Rolle zu spielen.

Zu einem ähnlichen Ergebnis kommen auch Sammarra und Biggiero in einer Studie von 2008, bei der der Wissenserwerb von 32 Organisationen in der Raumfahrtindustrie untersucht wird. Das Markt- und Produktwissen wird in der Studie über das technologische Wissen und das Marktwissen repräsentiert. Das technologische Wissen und das Marktwissen werden in diesem Zusammenhang signifikant häufiger auf andere Organisationen übertragen als das Managementwissen, das dem Wissen über interne Prozesse und Projektmanagement ähnlich ist. Die Autoren begründen diese bestätigte These damit, dass gerade in einer Branche wie der Raumfahrt technologisches Wissen sehr bedeutend ist und deshalb hiervon mehr erworben wird (Sammarra/Biggiero 2008, S. 816f.). Weiterhin weisen die Autoren aber auch noch darauf hin, dass der Erwerb und die Weiterentwicklung beider Wissensarten wichtig sind, um langfristig innovativ und erfolgreich zu bleiben. Gerade die Heterogenität der unterschiedlichen Wissensarten sei entscheidend für die Innovativität (Sammarra/Biggiero 2008, S. 818).

Neben dem stärkeren Interesse an dem Markt- und Produktwissen kann ein weiterer Grund, weshalb weniger Wissen über interne Prozesse und Projektmanagement übertragen wird, dessen starke Organisationsspezifität darstellen. Gerade wenn die Partnerorganisation aus einer anderen Branche oder einem anderen Hintergrund stammt, kann implizit von den Wissensempfängern unterstellt werden, dass die Probleme der Partnerorganisation aus einem speziellen Bereich nicht mit denen in der eigenen Organisation vergleichbar sind. Gerade der sehr heterogene deutsche Maschinen- und Anlagenbau besteht aus den vielen unterschiedlichen

---

[33] Als Innovatoren werden hier Organisationen bezeichnet, die innerhalb eines zurückliegenden Dreijahreszeitraums (hier in den Jahren 2004 bis 2006) zumindest ein Innovationsprojekt erfolgreich abgeschlossen, d.h. mindestens eine Innovation eingeführt haben (ZEW 2008a, S. 4).

Teilbranchen (siehe Kapitel 5.1.1.2). Dies kann ein Grund dafür sein, dass die einzelnen Organisationen der Teilbranchen kein organisationsspezifisches Wissen austauschen möchten.

Dieses Argument zeigt sich in einer weiteren Kontrollvariablen, die einen negativen Einfluss auf den „Wissenserwerb interne Prozesse und Projektmanagement" ausübt, die Variable „Projektgrund: Spezialkompetenz des Partners". Wenn der Grund für eine interorganisationale Zusammenarbeit die Spezialkompetenz der Partner darstellt, dann wirkt sich dies negativ auf den „Wissenserwerb interne Prozesse und Projektmanagement" aus. Diese Zusammenarbeit aufgrund der Spezialkompetenz führt zu stark spezialisierten Organisationen, deren Spezialisierung der internen Prozesse ebenfalls stark ausgeprägt ist. Dies kann eine Erklärung sein, weshalb es schwieriger ist, in diesem Kontext internes Wissen zu übertragen.

Das Argument wird von dem Geschäftsführer der Unternehmensberatung im Maschinen- und Anlagenbaus ebenfalls angeführt. Obwohl in vielen Organisationen in der Branche die internen Prozesse leicht standardisierbar wären, regeln die Organisationen deren Management sehr individuell. Insbesondere in den verschiedenen Branchen oder auch Teilbereichen der Branchen sind so die differenziertesten Prozesse zu beobachten (Interview 32).

6.3.1.3 Zusammenfassende Einordnung der abhängigen Variablen in das Konzept von Exploration und Exploitation

Zusammenfassend weisen die hier dargestellten Merkmale der beiden Arten des interorganisational zu erwerbenden Wissens Ähnlichkeiten mit einem Konzept in der Literatur auf, das als „Exploration" und „Exploitation" beschrieben wird.

Geprägt wurden die beiden Begriffe in einem bis dato vielzitierten Artikel von March zu organisationalem Lernen. March beschreibt Exploration und Exploitation zunächst als eine Art unterschiedliche Strategien für Organisationen, um Innovationen zu tätigen. Exploration steht hierbei für das Begehen neuer und innovativer Wege einer Organisation, während bei Exploitation altes und bekanntes Wissen verwendet und ausgenutzt wird. Der Artikel kommt zu dem Ergebnis, dass Exploitation nur kurzfristig zu Erfolg führt und langfristig Exploration notwendig ist (March 1991). Hansen, Podolny und Pfeffer knüpfen an die Argumentation von March an und stellen die Natur von Projektaufgaben in Entwicklungsteams als entweder von Exploration oder Exploitation geprägt dar (Hansen/Podolny/Pfeffer 2001). Nooteboom greift diese Unterscheidung in einer aktuellen Veröffentlichung von 2008 wieder auf und bezieht sich dabei auf zwei Arten von Innovationen, die er zum einen Exploration und zum anderen Exploitation nennt. Nooteboom zieht an dieser Stelle auch eine Parallele zu einem weiteren Literaturstrang, indem er Exploration als radikale Veränderungen und Exploitation als inkrementelle Veränderungen des Wissensbestandes einer Organisation bezeichnet (Nooteboom 2008, S. 607f.; siehe z.B. Dewar/Dutton 1986; Ettlie/Bridges/O'Keefe 1984; Gatignon et al. 2002; Subramaniam/Youndt 2005, S. 452 zu radikalen versus inkrementellem

Wissensbestandsveränderungen). Auch weitere Autoren beschäftigen sich mit der Unterscheidung von Exploration und Exploitation im Kontext von Innovationen und Wissenserwerb (z.B. Benner/Tushman 2003; Garcia/Calantone/Levine 2003; Gupta/Smith/Shalley 2006; Jansen/van den Bosch/Volberda 2006).

Auf diesen Veröffentlichungen aufbauend soll für die vorliegende Arbeit das Konzept des Exploration und Exploitation dazu verwendet werden, die jeweilige Strategie der fokalen Organisation in Bezug zu ihrem interorganisationalen Wissenserwerb zu beschreiben. Diese Strategie muss nicht explizit vorhanden sein, sondern kann auch unbewusst verfolgt werden. Somit stellt das Konzept der Unterscheidung von Exploration und Exploitation möglicherweise eine Erklärungsgrundlage für die unterschiedlichen Arten des interorganisational zu erwerbenden Wissens dar. Im Folgenden soll deshalb, aufbauend auf Veröffentlichungen aus dem Bereich zu Exploration und Exploitation, eine Parallele hergestellt werden zwischen den beiden Wissensarten und Exploration und Exploitation.

Das in einem interorganisationalen Projekt zu erwerbende Markt- und Produktwissen lässt sich vergleichen mit der Handlungsweise im Zuge der Strategie des *Exploration*. Bei Exploration stehen radikale Innovationen, Variationen und Experimente im Vordergrund (Gupta/Smith/Shalley 2006, S. 694ff.; Hansen/Podolny/Pfeffer 2001, S. 25f.; Jansen/van den Bosch/Volberda 2006, S. 1162; March 1991, S. 71). Es handelt sich dabei um Wissen, das stark wettbewerbsrelevant ist, da es in seiner höchsten Ausprägung zu radikalen Veränderungen von Produkten führen kann (Benner/Tushman 2003, S. 242f.; Garcia/Calantone/Levine 2003, S. 323ff.; Nooteboom 2008, S. 607). Das Markt- und Produktwissen soll deshalb mit Explorations-Wissen bezeichnet werden.

Eine weitere Parallele zu Exploration stellt die Neuartigkeit des Wissens dar. Bei Explorations-Wissen handelt es sich um Wissen und Problembereiche, die für eine fokale Organisation neu sind (Jansen/van den Bosch/Volberda 2006, S. 1662; Nooteboom 1999, S. 13f.; Sitkin/Sutcliffe/Schröder 1994, S. 546). Explorations-Wissen stellt für den Empfänger des Wissenserwerbs weiterhin eine große Entfernung von bereits existierender Expertise dar und ist damit für die Organisation neu und andersartig (Hansen/Podolny/Pfeffer 2001, S. 25f.).

Gerade die Zusammenarbeit in einem interorganisationalen Projekt birgt deshalb einen Nutzen für eine fokale Organisation, da Explorations-Wissen ebenso wie tazites Wissen insbesondere im Austausch mit anderen Akteuren erworben und geschaffen werden kann (Hansen/Podolny/Pfeffer 2001, S. 26; Kale/Singh/Perlmutter 2000, S. 221).

Auf dem Argument der Neuartigkeit und Andersartigkeit des Wissens aufbauend wird Explorations-Wissen auch als tazites Wissen beschrieben. Da es für eine fokale Organisation zunächst neu und auch sehr andersartig ist, ist es zunächst schwierig aufzunehmen und kann vor allem durch Erfahrung und Interaktion mit Experten weitergegeben werden (Hansen/Podolny/Pfeffer 2001, S. 26; von Hippel 1988, S. 76). Eine weitere Parallele zwischen Exploration und technologischem

Wissen kann in mehreren Studien festgestellt werden: Eine Untersuchung der Biotechnologiebranche hat gezeigt, dass Organisationen, die eine größere Auswahl an technologischem Wissen haben, eher Kompetenzen in Exploration besitzen als in Exploitation (Quintana-Garcia/Benavides-Velasco 2008, S. 496ff.). In einer weiteren Studie der Beziehungen von 22 US-amerikanischen Importeuren und ihren japanischen Handelspartnern werden technologische Ressourcen als Quelle für Explorations-Wissen abgebildet (Yalcinkaya/Calantone/Griffith 2007, S. 83). In einem Simulationsmodell wird zudem zu einer Verstärkung von Exploration aufgrund von alternden Technologien im Zeitverlauf einer technologieorientierten Organisation geraten (Garcia/Calantone/Levine 2003, S. 327ff.).

Das interorganisational zu erwerbende Wissen über interne Prozesse und Projektmanagement weist dagegen Parallelen mit dem hier als *Exploitations-Wissen* bezeichneten Wissen auf. Exploitations-Wissen beinhaltet im Gegensatz zu Explorations-Wissen nicht radikale Neuerungen, sondern nur kleinere Änderungen von bestehendem Wissen (Nooteboom 2008, S. 607; Gupta/Smith/Shalley 2006, S. 694ff.). Dazu gehören allgemeine Verbesserungen einzelner Aspekte oder im Speziellen Effektivitätsoptimierungen, Weiterentwicklung von Produktionsabläufen und auch Routinisierungen und Standardisierungen von internen Prozessen sowie systematische Kostenreduzierung (Holmqvist 2004, S. 71; Koza/Lewin 1998 S. 256; March 1991, S. 71).

Bei dem Erwerb von Exploitations-Wissen handelt es sich um keine starken Unterschiede zu bereits existierenden Kompetenzen oder Wissensbasen, sondern um Aspekte, die der fokalen Organisation bereits bekannt sind (Hansen/Podolny/Pfeffer 2001, S. 26; Levinthal/March 1993, S. 105; March 1991, S. 85). Da hier nur kleine Verbesserungen von bestehendem Wissen eine Rolle spielen, handelt es sich bei dem Exploitations-Wissen im Gegensatz zu dem Explorations-Wissen nicht um hochgradig wettbewerbsrelevantes Wissen (Garcia/Calantone/Levine 2003, S. 323ff.; Jansen/van den Bosch/Volberda 2006, S. 1662; Nooteboom 2008, S. 607f.). Koza und Lewin leiten im Kontext von Lernen in strategischen Allianzen die Hypothese ab, dass Allianzen mit dem Ziel, Exploitations-Wissen zu erwerben, eher die Allianz nach internen Performance-Zielen ausrichten, während Allianzen mit Explorations-Motiven eher Ziele des strategischen Lernens verfolgen (Koza/Lewin 1998, S. 259).

Weiterhin wird Exploitations-Wissen als explizites Wissen beschrieben, da es sich um Wissen handelt, zu dem bereits ein Wissensgrundstock und eine Expertise bestehen, das Wissen ist somit für den Empfänger leichter zu erfassen (Hansen/Podolny/Pfeffer 2001, S. 26).

Zusammenfassung

Zusammenfassend lässt sich konstatieren, dass Wissen über interne Prozesse und Projektmanagement explizit, wenig komplex und leicht zu kodifizieren und deshalb einfacher zu erwerben ist. Weiterhin ist es weniger innovativ und auch nicht direkt wettbewerbsentscheidend und kann als Exploitations-Wissen interpretiert werden. Markt- und Produktwissen dagegen weist einen taziten und komplexen Charakter auf und ist schwierig zu kodifizieren und zu übertragen. Markt- und Produktwissen kann als technologisches oder Ingenieur-Wissen bezeichnet werden. Hinzu kommen der innovative Charakter sowie die wettbewerbsentscheidende Bedeutung, die Markt- und Produktwissen zu Explorations-Wissen macht.

Aufbauend auf der Unterscheidung von Markt- und Produktwissen als Explorations-Wissen und Wissen über interne Prozesse und Projektmanagement als Exploitations-Wissen sollen im folgenden Kapitel die unterschiedlichen Wirkungen der unabhängigen Variablen erklärt werden.

6.3.2 Unabhängige Variablen: Soziales Kapital

In den Hypothesen wird eine durchweg positive Wirkung der Variablen des sozialen Kapitals auf den interorganisationalen Wissenserwerb postuliert. Die Ergebnisse der empirischen Studie zeigen hierbei jedoch, dass es Abweichungen von dieser anfänglichen These gibt. Außer der Variablen „ähnliche Denkmuster", die wie antizipiert positiv auf den interorganisationalen Wissenserwerb wirkt, sind die Ergebnisse der empirischen Studie differenzierter. Einige Variablen, wie die „Anzahl an Verbindungen", die „Anzahl und Innovativität" sowie die „gemeinsamen Ziele", weisen keine direkte Wirkung auf den interorganisationalen Wissenserwerb auf. Möglicherweise würden diese bei einer Erhöhung des Stichprobenumfangs auf die abhängige Variable wirken.

Die weiteren Variablen unterscheiden sich in ihrer Wirkung von der Art des zu erwerbenden Wissens. Während die „Heterogenität und Innovativität" sowie die „Stärke der Beziehung" auf den „Wissenserwerb Märkte und Produkte" positiv wirken, übt das „Vertrauen" eine negative Wirkung auf den „Wissenserwerb interne Prozesse und Projektmanagement" aus.

Die größte Abweichung von der postulierten Wirkung der Variablen des sozialen Kapitals zeigt folglich die relationale Dimension. Deshalb soll sie im Folgenden genauer betrachtet werden. Dafür wird ein Erklärungskonzept gefunden, das auf der im vorherigen Kapitel getroffenen Unterscheidung zwischen Explorations- und Exploitations-Wissen aufbaut. Deshalb soll dieses Konzept vor dem Hintergrund des sozialen Kapitals im Folgenden näher erläutert werden.

6.3.2.1 Erklärungskonzept Explorations- und Exploitations-Wissen

Nooteboom verknüpft in der bereits beschriebenen Veröffentlichung über Lernen und Innovation in interorganisationalen Beziehungen das Konzept des Explorations- und Exploitations-Wissens mit der bereits seit längerem in der Literatur geführten Diskussion des Konzepts starker und schwacher Beziehungen.

Es soll deshalb als Hintergrundinformation die Literatur zur Vorteilhaftigkeit von starken beziehungsweise schwachen Beziehungen näher erläutert werden.

Starke Beziehungen sind gekennzeichnet durch häufige Interaktionen zwischen den Akteuren sowie eine enge, reziproke und intime Beziehung (Granovetter 1973, S. 1361). Unter Intimität wird teilweise Vertrauen verstanden und in manchen Beiträgen wird dieses zur „Stärke der Beziehung" gezählt. In der dieser Arbeit zugrundeliegenden Definition der Stärke der Beziehung ist das Vertrauen jedoch bewusst davon abgegrenzt, um eine separate Wirkung der beiden Variablen auf den interorganisationalen Wissenserwerb festzustellen (siehe Kapitel 4.3.3.2). Bei der Argumentation über starke und schwache Beziehungen rekurrieren die Autoren zumeist auf beide Variablen der relationalen Dimension. Auch die Ergebnisse der vorliegenden empirischen Studie zeigen eine starke Zusammengehörigkeit der beiden Variablen. Dies rechtfertigt auf alle Fälle die gemeinsame Betrachtung innerhalb einer Dimension, der relationalen Dimension. Aus diesem Grund soll bei der Argumentation über starke und schwache Beziehungen die relationale Dimension als Einheit betrachtet werden, also sowohl die Stärke der Beziehung als auch das Vertrauen miteinbezogen werden. Es wird hierbei also eine erweiterte Definition der starken Beziehungen benutzt, die das Vertrauen beinhalt.

Schwache Beziehungen sind im Umkehrschluss durch niedrige Interaktionen der Akteure sowie eine weniger enge, reziproke und intime, beziehungsweise vertrauensvolle, Beziehung gekennzeichnet (Granovetter 1973, S. 1361).

Für einige Autoren sollen Netzwerke sowohl aus starken wie auch aus schwachen Beziehungen bestehen, um es optimal auszunutzen (Burt 1992, S. 27ff.; Elfring/Hulsink 2003, S. 410; Granovetter 1973, S. 1361ff.; Rowley/Behrens/Krackhardt 2000, S. 369). Da diese Autoren maßgeblich die Diskussion zu starken versus schwachen Beziehungen angestoßen haben, soll hier die Argumentation kurz vorgestellt werden. Die Argumente für die Vorteilhaftigkeit von starken Beziehungen wurden in Kapitel 4.3.3.2 bereits erörtert. Das Hauptargument ist hierbei eine erhöhte Motivation, Wissen weiterzugeben oder auch anzunehmen, begründet durch eine starke Beziehung (Krackhardt 1992, S. 218; Nahapiet/Ghoshal 1998, S. 249). Die Vorteilhaftigkeit von schwachen Beziehungen liegt nicht in der Schwäche der Beziehung, sondern lässt sich über eine Erhöhung der Möglichkeiten des Wissenserwerbs erklären. Eine Gefahr für den Wissenserwerb in starken Beziehungen ist die häufig auftretende Bildung von cliquenähnlichen Gruppen. Da die Akteure häufig miteinander zu tun haben und eine enge Beziehung aufbauen, gleichen sich oft die Wissensbasen aneinander an. Als Folge weist das zu erwerbende Wissen möglicherweise Redundanzen auf (Adler/Kwon 2002, S. 31; Uzzi 1997, S. 58ff.; Yli-Renko/Autio/Sapienza 2001, S. 60). In schwachen Beziehungen besteht die Chance über eine einzige schwache Verbindung Zugang zu einem neuen Netzwerk zu erhalten und so Redundanzen zu vermeiden. Die Vermeidung von Redundanzen ergibt sich sowohl dadurch, dass nicht bereits bekanntes und sich wiederholendes Wissen erworben werden kann, als auch dadurch, dass Akteure sich nicht über die Maßen mit kostenintensiven starken Beziehungen beschäftigen, sondern Kapazitäten für mehrere Beziehungen offenhalten (Burt 1992, S. 92; Coleman 1988, S. 109; Elfring/Hulsink 2003, S. 410ff.; Granovetter 1973, S. 367). In der Literatur werden diese nicht-redundanten Kontakte häufig über ein strukturelles Loch verbunden, um somit Überlappungen zu vermeiden. Die Theorie der strukturellen Löcher wurde bereits an mehreren Stellen kurz vorgestellt (siehe Kapitel 4.1.1.2; 4.3.2.1; 4.3.5.2). Den Anhängern des Ansatzes zu strukturellen Löchern folgend besteht keine Notwendigkeit einer Beziehung zwischen einem Akteur A und B, wenn diese bereits über einen dritten Akteur C verbunden sind, da die Akteure A und B Zugang zu dem Wissen des jeweils anderen über C erhalten (Burt 2000, S. 353f.; Burt 1992, S. 18ff.).

Eine Weiterentwicklung zu der Grundhypothese der Diskussion zu starken und schwachen Beziehungen stellt die *Kontingenzperspektive* dar. Von einigen Autoren wird eine unterschiedliche Wirkung abhängig von den Eigenschaften des zu erwerbenden Wissens vorgeschlagen.

In mehreren Veröffentlichungen werden die Vorteilhaftigkeit von starken Beziehungen bei dem Erwerb von komplexem, tazitem oder auch Explorations-Wissen sowie die Überlegenheit von schwachen Beziehungen bei weniger komplexem, explizitem oder Exploitations-Wissen dargestellt. Dabei wird das ursprüngliche OMA-Modell, das in Kapitel 4.2 vorgestellt wurde, als Argumentationsgerüst erweitert. Die *Motivation*, die bei der relationalen Dimension in erster Linie die Akteure dazu bringt, Wissen aufgrund von Vertrauen und der Stärke der Beziehung zu transferieren, wird erweitert um die *Fähigkeit* und die *Möglichkeit*, Wissen zu erwerben.

Um komplexes und tazites Wissen zu erwerben, reicht die Motivation des Senders und des Empfängers allein möglicherweise nicht aus. Eine starke Beziehung ermöglicht der Herausbildung der Fähigkeit, dieses komplexe und tazite Wissen zu verstehen und aufzunehmen. Dabei ist insbesondere eine häufige Interaktion wichtig, bei der der Sender die Gelegenheit hat, die Hintergründe und Zusammenhänge des taziten Wissens tiefer zu erkennen und möglicherweise selbst damit zu arbeiten. Durch die Enge und Intimität der Zusammenarbeit passiert etwas Ähnliches: Es eröffnet sich die Möglichkeit für einen Akteur, tiefe Einblicke in das Wissen von anderen Akteuren zu bekommen. Dadurch erwirbt der Akteur die Fähigkeit, die anderen Akteure besser zu verstehen, und kann auch schwierig zu transferierendes Wissen erwerben (Becerra/Lunnan/Huemer 2008, S. 696ff.; Hansen/Podolny/Pfeffer 2001, S. 25).

Eine tiefgehende Einsicht in andere Organisationen und eine häufige Interaktion mit den Partnern kosten Zeit und Ressourcen. Diese Kosten sind für nicht komplexes und explizites Wissen weniger notwendig, da hier bereits die Motivation oder die *Möglichkeit* eines kurzen Einblicks in den Wissensbestand der Partner genügt, um das Wissen aufzunehmen. Aus diesem Grund sind im Kontext von explizitem und weniger komplexem Wissen schwache Beziehungen für den Erwerb dieses Wissens ausreichend und auch effizienter (Becerra/Lunnan/Huemer 2008, S. 696ff.; Hansen 1999, S. 87ff.; Hansen/Podolny/Pfeffer 2001, S. 26).

Parallele Ergebnisse sind in der bereits erwähnten Studie von Sammarra und Biggiero herausgekommen, in der der Wissenserwerb von 32 Organisationen in der Raumfahrtindustrie in drei Wissensarten unterschieden wird. Das Markt- und Produktwissen, das in dieser Studie wie in der vorliegenden Arbeit aus dem technologischen Wissen und dem Marktwissen besteht, wird insbesondere in engen und dichten Netzwerken übertragen, bei denen wenige Akteure isoliert sind. Weiterhin kann auch mehr Markt- und Produktwissen erworben werden, wenn eine große Anzahl an Akteuren zu dem Netzwerk gehört. Im Unterschied dazu ist bei dem Wissen über interne Prozesse und Projektmanagement, das in der Studie als Managementwissen bezeichnet wird, für den Erwerb kein enges oder dichtes Netzwerk notwendig. Es genügt weiterhin eine geringere Anzahl an Kontakten (Sammarra/Biggiero 2008, S. 817f.).

Überträgt man die Argumentation der starken versus schwachen Beziehungen, verknüpft mit dem Ansatz zu Explorations- versus Exploitations-Wissen, auf die empirischen Daten der vorliegenden Arbeit, liefert dies einen Erklärungsansatz für die unterschiedlichen Wirkungen der unabhängigen Variablen auf den interorganisationalen Wissenserwerb.

6.3.2.2 Stärke der Beziehung und Wissenserwerb Märkte und Produkte

Da Markt- und Produktwissen als Explorations-Wissen interpretiert werden kann, sind insbesondere starke Beziehungen förderlich für den Wissenserwerb. Diese Konstellation wird von Nooteboom als „Explorations-Netzwerk" bezeichnet (Nooteboom 2008, S. 622). Die positive Verbindung zwischen der „Stärke der Beziehung" und dem „Wissenserwerb Märkte und Produkte" liegt in den empirischen Daten vor. Wünschenswert wäre auch eine positiv Wirkung der Variablen „Vertrauen" auf den „Wissenserwerb Märkte und Produkte", da für die Diskussion unter einer starken Beziehung die komplette relationale Dimension verstanden wird. Eine positive Wirkung des „Vertrauens" auf den „Wissenserwerb Märkte und Produkte" kann in dem Modell allerdings nur indirekt über die signifikante Wirkung von „Vertrauen" auf „Stärke der Beziehung" (H12b) gezeigt werden.

Erklärungsgrundlage für die positive Wirkung von starken Beziehungen im Kontext von Markt- und Produktwissen ist einerseits die Motivation, neues und innovatives Wissen mit dem Partner zu teilen, und andererseits die Motivation und die Fähigkeit, das komplexe Wissen aufzunehmen. Lediglich der Aspekt der Fähigkeit, der aufgrund der Eigenschaft des Markt- und Produktwissens notwendig wird, stellt eine Neuerung in der Argumentation zu der in Kapitel 4.3.3.2 begründeten Hypothese dar. Im Folgenden soll deshalb hier nur kurz auf die Übertragbarkeit des Explorations-Netzwerks in dem Kontext der starken Beziehungen und dem Markt- und Produktwissen eingegangen werden.

In interorganisationalen Projekten, in denen häufig konkurrierende Organisationen zusammenarbeiten, wird Markt- und Produktwissen, gerade weil es innovativ und wettbewerbsentscheidend sein kann, eher übertragen, wenn die Akteure eine enge Bindung zueinander haben. Die enge Bindung motiviert dazu, Wissen preiszugeben (Krackhardt 1992, S. 218; Nahapiet/Ghoshal 1998, S. 249). Hinzu kommt, dass das komplexe oder tazite Wissen für einen Empfänger schwierig zu verstehen ist, insbesondere, da es sich für die fokale Organisation um neues Wissen handelt. Tazites Wissen hängt häufig an einzelnen Personen und beruht auf deren Erfahrung (Kogut/Zander 1992, S. 387f.; Makhija/Ganesh 1997, S. 516; Nonaka 1994, S. 16; Polanyi 1985, S. 14ff.). Deshalb besteht nur durch eine häufige Interaktion die Möglichkeit, tazites Wissen zu erfassen, da hier die Aufnahmefähigkeit gesteigert ist (Hansen 1999, S. 89; Reagans/McEvily 2003, S. 254ff.).

Die Gespräche mit den Vertretern des Maschinen- und Anlagenbaus unterstützen ebenfalls die oben geführte Argumentation. Die Gesprächspartner beschreiben die Notwendigkeit einer engen Zusammenarbeit sowie von persönlichen Kontakten als notwendige Voraussetzung, um das komplexe und tazite Markt- und Produktwissen zu erwerben (Interview 16, 30, 31, 32, 33). Um das Markt- und Produktwissen zu erfassen, muss die fokale Organisation die Möglichkeit haben, „tief in die andere Organisation hineinzusehen und die technologischen Details zu verstehen" (Interview 30, 31). Je enger die Beziehung zwischen den Akteuren ist, desto besser kann das Markt- und Produktwissen erworben werden, da beispielsweise die andere Partei der fokalen Organisation ihre Anwendung zeigt (Interview 30), die Parteien lernen, indem sie Erfahrungen miteinander austauschen (Interview 31) oder durch „häufige Interaktion oder persönliche Kontakte technologische Details teilen" (Interview 16). Da man das Markt- und Produktwissen nicht formalisieren kann, ist es notwendig, dass die Parteien sich zunächst gut verstehen, damit sie dann motiviert und fähig sind, dieses schwierig zu übertragende technologische Wissen weiterzugeben (Interview 32).

In den Gesprächen zeigt sich darüber hinaus, dass es trotz der beschränkten Dauer eines interorganisationalen Projektes möglich ist, starke Beziehungen zu den anderen Organisationen zu schließen. Ein Gesprächspartner spricht in einem Beispiel von einer sehr engen Beziehung und vergleicht diese mit einer eheähnlichen Liebesbeziehung, in der man sich täglich E-Mails schreibt, häufig gemeinsame Besprechungen hat und sich viel und eng abstimmt. Da die „gute Chemie" einen Erfolgsfaktor für das interorganisationale Projekt darstellt, ist es das Ziel für einen Gesprächspartner, mit den anderen Organisationen eine partnerschaftliche Beziehung zu pflegen. Hinzu kommt, dass viele Großprojekte internationaler Natur sind und man sich auf Reisen besser kennenlernt und sich so auch eine Beziehung entwickeln kann (Interview 16).

6.3.2.3 Vertrauen und Wissenserwerb interne Prozesse und Projektmanagement

Neben der positiven Wirkung der starken Beziehungen im Kontext des komplexen Markt- und Produktwissens kann die negative Wirkung des „Vertrauens" auf den „Wissenserwerb interne Prozesse und Projektmanagement" ebenfalls über die Argumentation der starken und schwachen Beziehungen erklärt werden. Nooteboom bezeichnet diese Konstellation als Exploitations-Netzwerk (Nooteboom 2008, S. 622).

Das negative Vertrauen drückt hierbei die schwache Beziehung aus. Da Wissen über interne Prozesse und Projektmanagement als explizites, weniger komplexes und Exploitations-Wissen bezeichnet werden kann, sind für einen Erwerb schwache Beziehungen von Vorteil. Das Vertrauen wirkt statistisch signifikant und negativ auf den „Wissenserwerb interne Prozesse und Projektmanagement". Das bedeutet, dass umso mehr Wissen über interne Prozesse und Projektmanagement erworben wird, je geringer das Vertrauen zwischen den Organisationen ausgeprägt ist. Die schwache Beziehung manifestiert sich hier insbesondere im Vertrauen, die Variable „Stärke der Beziehung" wirkt in erster Linie auf das „Vertrauen" und nicht umgekehrt (H12a). Da die negative Wirkung zwischen Vertrauen und dem interorganisationalen Wissenserwerb in der Hypothese (H6) so nicht antizipiert war, soll an dieser Stelle eine ausführliche Diskussion stattfinden.

Logik der Vorteilhaftigkeit schwacher Beziehungen

Die Logik der schwachen Beziehung kann wie folgt für die negative Wirkung des Vertrauens auf den „Wissenserwerb interne Prozesse und Projektmanagement" angewandt und interpretiert werden:

Das Wissen über interne Prozesse und Projektmanagement stellt für den Empfänger kein neues und kein schwierig aufzunehmendes Wissen dar. Die Eigenschaften des Wissens über interne Prozesse und Projektmanagement vereinfachen den Erwerb erheblich. Deshalb ist eine vertrauensvolle Beziehung zwischen Sender und Empfänger nicht notwendig. Der Empfänger hat bereits Kompetenzen in dem Gebiet des Managements von internen Prozessen und Projekten und kann so das Wissen leicht aufnehmen und mit dem bereits bestehenden verknüpfen (Cohen/Levinthal 1990, S. 129; Ingram 2005, S. 649). Hinzu kommt, dass sich das explizite Wissen über interne Prozesse und Projektmanagement einfacher übertragen lässt, ohne dass dazu eine häufige Interaktion notwendig ist (Hansen 1999, S. 89; Reagans/McEvily 2003, S. 254ff.). Im Kontrast zu tazitem Wissen ist bei dem Transfer von explizitem Wissen eine vertrauensvolle Beziehung auch deshalb nicht notwendig, da es einfach kodifiziert werden kann und so unabhängig von Individuen ist (Becerra/Lunnan/Huemer 2008, S. 695). Dies bestätigen Becerra, Lunnan und Huemer in einer branchenübergreifenden Studie von 155 Organisationen und ihrem Wissensaustausch mit ihren Allianzpartnern: Während beim Transfer von tazitem Wissen eine enge Beziehung zwischen den Partnern wichtig ist, kann gezeigt werden, dass Vertrauen bei explizitem Wissen eine untergeordnete Rolle einnimmt (Becerra/Lunnan/Huemer 2008, S. 696ff.).

Die Einfachheit des Erwerbs von Wissen über interne Prozesse und Projektmanagement wird auch von einigen Experten beschrieben (Interview 30, 31, 32). Der Gesprächpartner aus Interview 30 zeigt auf, wie die Einsicht in eine Organisation relativ einfach gestaltet sein kann und die bloße Möglichkeit zum Wissenserwerb genügt:

> „Beim Kunden fallen uns schon manchmal Dinge auf, wie Sauberkeit, Materialfluss und wie die Prozesse so grob laufen. Wie das Projektmanagement läuft, bekommen wir relativ leicht mit, z.B. auch über Termindruck." (Interview 30)

Ein Gesprächpartner aus Interview 31 stellt insbesondere die Notwendigkeit der Motivation des Empfängers dar, um das explizite Wissen über interne Prozesse und Projektmanagement aufzunehmen. Eine enge Beziehung zwischen Sender und Empfänger hält er dagegen nicht für notwendig. Die Möglichkeiten, etwas über Projektmanagement und interne Prozesse zu erfahren, sind vorhanden. Sofern die Motivation des Empfängers vorliegt, könnte ein Akteur prinzipiell bei jedem Auftrag lernen (Interview 31).

Ein Gesprächpartner aus Interview 32 stellt nochmals den Unterschied zwischen der Übertragung des formalisierbaren Wissens über interne Prozesse und Projektmanagement sowie dem taziten Markt- und Produktwissen dar:

> „Beim Wissen über Projektmanagement ist Vertrauen nicht so wichtig, weil es ein formaler Prozess ist. Das technologische Wissen – es ist ja wirklich Knowhow, was da im Kopf steckt – das kann man mit Formalismus nicht abbilden. Das ist nicht formelles Wissen. Das andere, Projektmanagementwissen, kann ich standardisieren, eine Schnittstelle kann ich definieren, Know-how kann ich nicht definieren. […] Weil Projektmanagementwissen formalisierbar ist, kann man es leichter und schneller übertragen." (Interview 32)

Daraus lässt sich ableiten, dass Vertrauen nicht notwendig ist, um Wissen über interne Prozesse und Projektmanagement zu erwerben. Da der Beziehungsaufbau häufig mit Kosten verbunden und sehr zeitintensiv ist, ist er für den Kontext des Erwerbs von Wissen über interne Prozesse und Projektmanagement nicht zielführend (Interview 31; Madhok/Tallman 1998, S. 332).

Die Argumentation der Vorteilhaftigkeit von schwachen Beziehungen beruht maßgeblich auf der Annahme, dass die Pflege von starken Kontakten mit Kosten verbunden ist, die in schwachen Beziehungen nicht notwendig sind. Hinzu kommen noch Opportunitätskosten, da in dieser Zeit keine Kontakte mit anderen Akteuren geschlossen werden können, die eventuell weiteres neues Wissen in die Organisation bringen würden (Hansen 1999, S. 85). Insbesondere der Aufbau von Vertrauen in dem Kontext der interorganisationalen Projekte ist aufgrund der möglichen Konkurrenzsituation zwar schwieriger, aber im Umkehrschluss nicht notwendig, da das Wissen nicht direkt wettbewerbsentscheidend ist.

Existenz von Verträgen in Exploitations-Netzwerken

Nach Nooteboom sind die schwachen Beziehungen sowie die seltenere Interaktion miteinander in Exploitations-Netzwerken ein Grund dafür, Verträge abzuschließen. Im Gegensatz dazu machen Verträge in Explorations-Netzwerken weniger Sinn, da hier die starke Beziehung und die häufige Interaktion die Zusammenarbeit regeln (Nooteboom 2008, S. 622). Diese These ist geeignet, die negative Wirkung des „Vertrauens" auf den „Wissenserwerb interne Prozesse und Projektmanagement" noch genauer zu erklären und damit die Argumentation über starke und schwache Beziehungen zu festigen.

Aus diesem Grund wird zur Überprüfung eine weitere Kontrollvariable, die „Existenz eines Vertrages", in das bestehende Modell eingeführt. Ein Vertrag wird hier verstanden als ein rechtlich bindendes Übereinkommen zwischen zwei oder mehreren Parteien (Lyons/Mehta 1997, S. 241). Der genaue Wortlaut des verwendeten Indikators kann in Anhang 12 eingesehen werden. Es wird mit Hilfe einer binärcodierten Dummyvariablen geprüft, ob für das interorganisationale Projekt ein Vertrag vorliegt oder nicht.

Die zusätzlich eingeführte Kontrollvariable „Existenz eines Vertrages" kann die These unterstützen: Sie übernimmt in den vorliegenden Daten die Funktion eines Mediators zwischen den Variablen „Vertrauen" und „Wissenserwerb interne Prozesse und Projektmanagement". Abbildung 16 zeigt die Position des Mediators.

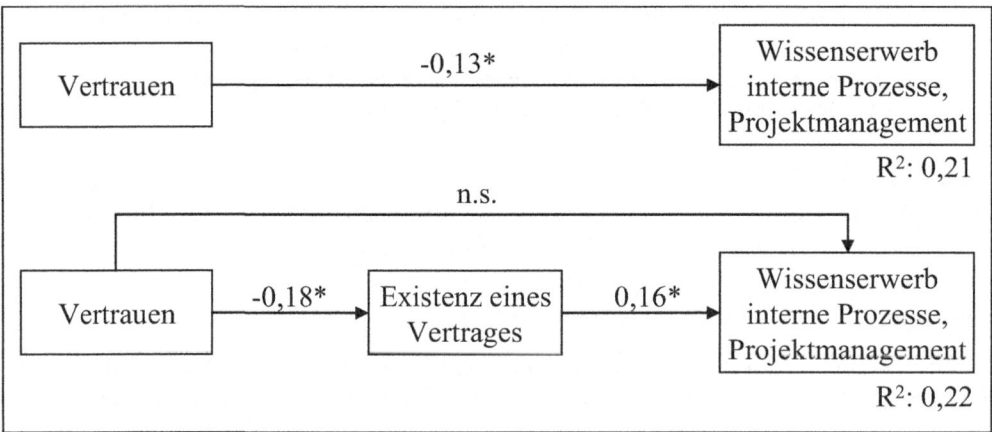

Abbildung 16: Wirkungszusammenhänge Vertrauen, Existenz eines Vertrages und Wissenserwerb interne Prozesse, Projektmanagement

Der Mediator „Existenz eines Vertrages" nimmt eine Mittlerposition zwischen dem „Vertrauen" und dem „Wissenserwerb interne Prozesse und Projektmanagement" ein und hilft, die vorherige Beziehung zu erklären (Baron/Kenny 1986, S. 1176; Müller 2007, S. 253)[34]. Das um die Kontrollvariable „Existenz eines Vertrages" erweiterte Gesamtmodell in Anhang 13 abgebildet. Der R^2 der abhängigen Variable „Wissenserwerb interne Prozesse und Projektmanagement" erhöht sich bei Einführung des Mediators von 0,21 auf 0,22. Das bedeutet, dass die „Existenz eines Vertrages" darüber hinaus auch dazu beträgt, den Erwerb von Wissen über interne Prozesse und Projektmanagement zu erklären.

Die statistische Wirkung des Mediators kann im Pfadmodell nachgewiesen werden. Jedoch können die für eine endgültige statistische Prüfung notwendigen Schritte nach dem vielzitierten und als Standard etablierten Beitrag von Baron und Kenny hier nicht abschließend geprüft werden, da die Kontrollvariable „Existenz eines Vertrages" aus dem Datensatz mit nur 128 Fällen stammt. (Baron/Kenny 1986, S. 1176ff.; Frazier/Tix/Barron 2004, S. 125ff.; Holmbeck 1997, S. 602ff.; Müller 2007, S. 253ff.)[35]. Es wird deshalb vorgeschlagen, in weiteren Untersuchungen auf den Aspekt der Vertragsgestaltung im Zusammenhang mit dem Vertrauen genauer einzugehen. Für ein besseres Verständnis der Mediatorvariablen sollen die Einzelwirkungen kurz vorgestellt werden und diese anschließend im Gesamtkontext erläutert werden.

Die Variable „Vertrauen" wirkt negativ auf die „Existenz eines Vertrages", dies kann folgendermaßen interpretiert werden: Wenn das Vertrauen zwischen den Akteuren gering ausgeprägt ist, wird ein Vertrag geschlossen. Bei hohem Vertrauen dagegen werden Verträge als weniger notwendig betrachtet. Diese Verbindung erscheint nachvollziehbar und findet sich in mehreren Beiträgen zu Vertrauen und Verträgen wieder (z.B. Bradach/Eccles 1989, S. 106ff.; Das/Teng 1998, S. 495; Woolthuis/Hillebrand/Nooteboom 2005, S. 825). Die Existenz eines Vertrages ersetzt somit das Vertrauen und kann als Substitut des Vertrauens angesehen werden (Das/Teng 1998, S. 495)[36].

In den Gesprächen mit den Vertretern des Maschinen- und Anlagenbaus wird ebenfalls die Tendenz zu Verträgen und Vertrauen als Substitute deutlich. Ein Ge-

---

[34] In Abgrenzung zu einer Moderatorvariablen würde diese die Wirkungsintensität der Variablen „Vertrauen" auf den „Wissenserwerb interne Prozesse und Projektmanagement" beeinflussen (Baron/Kenny 1986, S. 1174f.; Müller 2007, S. 245f.). Dies liegt hier nicht vor.

[35] Eine solche Analyse würde außerhalb des Pfadmodells stattfinden. Deshalb müssten die übrigen Daten, das „Vertrauen" sowie der „Wissenserwerb interne Prozesse und Projektmanagement" ebenfalls mit nur 128 Fällen anstatt 218 in die Analyse eingehen, was die Ergebnisse verfälschen würde (Baron/Kenny 1986, S. 1176ff.; Frazier/Tix/Barron 2004, S. 125ff.; Holmbeck 1997, S. 602ff.; Müller 2007, S. 253ff.).

[36] Während in der vorliegenden Arbeit das Vertrauen durch Verträge ersetzt werden kann, liegen in der Literatur kontroverse Ergebnisse vor, ob Vertrauen und Verträge als Substitute (Das/Teng 1998; Lyons/Mehta 1997) oder als Komplementäre (Luo 2002; Poppo/Zenger 2002; Long/Cardinal 2005, S. 3) oder auch als beides (Woolthuis/Hillebrand/Nooteboom 2005) angesehen werden.

sprächspartner spricht explizit an, dass ein Vertrag ein Vertrauensverhältnis ersetzen kann, da er der sauberen und fairen Abgrenzung zwischen Auftraggeber und Auftragnehmer dient und im Schadensfall für beide Seiten die Abwicklung erleichtert (Interview 31). Ein weiterer Gesprächspartner sieht den Sinn von Verträgen darin, „sich abzusichern, Gewährleistung zu regeln, Risiko zu diversifizieren, um Vertrauen zumindest vertraglich zu reglementieren" (Interview 32).

Umgekehrt kann ein Vertrag häufig auch nicht alles regeln, so dass ein Vertrauensverhältnis auch einen Vertrag ersetzen kann (Interview 33). Aus diesem Grund gibt es laut einem weiteren Gesprächspartner auch den Fall, dass kein Vertrag zwischen den Organisationen geschlossen wird, sondern sehr viel über Vertrauen und persönliche Beziehungen geregelt wird (Interview 30).

Weiterhin wirkt die „Existenz eines Vertrages" signifikant positiv auf den „Wissenserwerb interne Prozesse und Projektmanagement". Diese positive Wirkung von Verträgen auf Ergebnisse wie den Wissenserwerb kann in einigen Beiträgen gezeigt werden (Bradach/Eccles 1989; Ferguson/Paulin/Bergeron 2005; Luo 2002).

Eingebettet in den Gesamtkontext kann dies bedeuten, dass Verträge in einem interorganisationalen Projekt zwischen den Partnerorganisationen geschlossen werden, wenn das Vertrauen niedrig ausgeprägt ist. Die Existenz von Verträgen wiederum führt dazu, dass mehr Wissen über interne Prozesse und Projektmanagement erworben wird. Diese Zusammenhänge unterstützen die Argumentation der Vorteilhaftigkeit von schwachen Beziehungen im Kontext des Erwerbs von Wissen über interne Prozesse und Projektmanagement. Für den Austausch von einfach zu übertragendem Wissen über interne Prozesse und Projektmanagement genügen nicht nur schwache Beziehungen, das Vertrauensverhältnis dieser schwachen Beziehungen lässt sich auch durch Verträge ersetzen.

Bei dem Erwerb von Markt- und Produktwissen dagegen ist eine starke Beziehung notwendig, die „Existenz eines Vertrages" als Mediator ist hier statistisch deshalb nicht signifikant. In dem Kontext des Erwerbs von Markt- und Produktwissen würden Verträge auch nach der Argumentation von Nooteboom keinen Nutzen stiften (Nooteboom 2008, S. 622). Obwohl Verträge möglicherweise die Zeit für den Aufbau einer starken Beziehung verkürzen könnten, spielt dies in diesem Kontext keine Rolle. Enge Beziehungen sowie eine häufige Interaktion sind vonnöten, um komplexes Markt- und Produktwissen zu übertragen.

Aufbauend auf der Wirkung des Mediators „Existenz eines Vertrages" findet ein befragter Experte des Maschinen- und Anlagenbaus zudem noch eine weitere Erklärung für den Erwerb von Wissen über interne Prozesse und Projektmanagement: Um Wissen über interne Prozesse und Projektmanagement zu erwerben, kann es notwendig sein, dass sich die Akteure über organisatorische Dinge, die dann in einem Vertrag geregelt werden, abstimmen. In Verträgen werden häufig Inhalte zur gemeinsamen Projektzusammenarbeit sowie der Aufeinanderabstimmung von Prozessen geregelt. Die Auseinandersetzung mit Themen dieser Art führt dazu, dass Wissen über interne Prozesse und Projektmanagement erworben werden kann (Interview 32). Im Umkehrschluss wird bei einem starken Vertrauensverhältnis, das dazu führt, dass kein Vertrag geschlossen wird, weniger über vertragliche und organisatorische Aspekte gesprochen, so dass hier weniger Wissen über interne Prozesse und Projektmanagement erworben werden kann.

Um dieses Argument noch zu verdeutlichen, zeigen mehrere Gesprächspartner unterschiedliche Beispiele dafür auf, wie über die Vertragsgestaltung Wissen über interne Prozesse und Projektmanagement erworben werden kann (Interview 16, 32, 33). Ein Gesprächspartner beschreibt die positiven Auswirkungen von Verträgen auf den Erwerb von Wissen über interne Prozesse und Projektmanagement wie folgt:

„Verträge bedeuteten, du schreibst fest, wann muss was wie passieren, welche Leistung erwartest du von wem. Dadurch werden Prozesse, Projektpläne und Projektabläufe inklusive Zeichnungen und sonstiges Bestandteile des Vertrages. Und wenn das sauber abgeschlossen ist, dann lernt man da über das Vertragsabschließen und interne Prozesse schon sehr viel." (Interview 32)

Neben der Auskunftsperson aus Interview 32 sieht noch ein anderer Gesprächspartner Verträge als eine Möglichkeit an, daraus etwas für interne Prozesse oder das Projektmanagement zu lernen:

„Im Vertrag ist das gesamte Projektmanagement geregelt, es geht darum Projekte abzuwickeln mit viel Manpower, mit viel interaktiver Zusammenarbeit der Einzelgewerke. Klar kann man da dann, wenn man sich mit dem Vertrag beschäftigt, auch was abkucken von den anderen." (Interview 31)

Laut einem weiteren Gesprächspartner dauert in seiner Organisation der Prozess des Vertragsabschlusses circa ein Jahr. Da es sich hierbei um einen längeren Verhandlungsprozess handelt, besteht die Möglichkeit, hier einiges über die internen Prozesse und das Projektmanagement der Partnerorganisationen zu lernen. So kann nach seinen Aussagen bei jedem Auftrag etwas für Folgeprojekte mit denselben oder mit anderen Partnern gelernt werden. Beispiele hierfür sind Wissen über Preis- und Kostenkalkulation, über interne Regelungen in Projekten, wie Projekttreffen etc., oder auch für die Vertragsgestaltung an sich (Interview 33).

Da eine gegenseitige Abstimmung den Wissenserwerb fördert, lässt sich noch eine weitere Erklärungsgrundlage für die Vorteilhaftigkeit einer niedrigen Ausprägung der Variablen „Vertrauen" für den „Wissenserwerb interne Prozesse und Projektmanagement" ableiten. Gerade wenn Akteure sich wenig vertrauen, wächst die Bedeutung von gegenseitiger Kontrolle (Das/Teng 1998, S. 495; Sitkin/Roth 1993, S. 373). Eine Ausprägung von Kontrolle stellt, wie im vorliegenden Fall gezeigt, die Existenz eines Vertrages dar (Das/Teng 1998, S. 493; Woolthuis/Hillebrand/Nooteboom 2005, S. 816). Gleichzeitig sind aber neben den

Verträgen noch weitere Überwachungs- und Kontrollmaßnahmen denkbar, um das Risiko von opportunistischem Verhalten zu senken. So beschäftigen sich die Akteure intensiver miteinander und tauschen mehr Informationen aus, um den anderen zu evaluieren (Bonoma/Johnston 1979, S. 42; Spreitzer/Mishra 1999, S. 160f.). Die häufige Interaktion und Evaluation begünstigen den Zugang zu Wissen von dem Partner, so dass aufgrund von einer niedrigen Ausprägung von Vertrauen mehr Wissen über interne Prozesse und Projektmanagement erworben werden kann (Muehlberger 2005, S. 6).

Dauer der Zusammenarbeit in Exploitations-Netzwerken

Neben der Existenz von Verträgen schlägt Nooteboom noch eine längere Dauer der Beziehungen in Exploitations-Netzwerken gegenüber Explorations-Netzwerken vor, da es hier nicht notwendig ist, ständig neue Partner mit neuem innovativem Wissen zu erhalten (Nooteboom 2008, S. 622).

Parallel zu dieser These wirkt die Kontrollvariable „Projektgrund: Bestehende Partnerschaft" positiv auf den „Wissenserwerb interne Prozesse und Projektmanagement". Ist der Grund für die Durchführung eines interorganisationalen Projektes eine bestehende Partnerschaft, so wird mehr Wissen über interne Prozesse und Projektmanagement erworben. Im Gegensatz dazu spielt die Dauer bei Explorations-Netzwerken eine geringere Rolle. Dies findet sich auch in den Daten wieder, die Kontrollvariable „Projektgrund: Bestehende Partnerschaft" steht in keinem signifikanten statistischen Zusammenhang zu dem „Wissenserwerb Märkte und Produkte". Die These von Nooteboom kann durch die Daten folglich unterstützt werden und damit die Argumentation von Nooteboom in dem Kontext weiter bestätigt werden.

Die positive Wirkung der Kontrollvariablen „Projektgrund: Bestehende Partnerschaft" auf den „Wissenserwerb interne Prozesse und Projektmanagement" wird in einem Interview erläutert. Für den Gesprächspartner liegt in einer bestehenden Partnerschaft insbesondere die Möglichkeit, Wissen über das Management dieser Zusammenarbeit zu erwerben. Man lernt hier beispielsweise, wie bei einem Kunden die Zusammenarbeit organisiert ist, wie häufig er sich treffen möchte und wie sinnvoll dies ist. Solche Aspekte können beispielsweise auch direkt in die neue Vertragsgestaltung mit einfließen (Interview 33).

6.3.3 Zusammenfassende Betrachtung der abhängigen und unabhängigen Variablen

Zusammenfassend sind für den Erwerb von Wissen über interne Prozesse und Projektmanagement vor allem schwache Beziehungen vorteilhaft, während für den Erwerb von Markt- und Produktwissen insbesondere starke Beziehungen notwendig sind.

Weil es sich bei Wissen über interne Prozesse und Projektmanagement nicht um wettbewerbsentscheidendes Wissen handelt, ist hier der Aufbau von Vertrauen nicht notwendig und wäre auch zu kostenintensiv. Die Existenz eines Vertrages wirkt sich in diesem Kontext als Ersatz für Vertrauen positiv auf den Wissenserwerb aus. Für den Wissenserwerb Märkte und Produkte ist dagegen eine starke Beziehung ausschlaggebend, da komplexes Wissen ohne diese nur schwierig übertragen werden kann.

Obwohl für eine Diskussion zu starken und schwachen Beziehungen im Kontext mit den Arten des zu erwerbenden Wissens die beiden Variablen „Vertrauen" und „Stärke der Beziehung" gemeinsam als relationale Dimension betrachtet werden, ist auffällig, dass diese sich in ihrer Wirkung unterscheiden. Für Markt- und Produktwissen spielt die Variable „Stärke der Beziehung" eine Rolle. Möglicherweise ist es hier insbesondere der Aspekt der Häufigkeit des Kontakts, der bei dem Erwerb von komplexem und tazitem Wissen hilfreich ist. Die Intimität, also das Vertrauen, spielt bei dem Markt- und Produktwissen nur eine untergeordnete Rolle, da es sich nur indirekt über die „Stärke der Beziehung" auf den „Wissenserwerb Märkte und Produkte" auswirkt. Dagegen ist im Kontext des Wissens über interne Prozesse und Projektmanagement die Analyse der Variable „Vertrauen" interessanter. Da die Entstehung von Vertrauen möglicherweise erst eine gewisse Zeit benötigt, kann Vertrauen in interorganisationalen Projekten leicht durch Verträge substituiert werden. Damit kann das Exploitations-Wissen problemlos ausgetauscht werden.

Die unterschiedliche Wirkung der beiden Variablen der relationalen Dimension auf die beiden Arten des interorganisationalen Wissenserwerbs unterstreicht die Relevanz, die Variablen „Vertrauen" und „Stärke der Beziehung" als zwei separate Konzepte getrennt voneinander zu betrachten.

Neben den Wirkungen der relationalen Dimension auf den interorganisationalen Wissenserwerb unterstützt noch eine weitere Wirkung die bisher geführte Argumentation. So lässt sich die positive Wirkung der Interaktionsvariablen „Heterogenität und Innovativität" auf den „Wissenserwerb Märkte und Produkte" ebenfalls über das Explorations-Wissen erklären. Da das Markt- und Produktwissen als wettbewerbsentscheidend bezeichnet werden kann und hier insbesondere innovative und neue Ideen ausschlaggebend für den Wissenserwerb sind, ist die Innovativität der Partner ein bestimmendes Kriterium. Innovative und heterogene Partner eröffnen die Möglichkeit auf neues und andersartiges Markt- und Produktwissen. Es genügt hier weder die „Anzahl an Verbindungen" allein oder der Interaktionseffekt „Anzahl und Innovativität" noch die „Heterogenität der Partner" allein. Die Partner müssen neben ihrer Heterogenität gleichzeitig auch innovative Ressourcen besitzen, damit von ihnen Markt- und Produktwissen erworben wird.

6.3.4 Wirkungen der Variablen des sozialen Kapitals untereinander

Abschließend sollen die abweichenden Ergebnisse der Wirkungen der Variablen des sozialen Kapitals untereinander diskutiert werden.

Anzahl an Verbindung und Stärke der Beziehung

Zunächst fällt hier die Wirkung der „Anzahl an Verbindungen" auf die „Stärke der Beziehung" auf. Diese ist nicht wie in Hypothese 10 angenommen negativ, sondern positiv. Dieses abweichende Ergebnis kann wie folgt interpretiert werden:

Je mehr Verbindungen eine fokale Projekteinheit besitzt, desto mehr Möglichkeiten ergeben sich, dass eine starke Beziehung aufgebaut wird. Dies ist nachvollziehbar, da zum Knüpfen einer starken Beziehung zunächst eine Verbindung zu einer anderen Person aufgebaut werden muss. Es lässt sich leicht nachvollziehen, dass dieses Phänomen insbesondere in dem deutschen Maschinen- und Anlagenbau auftritt. Hohe Budgetgrößen der interorganisationalen Projekte sowie zahlreiche beteiligte Partnerorganisationen und Projektmitarbeiter sind typisch für den deutschen Maschinen- und Anlagenbau (siehe Kapitel 5.1.1). In großen Projekten mit vielen Mitarbeitern ergeben sich schnell Möglichkeiten, Verbindungen zu knüpfen. Aufgrund der Wichtigkeit der interorganisationalen Projekte für die beteiligten Organisationen, die sich zumeist in den hohen Budgetgrößen zeigt, steigt auch die Notwendigkeit zu engen und häufigen Kontakten. Weiterhin sind die Laufzeiten von den interorganisationalen Projekten zumeist relativ lang, in der empirischen Studie im Durchschnitt 20,4 Monate. Deshalb kann sich, auch wenn die Anzahl an Verbindungen hoch ist, über die Zeit zwischen vielen Beteiligten eine starke Verbindung bilden. Hinzu kommt, dass die interorganisationalen Maschinen- und Anlagenbauprojekte häufig im Ausland stattfinden, d.h., die Akteure sind losgelöst von ihrem täglichen Arbeits- und Privatleben. Deshalb werden häufig sogar enge Freundschaften unter den Beteiligten geschlossen (Interview 16).

Einen weiteren Grund für die positive Wirkung der „Anzahl an Verbindungen" auf die „Stärke der Beziehung" stellen die Definition und Operationalisierung der Variablen dar. Um die „Anzahl an Verbindungen" einer fokalen Projekteinheit zu messen, werden die einzelnen Verbindungen der jeweiligen Akteure der fokalen Projekteinheit zu den einzelnen Akteuren der Partnerorganisationen kumuliert. Die Verbindungsanzahl liegt demnach nicht auf individueller Ebene, sondern auf Ebene der fokalen Projekteinheit vor. Gleiches gilt für die „Stärke der Beziehung". Deshalb ist das in der Literatur gebrauchte Argument, dass es für einen einzelnen Akteur schwierig ist, viele Verbindungen zu unterhalten, die gleichzeitig eng sind, hier nur bedingt gültig.

Relationale und kognitive Dimension

Weitere Auffälligkeiten sind die Beziehungen zwischen der kognitiven und der relationalen Dimension. Die vielen signifikanten Wirkungen zwischen einerseits den Variablen innerhalb der beiden Dimensionen als auch der beiden Dimensionen zueinander zeigen die konzeptionelle Zusammengehörigkeit der beiden Dimensionen.

Die Ergebnisse bestätigen damit die in der Literatur gefundene Aufteilung zwischen der Struktur und den Inhalten des sozialen Kapitals (siehe Kapitel 4.2). Die relationale und die kognitive Dimension stellen dabei die Inhalte dar, die theoretischen Ähnlichkeiten zeigen sich auch in den statistischen Wirkungen der Indikatoren untereinander. Allein die Verbindung zwischen der strukturellen und der relationalen Dimension, repräsentiert durch die Wirkung der „Anzahl an Verbindungen" auf die „Stärke der Beziehung", ist hierfür eine Ausnahme. Aber auch diese lässt sich anhand der Literatur belegen, da die „Stärke der Beziehung" häufig auch zur strukturellen Dimension gezählt wird (Inkpen/Tsang 2005, S. 152; Nahapiet/Ghoshal 1998, S. 252).

Variablen des sozialen Kapitals als Vorgrößen

Die Wirkungen des sozialen Kapitals untereinander, gemeinsam mit der beschränkten Wirkung von nur einigen Variablen auf den interorganisationalen Wissenserwerb, heben die Bedeutung einiger Variablen als Vorgrößen des sozialen Kapitals hervor.

So wirkt die Variable „gemeinsame Ziele" indirekt über die „Stärke der Beziehung" und über „Vertrauen" auf den interorganisationalen Wissenserwerb. Dieses Phänomen wurde auch bereits von mehreren Autoren empirisch herausgefunden. In der Studie von Tsai und Ghoshal wirken die gemeinsamen Ziele ebenfalls nicht direkt auf den Wissenstransfer, sondern nur indirekt über die relationale Dimension (Tsai/Ghoshal 1998, S. 472).

Für dieses Phänomen kann in den Experteninterviews eine Erklärung gefunden werden: Gemeinsame Ziele scheinen die enge Zusammenarbeit zu fördern und dadurch den Erwerb von Markt- und Produktwissen zu unterstützen. Das gemeinsame Projektziel, ein fertiges und qualitativ einwandfreies Produkt termingerecht an den Kunden zu liefern, kann zu einer starken Beziehung im interorganisationalen Projekt führen, da man „an einem Strang zieht" (Interview 16, 33). Auch die Variable „Anzahl an Verbindungen" wirkt als Vorgröße über die „Stärke der Beziehung" und damit nur indirekt auf den interorganisationalen Wissenserwerb.

Die Variable „ähnliche Denkmuster" fällt dabei aus dem Rahmen, einerseits wirkt sie als einzige Variable auf beide Variablen des interorganisationalen Wissenserwerbs. Andererseits ist sie im Kontext der Wirkungen zu anderen Variablen isoliert und wirkt nur auf die „gemeinsamen Ziele", die mit zu der kognitiven Dimension gehören.

Zusammenfassung

Zusammenfassend lässt sich konstatieren, dass die statistische Auswertung des theoretischen Modells zwar eine gute Modellgüte aufweist, einige der theoretisch antizipierten Hypothesen jedoch nicht oder nur teilweise bestätigt werden konnten. Die Abweichungen lassen sich über die Unterschiede der Wissensarten erklären.

7 Schlussbetrachtung

Im abschließenden siebten Kapitel werden die wichtigsten Ergebnisse der Arbeit zusammengefasst. Im Anschluss daran werden Implikationen für die weitere Forschung und Praxis gegeben.

7.1 Zusammenfassung der Ergebnisse

Das *Ziel* der vorliegenden Arbeit bestand in der Aufstellung und empirischen Überprüfung von Hypothesen, die eine positive Wirkung der einzelnen Dimensionen des sozialen Kapitals auf den interorganisationalen Wissenserwerb in interorganisationalen Projekten postulieren. Weiterhin wurden noch Hypothesen über den Zusammenhang der Variablen des sozialen Kapitals untereinander untersucht.

Die empirische Überprüfung fand anhand von 218 interorganisationalen Projekten im deutschen Maschinen- und Anlagenbau statt. Ausgangsthese war, dass eine fokale Organisation in Abhängigkeit des sozialen Kapitals in einem interorganisationalen Projekt mehr oder weniger Wissen von den Partnerorganisationen erwerben kann.

Mit dem Ziel, diese These zu überprüfen, wurde zunächst theoriegeleitet eine Definition für interorganisationale Projekte erarbeitet, um den Betrachtungsgegenstand deutlich zu machen. Diese wurde in der empirischen Studie mit Beispielen aus der Praxis des Maschinen- und Anlagenbaus unterlegt. Dabei wurde die temporäre Befristung von interorganisationalen Projekten auf die Erstellung einer zumeist komplexen Leistung herausgestellt. Dieses Kennzeichen unterscheidet interorganisationale Projekte von den meisten Formen der interorganisationalen Zusammenarbeit, die in der Literatur betrachtet werden. Zusätzlich erfolgt die Leistungserstellung bei interorganisationalen Projekten hauptsächlich in Zusammenarbeit von rechtlich unabhängigen Organisationen. Dies unterscheidet interorganisationale Projekte von der Mehrzahl der Veröffentlichungen der intraorganisationalen Projektliteratur. Eine Einordnung der interorganisationalen Projekte in den Kontext der beiden Literaturstränge, die interorganisationale Zusammenarbeit und die Projektliteratur, bildet die theoretische Basis. Sie wurde vor dem Hintergrund getroffen, dass es zu interorganisationalen Projekten noch wenig Literatur gibt. Aus der Einordnung abgeleitet, wurde weiterhin die Relevanz des interorganisationalen Wissenserwerbs verdeutlicht. Diese lässt sich erklären durch eine verstärkte Betrachtung von Themen wie Wissenserwerb, Wissenstransfer und Beziehungen in der Literatur zu Projekten und in der interorganisationalen Zusammenarbeit. Die Relevanz eines interorganisationalen Wissenserwerbs wurde darüber hinaus auch über die Notwendigkeit zur Aufnahme von neuem Wissen für die Wettbewerbsfähigkeit einer Organisation aufgezeigt. Die Aufnahme von neuem Wissen fördert die Innovativität einer Organisation und unterstützt so die Wettbewerbsfähigkeit.

Das Thema Wissenserwerb wurde in interorganisationalen Projekten bislang noch nicht ausreichend betrachtet.

Um den interorganisationalen Wissenserwerb im Kontext von interorganisationalen Projekten analysieren zu können, wurde dieser zunächst definiert. Das Hauptaugenmerk liegt dabei auf der fokalen Organisation, repräsentiert durch die fokale Projekteinheit. Diese ist Empfänger von für sie neuartigem Wissen, das sie in einem Wissenstransferprozess von den jeweiligen Sendern, den Partnerorganisationen, erhält. Als theoretische Hintergründe wurden hierzu vier Ansätze des organisationalen Lernens vorgestellt und deren Bedeutung für interorganisationale Projekt sowie den interorganisationalen Wissenserwerb dargelegt. Der interorganisationale Wissenserwerb stellt dabei die erste Stufe des organisationalen Lernens dar und ist damit ein Instrument für Organisationen um langfristig innovativ zu bleiben und Wandelprozesse einzuleiten. Die Inhalte des Wissens, das die fokale Organisation von den Partnerorganisationen erwerben kann, lassen sich in zwei Arten einteilen: Markt- und Produktwissen sowie Wissen über interne Prozesse und Projektmanagement. Diese beiden Wissensarten erlangen insbesondere in der Diskussion der Ergebnisse ein verstärktes Interesse. Sie spielen, anders als zuvor in den Hypothesen angenommen, eine wichtige Rolle bei den Wirkungen des sozialen Kapitals auf den interorganisationalen Wissenserwerb.

In Kapitel 4 wurden die drei Dimensionen des sozialen Kapitals und die dazugehörigen Variablen vorgestellt, mit dem Ziel, die Wirkungen des sozialen Kapitals auf den interorganisationalen Wissenserwerb zu testen. Die Variablen „Heterogenität der Partner" sowie „Anzahl an Verbindungen" bilden die strukturelle Dimension, die „Stärke der Beziehung" sowie das „Vertrauen" gehören zur relationalen Dimension. Die kognitive Dimension wird in der empirischen Studie repräsentiert durch „ähnliche Denkmuster" und „gemeinsame Ziele". Während die aufgestellten Hypothesen eine durchwegs positive Wirkung der einzelnen Variablen des sozialen Kapitals auf den interorganisationalen Wissenserwerb vermuten, zeigt die empirische Studie divergierende Ergebnisse. Neben dem sozialen Kapital nehmen teilweise die in der Arbeit kontrollierten und theoretisch erarbeiteten weiteren Einflussfaktoren einen Einfluss auf den Wissenserwerb. Vor allem die Inhalte des interorganisational zu erwerbenden Wissens scheinen einen Unterschied für die Wirkungen zu machen. Dies manifestiert sich in der unterschiedlichen Wirkung der Variablen des sozialen Kapitals auf die beiden Wissensarten Markt- und Produktwissen sowie Wissen über interne Prozesse und Projektmanagement. Die beiden Wissensarten lassen sich nach den Eigenschaften des Wissens, der Komplexität und dem Ausmaß der Tazitness des Wissens unterteilen. Es kann aus der Literatur, aus den Daten sowie aus weiteren Gesprächen mit Experten des Maschinen- und Anlagenbaus geschlossen werden, dass es sich bei dem Markt- und Produktwissen um technologisches und damit um komplexes und tazites Wissen handelt. Dieses technologische Wissen lässt sich schwieriger transferieren als das einfacher zu kommunizierende und zu verstehende Wissen über interne Prozesse und Projektmanagement. Weiterhin ist Markt- und Produktwissen in hohem Maße wettbewerbsentscheidend. Aufgrund dieser Charakteristika wird es von einigen Autoren als Explorations-Wissen bezeichnet, bei dem große Neuerungen und Innovationen im Vordergrund stehen. Das Wissen über interne Prozesse und Projektmanagement dagegen kann als Exploitations-Wissen gesehen werden. Es stellt explizites Wissen dar, bei dem bereits bestehende interne Prozesse angepasst werden, um so erst in späteren Schritten die Wettbewerbsposition einer fokalen Organisation zu verbessern.

Diese Argumentation wird unterstützt durch die Wirkungen des sozialen Kapitals auf den interorganisationalen Wissenserwerb: Für das schwieriger zu transferierende und wettbewerbsentscheidende Markt- und Produktwissen sind starke Beziehungen notwendig. Diese steigern die Motivation, Wissen zu teilen und unterstützen die Fähigkeit zur Aufnahme des schwierig zu übertragenden Wissens. Um die Möglichkeiten zu erhöhen, dieses innovative Explorations-Wissen zu erwerben, sind heterogene und innovative Partner von Vorteil, da man von ihnen am ehesten unterschiedliches und wettbewerbsrelevantes Wissen erlangen kann. Um das leichter zu übertragende Wissen über interne Prozesse und Projektmanagement zu erwerben, sind dagegen enge Beziehungen nicht notwendig. Es genügt hier, dass durch das interorganisationale Projekt die Möglichkeit geschaffen wird, Wissen zu erwerben. Ein geringes Ausmaß an Vertrauen ist deshalb ausreichend, um das Wissen zu erwerben. Dieses Vertrauen kann in interorganisationalen Projekten durch die Existenz von Verträgen ersetzt werden, so dass die Kosten für den Aufbau einer vertrauensvollen Beziehung in interorganisationalen Projekten gar nicht notwendig sind.

Mit diesen Ergebnissen liegt der *Beitrag* der vorliegenden Arbeit darin, Anhaltspunkte für einige Forschungslücken in den Gebieten der interorganisationalen Projekte, des sozialen Kapitals sowie des interorganisationalen Wissenserwerbs zu geben:

Erstens werden interorganisationale Projekte anhand von einer Fallzahl von 218 Projekten analysiert. Damit wird deren Bedeutung in der Praxis dargelegt. In der Literatur werden die interorganisationalen Projekte als eigenständige Form bisher vernachlässigt.

Zweitens wird das Konzept des sozialen Kapitals, das in der Literatur bereits in vielen unterschiedlichen Kontexten betrachtet wird, im Rahmen von interorganisationalen Projekten empirisch untersucht. Es kann gezeigt werden, dass das soziale Kapital auch in diesem Rahmen eine Rolle für den interorganisationalen Wissenserwerb spielt.

Drittens gelingt es, mithilfe eines Pfadmodells, die gemeinsame Wirkung aller drei Dimensionen des sozialen Kapitals auf den interorganisationalen Wissenserwerb zu testen. Dabei stellt auch die Unterscheidung des interorganisationalen Wissenserwerbs in die zwei inhaltlichen Arten einen Beitrag zur aktuellen Forschung dar. Einerseits wurde der interorganisationale Wissenserwerb in der Literatur bisher noch wenig differenziert operationalisiert, andererseits können durch die

Aufteilung in die beiden Wissensarten Erkenntnisse über die Wirkungen des sozialen Kapitals in Abhängigkeit von den Arten des Wissens gewonnen werden.

Viertens wird die Wirkung der Variablen des sozialen Kapitals untereinander in einem Gesamtrahmen getestet. Dabei kann nochmals die grobe Trennung in Struktur und Inhalt des sozialen Kapitals gestützt werden. Die Variablen der relationalen und kognitiven Dimension zeigen sowohl innerhalb ihrer Dimension als auch zwischen den beiden Dimensionen signifikante Wirkungen. Die strukturelle Dimension grenzt sich hiervon ab, mit Ausnahme der Wirkung zwischen der Variablen „Stärke der Beziehung" und der „Anzahl an Verbindungen". Diese beiden Variablen scheinen doch, wie auch von manchen Autoren angenommen, Affinitäten zueinander aufzuweisen. Aus diesen Gründen kann die vorliegende Studie sowohl die Veröffentlichungen unterstützen, die die Stärke der Beziehung zur relationalen Dimension zählen, als auch diejenigen, die sie in der strukturellen Dimension einordnen.

7.2 Kritische Würdigung und Implikationen für die weitere Forschung

Den Ergebnissen der empirischen Studie folgend, kann das soziale Kapital als Überkonzept durch die Wirkungen der Variablen untereinander und auch auf den interorganisationalen Wissenserwerb in seiner Berechtigung zumindest teilweise bestätigt werden. Allerdings sollte die divergierende Wirkung des sozialen Kapitals abhängig von den beiden Arten der abhängigen Variablen in der weiteren Forschung stärker einbezogen werden. Die Ergebnisse zeigen, dass eine komplexere Beschäftigung mit den Wirkungszusammenhängen notwendig ist. Insbesondere die Inhalte des zu erwerbenden Wissens als Einflussgröße auf den interorganisationalen Wissenserwerb sollten stärker mit betrachtet werden. Die Eigenschaften des Wissens spielen in der vorliegenden Arbeit zunächst nur in Form von Kontrollvariablen eine Rolle. In der Diskussion wird eine Verlinkung auf Basis der Ergebnisse der empirischen Studie geschaffen und diese dahingehend theoretisch unterlegt und von einigen Experten der deutschen Maschinen- und Anlagenbaubranche bestätigt. Hierzu wäre eine direkte empirische Verknüpfung der Eigenschaften des Wissens mit den Inhalten des zu erwerbenden Wissens vorteilhaft.

Konkret würde dies bedeuten, dass den beiden Arten des zu erwerbenden Wissens, dem Markt- und Produktwissen sowie dem Wissen über interne Prozesse und Projektmanagement, bestimmte Eigenschaften zugeordnet werden. Der Argumentationslogik und den Ergebnissen der empirischen Studie folgend, wäre dies ein hohes Ausmaß an Tazitness und Komplexität für Markt- und Produktwissen. Im Gegensatz dazu hätte das Wissen über interne Prozesse und Projektmanagement einen weniger komplexen und expliziten Charakter. Weitere Einsichten könnte auch eine detaillierte Beschäftigung mit den Parallelen zu Exploitations-Wissen und Explorations-Wissen bieten. Hierfür müsste die Beschaffenheit des Markt- und Produktwissens als wettbewerbsentscheidendes und neues Wissen noch genauer geprüft werden, wie auch dessen Einfluss auf den interorganisationalen Wissenserwerb. Als Vervollständigung würde dann auch die These aufgestellt werden, die Wissen über interne Prozesse und Projektmanagement als Exploitations-Wissen, und damit als weniger wettbewerbsentscheidendes und weniger neues Wissen, darstellt. Eine genauere Beschäftigung mit dem interorganisational zu erwerbenden Wissen erscheint daher notwendig.

In einem weiteren Schritt gilt es herauszufinden, welche Konstellation von sozialem Kapital für welche Wissensart vorteilhaft ist. Es lohnt sich in diesem Kontext, nochmals genauer die Wirkungen von starken im Kontrast zu schwachen Beziehungen zu analysieren.

Von einer Fokussierung auf starke versus schwache Beziehungen wurde in der anfänglichen Konzeption der vorliegenden Arbeit zunächst absichtlich abgesehen: Ziel war es, das Gesamtkonzept des sozialen Kapitals zu untersuchen, und nicht nur auf die relationale Dimension zu fokussieren. Die Ergebnisse zeigen jedoch, dass gerade in der relationalen Dimension interessante Phänomene auftreten.

Die Ergebnisse der empirischen Studie zeigen aber auch die limitierten Wirkungen des sozialen Kapitals, wenn es im Gesamtkontext untersucht wird. Dies lässt die Sinnhaftigkeit des sozialen Kapitals als Gesamtkonzept fraglich erscheinen. Neben der relationalen Dimension wirkt nur noch eine Variable der kognitiven Dimension, die „ähnlichen Denkmuster", auf den interorganisationalen Wissenserwerb. Andere, wie die „Anzahl an Verbindungen" und „gemeinsame Ziele", wirken nur indirekt über andere Variablen. Die strukturelle Dimension wirkt nicht direkt auf den interorganisationalen Wissenserwerb. Die Variable „Heterogenität der Partner" wirkt nur in Verbindung mit der „Innovativität der Partner" als Interaktionseffekt.

Diese Ergebnisse machen eine genauere Betrachtung der Variablen des sozialen Kapitals notwendig, die tatsächlich positiv auf den interorganisationalen Wissenserwerb wirken. Auf der anderen Seite ist auch eine Analyse der Variablen des sozialen Kapitals notwendig, die nur Vorgrößen für andere darstellen, wie die „Anzahl an Verbindungen" und die „gemeinsamen Ziele".

Weitere Studien sollten sich darüber hinaus dem Konzept des Vertrauens nochmals genauer und kritischer widmen. Die hier auftretende Wirkung kann mit dem Kontext der starken und schwachen Beziehungen erklärt werden. Die Forschung zu Vertrauen nimmt allerdings bisher einen sehr hohen Stellenwert in einigen Veröffentlichungen ein. Zumeist wird dort von einer positiven Verbindung mit Performancemaßen wie dem Wissenserwerb ausgegangen (siehe Kapitel 4.3.3.3). Diese Divergenz der empirischen Studie zu anderen Forschungsergebnissen könnte an dem Rahmen der Studie liegen. Da die Beziehungen in interorganisationalen Projekten zumeist nur temporär angelegt sind, bildet sich Vertrauen erst im Zeitablauf heraus. Dadurch unterscheidet sich die Variable „Vertrauen" möglicherweise von der „Stärke der Beziehung". Während eine starke Beziehung schneller aufgebaut ist, sobald Projektmitarbeiter häufig und eng zusammenarbeiten und sich reziproke Normen bilden, dauert der Vertrauensaufbau möglicherweise länger. Bei Vertrauen geht es unter anderem darum, dass man opportunistisches Handeln der Partner ausschließen kann. Dieser Anschluss kann insbesondere unter konkurrierenden Partnerorganisationen in einem interorganisationalen Projekt möglicherweise schwieriger erfolgen.

Aufgrund der negativen Wirkung des sozialen Kapitals in der vorliegenden empirischen Studie könnte allerdings auch die Vermutung naheliegen, dass das Konzept in der Literatur überschätzt wird, und Vertrauen gar nicht eine so bedeutende Rolle für den interorganisationalen Wissenserwerb spielt. Dadurch, dass Vertrauen möglicherweise durch Verträge substituierbar ist, erscheint es denkbar, dass die Kosten für den Aufbau vertrauensvoller Beziehungen eingespart werden könnten. Eine genauere Beschäftigung mit Vertrauen und Verträgen als Substitut erscheint in diesem Kontext deshalb als sinnvoll.

Weiterhin kann aus den Ergebnissen geschlossen werden, dass die strukturelle Dimension in ihrer klassischen Konstruktion ohne die Interaktionseffekte in dem vorliegenden Kontext nur eine untergeordnete Rolle spielt. Dies könnte zum einen an der Auswahl der Variablen für die strukturelle Dimension liegen. In der Literatur werden hierfür häufig weitere Maße verwendet, die die Gesamtkonfiguration des Netzwerks abbilden. Hierzu gehören das Maß der strukturellen Löcher oder der Zentralität in einem Netzwerk ebenso wie die Dichte oder die Bandbreite. Hierzu wäre eine Gesamtbetrachtung des Netzwerks notwendig, die in weiteren Studien möglicherweise neue Erkenntnisse bringen könnte. Zum anderen könnte ein Grund für die untergeordnete Rolle der strukturellen Dimension auch die Kombination mit den beiden weiteren Dimensionen darstellen. Möglicherweise dominieren die relationale und die kognitive Dimension die strukturelle Dimension und sollten daher nicht in einem gemeinsamen Kontext untersucht werden. Tsai und Ghoshal, die die drei Dimensionen im intraorganisationalen Kontext untersuchen, benutzen als Maß für die strukturelle Dimension die Zentralität einer Geschäftseinheit und nicht die Anzahl an Verbindungen oder die Heterogenität der Partner (Tsai/Ghoshal 1998, S. 467ff.).

Um diese Faktoren auszuschließen, wäre für die weitere Forschung in diesem Gebiet eine größere Auswahl an Variablen, insbesondere für die strukturelle Dimension, wünschenswert. Dies würde einhergehen mit der Betrachtung des Gesamtnetzwerks in einem interorganisationalen Projekt. Dadurch könnte festgestellt werden, ob alternative Variablen für die strukturelle Dimension auf den interorganisationalen Wissenserwerb wirken.

Einen interessanten Einstieg für weitere Forschungsarbeiten liefert die Wirkung des Interaktionseffekts „Heterogenität und Innovativität" auf den „Wissenserwerb Märkte und Produkte". Während die Heterogenität der Partner alleine nicht ausreicht, damit Wissen von ihnen aufgenommen wird, spielt deren Innovativität eine Rolle. Damit wird einerseits die Bedeutung des Markt- und Produktwissens als neues, innovatives und wettbewerbsentscheidendes Wissen unterstrichen. Andererseits lässt sich daran auch ein Phänomen erkennen, das in der Literatur zu sozialem Kapital noch nicht ausreichend untersucht ist: Die Innovativität der Partner stellt einen Proxy für den Wert der Ressource dar, die eine fokale Projekteinheit von einer Partnerorganisation erhalten kann. Es genügt dem Empfänger in diesem Fall nicht allein die Heterogenität der Partner, zusätzlich muss auch noch der Wert der Ressource, die er von ihnen erwerben kann, positiv sein. Dieser Aspekt könnte in weiteren Forschungsarbeiten von Interesse sein. Neben der Definition von sozialem Kapital, die den Wohlwollen, der aus einer Beziehung resultiert, darstellt, ist auch noch der tatsächliche Wert der Ressource, die erworben werden kann, ausschlaggebend für den Wissenserwerb. Auch wenn das Netzwerk eines Akteurs sehr groß und heterogen ist, mit engen und vertrauensvollen Beziehungen und ähnlichen kognitiven Strukturen der Partner, bedeutet das nicht, dass das Wissen, das die Partner besitzen, wertvoll ist. Vor diesem Hintergrund erscheint es notwendig, in weiteren Studien diesen Aspekt des Wertes der Ressource, die eine fokale Projekteinheit von einer Partnerorganisation erhalten kann, mit einzubeziehen. Dazu könnte die Definition von sozialem Kapital als Wohlwollen, das auf der Struktur und den Inhalten der Beziehung zwischen den Akteuren resultiert, um den konkreten Wert der Ressourcen erweitert werden. Ein Vorschlag wäre eine multiplikative Verknüpfung der Struktur und der Inhalte mit dem Wert der Ressourcen für den Empfänger. Dies würde die momentan ressourcenorientierte Definition des sozialen Kapitals bereichern. Nach der ressourcenorientierten Definition stellt soziales Kapital die Summe der tatsächlichen und potentiellen Ressourcen dar, die einem Akteur durch sein Netzwerk an Beziehungen zugänglich sind (Nahapiet/Ghoshal 1998, S. 243). Die Definition von Nahapiet und Ghoshal fokussiert stark auf den Outcome, die Ressourcen, die eine fokale Projekteinheit erhalten kann oder hat. Bei einer multiplikativen Verknüpfung von Wohlwollen und den wertvollen Ressourcen wären dagegen sowohl die Beziehung als auch der potentielle Output integriert.

Für eine Ableitung von möglichen Implikationen für weitere Forschungsarbeiten gelten jedoch einige *Limitationen* für die Allgemeingültigkeit der Aussagen der empirischen Studie.

Erstens kann die Fokussierung auf eine Branche, den deutschen Maschinen- und Anlagenbau, eine Einschränkung darstellen. Möglicherweise sind hier die sozialen Strukturen in interorganisationalen Projekten abweichend von anderen Branchen und Ländern. Denkbar ist auch der Spezialfall der Unterscheidung in die beiden abhängigen Variablen. Die Übertragbarkeit des Konzepts von Explorations- oder Exploitations-Wissen sowie die Ansätze zur Komplexität oder Tazitness des Wissens könnten auf den Maschinen- und Anlagenbau beschränkt sein. Gerade weil in dieser Branche die Bedeutung der Innovationen in den letzten Jahren stark zugenommen hat, kann dieser Trend die Wichtigkeit von Exploitations-Wissen beeinflussen. Dass der Erwerb von Wissen über interne Prozesse und Projektmanagement dagegen von den Experten als wenig notwendig für die Branche gesehen wird, könnte auch branchentypisch sein. Möglicherweise hat in anderen Branchen der Erwerb von Wissen über interne Prozesse und Projektmanagement einen höheren Stellenwert oder das Wissen wird dort eher als wettbewerbsentscheidend und innovativ angesehen.

Zweitens liegen für die empirische Studie nur 218 interorganisationale Projekte aus 144 Organisationen vor. Obwohl auf eine repräsentative Abbildung der Branche geachtet wurde und die Fallzahl für die verwendeten statistischen Tests vollkommen ausreichend ist, könnte eine größere Fallzahl möglicherweise weitere Wirkungen erzielen. Hinzu kommt, dass für die Kontrollvariablen wie „Komplexität des Wissens", „Tazitness des Wissens" sowie „Existenz eines Vertrages" nur jeweils 128 Fälle vorliegen. Obwohl auch diese Fallzahl für die statistischen Tests ausreichend ist, könnten spätere Studien daran ansetzen und die Wirkungen der Eigenschaften des Wissens mit einer höheren Fallzahl überprüfen.

Drittens sind die Aussagen zu den Wirkungen des sozialen Kapitals nur auf den Rahmen der interorganisationalen Projekte beschränkt. In der vorliegenden Arbeit wird davon ausgegangen, dass das geprüfte Gesamtkonzept des sozialen Kapitals im Rahmen von interorganisationalen Projekten auch auf andere Bereiche, zumindest aber im interorganisationalen Kontext übertragbar ist. Diese Allgemeingültigkeit kann jedoch hier nicht geprüft werden.

Damit liefert die vorliegende Arbeit abschließend einen Beitrag zu dem Einfluss des sozialen Kapitals auf den interorganisationalen Wissenserwerb in interorganisationalen Projekten. Damit werden die Konzepte des interorganisationalen Wissenserwerbs, des sozialen Kapitals sowie der interorganisationalen Projekte im deutschen Maschinen- und Anlagenbau genauer untersucht.

Anhang 1: Übersicht über die Indikatoren der unabhängigen und abhängigen Variablen

Anmerkung:

Die Indikatoren wurden über eine fünfstufige Intervallskala gemessen (Ausnahme: Indikator 2b): 1 = „stimme gar nicht zu" bis 5 = „stimme voll zu"

	Unabhängige Variablen: Soziales Kapital
	Strukturelle Dimension
	Heterogenität
1a	Die Aufgaben unserer Partnerunternehmen im Projekt unterschieden sich deutlich voneinander.
1b	Unsere Partnerunternehmen waren sehr unterschiedlich (z.B. bzgl. Größe, Leistungsprofil, Technologie).
	Anzahl
2a	Unser Projektteam hatte insgesamt mit den meisten der Projektmitarbeiter der Partnerunternehmen Kontakt.
2b	Wie viel Prozent der Mitarbeiter aus den Projektteams der Partnerunternehmen kannte Ihr Projektteam insgesamt? Ca. _____ %
	Relationale Dimension
	Stärke
3a	Unser Projektteam und die Projektmitarbeiter der Partnerunternehmen hatten eine sehr enge Beziehung zueinander.
3b	Unser Projektteam und die Projektmitarbeiter der Partnerunternehmen sprachen sehr oft miteinander.
3c	Zwischen uns und unseren Projektpartnern galt die Norm, dass man für freiwillige Mehrleistungen eines Projektpartners irgendwann eine entsprechende Gegenleistung erwarten kann.
3d	Unser Projektteam und die Projektmitarbeiter der Partnerunternehmen standen auch außerhalb des Projektes häufig miteinander in Kontakt (z.B. Freizeit, Verband, Freundschaft).

	Relationale Dimension
	Vertrauen
4a	Unser Projektteam und die Projektmitarbeiter der Partnerunternehmen konnten durchweg darauf vertrauen, dass sie sich gegenseitig nicht ausnutzen, auch wenn sich die Gelegenheit dazu ergab.
4b	Unser Projektteam und die Projektmitarbeiter der Partnerunternehmen konnten stets darauf vertrauen, dass sie notwendige und korrekte Informationen sowie Unterstützung voneinander erhielten.
4c	Unser Projektteam und die Projektmitarbeiter der Partnerunternehmen konnten stets darauf vertrauen, dass die jeweils anderen fachlich kompetent entschieden und handelten.
	Kognitive Dimension
	Ähnliche Denkmuster
5	Unser Projektteam und die Projektmitarbeiter der Partnerunternehmen verfügten über sehr ähnliche Arbeitserfahrungen und berufliche Hintergründe.
	Gemeinsame Ziele
6	Unser Projektteam und die Projektmitarbeiter der Partnerunternehmen verfolgten eine gemeinsame Mission und gemeinsame Ziele des Gesamtprojektes.
	Abhängige Variablen: Interorganisationaler Wissenserwerb
	Wissenserwerb Märkte und Produkte
7a	Von unseren Projektpartnern haben wir sehr viele Anstöße und Anregungen erhalten.
7b	Von unseren Projektpartnern haben wir sehr viele neue Informationen über Markttrends, Kundenbedürfnisse und Wettbewerber erhalten.
7c	Von unseren Projektpartnern haben wir sehr viele neue Ideen für Produktweiterentwicklungen und neue Produkte erhalten.
	Wissenserwerb interne Prozesse und Projektmanagement
8a	Von unseren Projektpartnern haben wir sehr viele neue Ideen zur Verbesserung unseres Projektmanagements erhalten.
8b	Von unseren Projektpartnern haben wir viele neue Ideen zur Verbesserung unserer internen Prozesse erhalten.

Anhang 2: Experteninterviews im Ablauf der Datenerhebung

Interview	Gesprächsdatum	Gesprächspartner
Grobkonzeptualisierung		
1	14.01.2005	1 Vorstand, 2 Projektleiter, 1 Leiter Produktentwicklung
2	02.05.2005	1 Projektleiter
3	12.10.2005	1 Unternehmensberater Maschinen- und Anlagenbau
4	19.10.2005	1 Geschäftsführer
5	19.10.2005	1 Projektleiter
6	19.10.2005	1 Mitarbeiter zentrale Strategie
7	21.10.2005	1 Vorstand
8	28.11.2005	1 Projektleiter
9	07.12.2005	1 Projektleiter
10	07.12.2005	1 Leiter Organisation und Qualitätsmanagement
11	07.12.2005	1 Projektleiter
12	09.12.2005	1 Vorstand
13	09.12.2005	1 Projektleiter
14	11.12.2005	1 Geschäftsführer einer Sparte in einem Brachenverband
Insgesamt 17 Gesprächspartner		
Pretest 1		
15	13.12.2005	1 Vorstand
16	16.12.2005	1 Vorstand, 3 Projektleiter
17	21.12.2005	1 Projektleiter Anschlussgespräch an Interview 8
18	21.12.2005	1 Statistikexperte
19	09.01.2006	1 Projektleiter Anschlussgespräch an Interview 11
20	11.01.2006	1 Vorstand
21	17.01.2006	1 Projektleiter
22	18.01.2006	1 Projektleiter
23	18.01.2006	1 Statistikexperte
Insgesamt 12 Gesprächspartner		

Interview	Gesprächsdatum	Gesprächspartner
Pretest 2		
24	09.02.2006	1 Vorstand, 1 Direktor Projektleitung, 7 Projektleiter
25	09.02.2006	1 Geschäftsführer, 1 Projektleiter
26	01.02.2006	1 Vorstand Anschlussgespräch an Interview 15
Insgesamt 12 Gesprächspartner		
Nacherhebung		
27	31.03.2008	2 Projektleiter
28	01.04.2008	1 Geschäftsführer
29	03.04.2008	1 Projektleiter
30	11.04.2008	1 Geschäftsführer
31	11.04.2008	2 Projektleiter
32	21.04.2008	1 Vorstand Anschlussgespräch an Interview 15 und 26
33	22.04.2008	1 Projektleiter
Insgesamt 9 Gesprächspartner		

Anhang 3: Techniken für die Motivierung zur Beteiligung an der Befragung

Auswahl

Auf Basis der NACE-Codes wurde zunächst eine große Auswahl passender Organisationen aus der Branche getroffen.

Kontaktaufnahme

Mit den folgenden vier Techniken wurden die in Frage kommenden Organisationen kontaktiert:

(1) *Offizielle Anschreiben*: Zwei Organisationen, der VDMA sowie der Verein zur Förderung der Betriebswirtschaftslehre an der Universität zu Köln e.V. (BIFOA), stellten die Verbindung zu verschiedenen Organisation her. Insgesamt wurden 112 Organisationen des deutschen Maschinen- und Anlagenbau per Post über das Forschungsprojekt informiert und um Unterstützung gebeten.

(2) *Messebesuche*: Weiterhin wurden sechs branchenbezogenen Messen besucht mit dem Ziel, erste Kontakte mit relevanten Organisationen zu schließen. Im Folgenden einen Auflistung der Messen:

- Hannover Messe 2006, Hannover: Weltweit führende Messe für industrielle Technologie mit Leitmessen unter anderem in Bereichen der Prozessautomation sowie für Systeme im Maschinen- und Anlagenbau (www.hannovermesse.de)

- Automatica 2006, München: Internationale Messe für Automation, Robotik und Fertigungstechnik (www.automatica-muenchen.de)

- Anuga Food Tec 2006, Köln: Internationale Fachmesse für Lebensmittel- und Getränketechnologie (www.anugafoodtec.de)

- Achema 2006, Frankfurt: Weltforum der Prozessindustrie mit Ausstellern unter anderem im Anlagenbau und in den mechanischen Verfahren (www.achema.de)

- Bayern Innovativ 2006, München: Bayernweiter Networking-Kongress mit unterschiedlichen Branche, darunter Robotik und Maschinen- und Anlagenbau (www.bayern-innovativ.de)

- Maschinenbauforum 2006, Bingen am Rhein: Austausch unter Praktikern des Maschinenbaus mit Seminarprogramm (www.maschinenbauforum.de)

(3) *Veranstaltungen*: Neben den Messebesuchen kamen Kontakte zu Unternehmensvertretern auf Veranstaltungen der Industrie- und Handelskammer (IHK) Köln sowie dem Verein deutscher Ingenieure e.V. (VDI) zustande.

(4) *Persönliche Kontakte*: Als viertes wurden persönliche Kontakte und Netzwerke ausgenutzt.

Motivation zur Beteiligung

Um die in Frage kommenden Projektleitern zu motivieren, wurden ihnen zunächst die Hintergründe und Zielsetzungen des Forschungsprojektes erläutert und ein Informationsblatt übergeben (siehe Anhang 4). Die Fragestellung wurde von der Großzahl der Befragten als relevant und interessant beurteilt, so dass als Motivation eine Bereitstellung der Forschungsergebnisse versprochen wurde. Darüber hinaus wurde den Auskunftspersonen ein kostenloser Workshop in Aussicht gestellt. An diesem sollten die Ergebnisse der Studie vorgestellt werden sowie weitere aktuelle Themen im Projektmanagement in der Branche behandelt werden. Insbesondere das Angebot eines kostenlosen Workshops wurde hier von den Projektleitern als motivierend empfunden. Der Workshop wurde aufgrund der großen Nachfrage zwei Mal, im November und Dezember 2006, durchgeführt.

Kontaktherstellung

Nach einem ersten Kontakt in die Organisationen über die oben genannten Techniken wurde die Kontaktperson nochmals persönlich entweder per Telefon oder per E-Mail kontaktiert und bei Interesse der Fragebogen per E-Mail versandt. Sofern es sich bei der Kontaktperson noch nicht bereits um einen Projektleiter eines interorganisationalen Projektes handelte, wurde diese Kontaktperson gebeten, eine Verbindung zu einem in Frage kommenden Projektleiter herzustellen und dann der Fragebogen an den Projektleiter versandt.

Anhang 4: Informationsblatt für das Forschungsprojekt

UNIVERSITÄT ZU KÖLN
SEMINAR FÜR ALLGEMEINE BETRIEBSWIRTSCHAFTSLEHRE
UNTERNEHMENSENTWICKLUNG UND ORGANISATION
PROF. DR. MARK EBERS

Erfolgreiches Management von Projektnetzwerken:
Wie können Unternehmen die Potenziale der Zusammenarbeit mit anderen Unternehmen besser ausschöpfen?

I. Gegenstand und Zielsetzung der Untersuchung

Im Maschinen- und Anlagenbau und anderen Branchen werden immer mehr Projekte nicht allein in-house, sondern in Zusammenarbeit mit externen, rechtlich selbständigen Projektpartnern abgewickelt. Unser Forschungsprojekt hat zum Ziel herauszufinden, wie Unternehmen ihre Projekte mit externen Partnern so gestalten können, dass sie möglichst viel von der Zusammenarbeit profitieren und die in einem Projekt erworbenen Kompetenzen und Erfahrungen intern und in weiteren Projekten effizienzsteigernd nutzen können.

Das Projektmanagement konzentriert sich meist auf die Steuerung der unmittelbaren Leistungserstellung in Hinblick auf Zeit-, Kosten- und Qualitätsziele. Darüber hinaus gibt es aber noch erhebliches weiteres Potenzial, die eigene Wettbewerbsfähigkeit nachhaltig zu stärken. Projekte mit anderen Partnern bieten zum Beispiel die Chance,

- Ideen für neue Produkte und Verfahren sowie Kunden und Zulieferer direkt vom Partner zu übernehmen,
- im Projekt entwickelte Ideen für neue Produkte und Verfahren, andere Arbeitsabläufe und Organisationsformen in Folgeprojekten umzusetzen,
- im Projekt erworbene Informationen, Fähigkeiten und Kompetenzen für die Erschließung neuer Märkte oder die Entwicklung neuer Produkte und Leistungen zu nutzen,
- positive und negative Erfahrungen mit konkreten Formen der Projektgestaltung, -steuerung und -zusammenarbeit aufzunehmen und so künftige Projekte erfolgreicher zu gestalten.

Es ist allerdings bislang weitgehend unklar, wie es Unternehmen gelingt, diese und andere Chancen projektbasierter Zusammenarbeit zu erkennen, auszuschöpfen und für das eigene Unternehmen sowie zukünftige Projekte verfügbar zu machen. Die vorliegende Untersuchung möchte einen Beitrag dazu leisten, diese Frage zu beantworten.

II. Der Nutzen für Ihr Unternehmen

Auf Basis der Ergebnisse der Untersuchung werden wir den an der Untersuchung teilnehmenden Unternehmen auf Wunsch eine Zusammenfassung der wichtigsten Ergebnisse bieten, welche unter anderem aufzeigt, wo Ihr Unternehmen im Vergleich zu anderen steht (Benchmarking) und welche Best Practices wir identifizieren konnten. Darüber hinaus bietet die Universität zu Köln den interessierten Teilnehmern der Studie einen kostenlosen Workshop an, in dem die Best Practices der Gestaltung von Projekten ausführlich diskutiert werden und ein Erfahrungsaustausch ermöglicht wird.

Ab Februar 2006 befragen wir verantwortliche Projektleiter von Firmen, die federführend interorganisationale Projekte durchgeführt haben. Die Datenerhebung erfolgt in Form eines schriftlichen Fragebogens, der in ca. vierzig Minuten ausfüllbar ist. Die firmenbezogenen Informationen werden streng vertraulich behandelt und nur in anonymisierter Form ausgewertet.

II. Ansprechpartner

Verantwortliche Projektleiter:

Prof. Dr. Mark Ebers
Dr. Indre Maurer
Seminar für Unternehmensentwicklung und Organisation
Universität zu Köln
E-Mail: ebers@wiso.uni-koeln.de
E-Mail: maurer@wiso.uni-koeln.de

Projektmitarbeiter:

Dipl.-Kff. Svenja Knöpfler, MBA
Dipl.-Kff. Vera Bartsch, Ekonomie Mgr.
Seminar für Unternehmensentwicklung und Organisation
Universität zu Köln
Tel.: 0221 470 7884 oder 4360
E-Mail: knoepfler@wiso.uni-koeln.de
E-Mail: bartsch@wiso.uni-koeln.de

Anhang 5: **Erläuterungen der Gütemaße der explorativen Faktorenanalyse**

Kumulierte erklärte Gesamtvarianz

Die kumulierte erklärte Gesamtvarianz gibt an, wie viel Prozent der Ausgangsvarianz die ausgewiesenen Faktoren gemeinsam erklären (Backhaus et al. 2003, S. 316). Dabei werden die Faktoren mit Eigenwerten über 1 miteinbezogen (Bühl/Zöfel 2005, S. 468). Der erklärte Varianzanteil sollte größer oder gleich 0,5 sein (Peter 1997, S. 180; Fornell/Larcker 1981, S. 45f.).

Faktorladungen

Die Faktorladungen sind als die Korrelationskoeffizienten zwischen den betreffenden Indikatoren und den jeweiligen Faktoren zu verstehen. Die Faktorladungen geben dementsprechend den Koeffizienten an, mit der jeder Indikator den jeweiligen Faktor erklärt (Brosius 2004, S. 787f.; Bühl/Zöfel 2005, S. 465). Wünschenswert sind Faktorladungen größer oder gleich 0,4 (Ford/MacCallum/Tait 1986, S. 296).

KMO-Kriterium

Das KMO-Kriterium zeigt an in welchem Umfang die Ausgangsvariablen zusammengehören. Damit dient es als Indikator dafür, ob die Faktorenanalyse sinnvoll erscheint oder nicht (Backhaus et al. 2003, S. 276). Die nachfolgende Tabelle gibt eine Übersicht über die Beurteilung der Lösungswerte:

Wert	Beurteilung
0,9 bis 1,0	Erstaunlich (marvelous)
0,8 bis 0,9	Verdienstvoll (meritorious)
0,7 bis 0,8	Ziemlich gut (middling)
0,6 bis 0,7	Mittelmäßig (mediocre)
0,5 bis 0,6	Kläglich (miserable)
unter 0,5	Untragbar (unacceptable)

(Backhaus et al. 2003, S. 276; zitiert Kaiser/Rice 1974 S. 111)

Anhang 6: Statistische Bedeutung der Gütekriterien in Strukturgleichungsmodellen

Gütekriterium	Abkürzung	Statistische Bedeutung
Chi-Quadrat/ Freiheitsgrade	χ^2/df	• Chi-Quadrat-Wert ins Verhältnis gesetzt zu den Freiheitsgraden Prüfung der Validität eines Modells • Ähnlich dem Chi-Quadrat-Anpassungstest • Prüfung der Nullhypothese: Empirische Kovarianz-Matrix entspricht der modelltheoretischen Kovarianz-Matrix
Goodness-of-Fit-Index	GFI	• Misst den Anteil an Varianzen und Kovarianzen, der durch das Modell erklärt wird • Entspricht dem Bestimmtheitsmaß im Rahmen der Regressionsanalyse • GFI=1: perfekter Modellfit (alle empirischen Varianzen und Kovarianzen können durch das Modell exakt wiedergegeben werden)
Adjusted-Goodness-of-Fit-Index	AGFI	• Entspricht GFI, Maß für die im Modell erklärte Varianz • Zusätzliche Berücksichtigung der Modellkomplexität (Zahl der Freiheitsgrade)
Root Mean Square Error of Approximation	RMSEA	• Prüfung der Güte der Approximation der Realität durch das Modell • Wurzel aus dem um Modellkomplexität bereinigten, geschätzten Minimum der Diskrepanzfunktion in der Grundgesamtheit

(Backhaus et al. 2003, S. 372ff.; Browne/Cudeck 1993, S. 136ff.; Homburg/Baumgartner 1995, S. 172)

Anhang 7: Explorative Faktorenanalyse der strukturelle Dimension nach Eliminierung des Indikators 2a

Indikatoren	Faktorladungen	Kennzahlen
Strukturelle Dimension nach der Elimierung von Indikator 2a		
Heterogenität der Partner		KMO: 0,5, kumulierte erklärte Gesamtvarianz: 85,9%, Varimax Rotation
1a	0,885	
1b	0,889	
Anzahl an Verbindungen		
2b	0,999	

Anhang 8: Indikatoren der Kontrollvariablen für die theoretisch begründeten Einflussfaktoren auf den interorganisationalen Wissenserwerb

Benennung	Indikator
Eigenschaften des Senders	
Status	
Innovativität der Partner	Unsere Partner in diesem Projekt verfügten im Vergleich zu ihren Wettbewerbern über überlegene Technologien und Verfahren. Fünfstufige Intervallskala: 1= „stimme gar nicht zu" bis 5 = „stimme voll zu"
Eigenschaften des Empfängers	
Aufnahmefähigkeit	
F&E-Ausgaben	Welchen Anteil hatten die Ausgaben für Forschung & Entwicklung am Umsatz im abgelaufenen Geschäftsjahr? _____ %
Standardisiertes Wissensmanagement	In unserem Unternehmen benutzen wir in hohem Maße standardisierte Wissensmanagementverfahren (z.B. interne Wissensdatenbank, Lessons Learned-Treffen). Fünfstufige Intervallskala: 1= „stimme gar nicht zu" bis 5 = „stimme voll zu"
Schulungen	Wie viele Tage pro Jahr verbringen Ihre Mitarbeiter in Schulungen und Weiterbildungsmaßnahmen? Mitarbeiter: _____ Tage pro Jahr Projektleiter: _____ Tage pro Jahr

	Eigenschaften des Empfängers
	Aufnahmebereitschaft
Lernen als Projektgrund	Bitte geben Sie im Folgenden alle <u>Gründe</u> an, aus denen das ausgewählte Projekt <u>in Zusammenarbeit mit Partnerunternehmen</u> durchgeführt wurde: (Mehrfachnennungen möglich) ❏ Kapazitätserfordernisse, Projektgröße ❏ Spezielle Kompetenzen der Partnerunternehmen ❏ Projektfinanzierung, Verteilung des Projektrisikos auf mehrere Unternehmen ❏ Lernen von Projektpartnern, Wissenstransfer Sonstige: _____ **Anmerkung**: Binärcodierte Dummyvariable für die vierte Antwortvariante „Lernen von Projektpartnern, Wissenstransfer" mit den beiden Ausprägungen: 0 = Lernen liegt nicht vor; 1 = Lernen liegt vor
	Eigenschaften des Wissens
Komplexität des Wissens	Projekte stützen sich oftmals auf viele verschiedene und komplexe Wissensgebiete. Eine Möglichkeit, die Komplexität von Wissen in einem Projekt zu erfassen, ist, danach zu fragen, welcher Anteil an verschiedenen Projektaufgaben von einer einzelnen Person erledigt werden kann. Angenommen, 100% stehe für alle im Projekt vorkommenden Aufgaben: (0% bedeuten, dass keine Projektaufgabe von einer einzelnen Person erfüllt werden konnte. 100% würden im Gegenzug bedeuten, dass eine einzelne Person die Kompetenz besessen hätte, alle Aufgaben zu erfüllen.) Welches ist dann der <u>größtmögliche</u> Anteil an diesen Aufgaben, für dessen Erledigung eine <u>einzelne Person</u> qualifiziert gewesen wäre (ungeachtet der vertretbaren Arbeitsbelastung). _____ % **Anmerkung**: Die Variable ist recodiert. Ausprägungen: 0% = nicht komplex bis 100% = sehr komplex

	Eigenschaften des Wissens
Tazitness des Wissens	Wurden im Projekt „Lessons Learned" oder Lösungen, die <u>aus früheren Projekten</u> resultierten, <u>angewendet</u>, die … (Mehrfachnennungen möglich) ❑ formalisiert in Best Practice-Portfolios, Datenbanken, Handbüchern und Berichten gespeichert wurden? ❑ formalisiert in Seminaren und Workshops vermittelt wurden? ❑ informell zwischen Kollegen weitergegeben wurden? ❑ von Einzelpersonen „getragen" wurden? Sonstiges (bitte erläutern): _____ **Anmerkung**: Jede der Antwortvarianten wird über eine binärcodierte Dummyvariable abgebildet, mit den beiden Ausprägungen: 0 = Merkmal liegt nicht vor; 1 = Merkmal liegt vor
	Eigenschaften des Transferkanals
Kennen aus früherer Zusammenarbeit	Die meisten Projektmitarbeiter kannten die Mitarbeiter der Partnerunternehmen bereits aus früherer Zusammenarbeit. Fünfstufige Intervallskala: 1= „stimme gar nicht zu" bis 5 = „stimme voll zu"
Anteil an schriftlicher Kommunikation zwischen Partnern	Wie hoch war der Anteil schriftlicher Kommunikation zwischen den drei wichtigsten Partnern? _____ %
Anteil an persönlicher Kommunikation zwischen Partnern	Wie hoch war der Anteil persönlicher Treffen (Face-to-Face) zwischen den drei wichtigsten Partnern? _____ %
Häufigkeit der Kommunikation zwischen den Partnern	Wie regelmäßig haben die drei wichtigsten Partner miteinander kommuniziert? _____ -mal pro ❑ Woche ❑ Monat ❑ Jahr

Anhang 9: **Indikatoren der allgemeinen Kontrollvariablen**

	Ebene der fokalen Organisation
Umsatz	Bitte geben Sie den Umsatz Ihres Unternehmens im abgelaufenen Geschäftsjahr an _____ € **Anmerkung**: Die Befragung wurde 2006 durchgeführt, d.h. die Zahlen beziehen sich auf 2005. Um die Vergleichbarkeit zu wahren wurde der natürliche Logarithmus gebildet
Auslandsumsatz	Welchen Anteil hatte der Umsatz im Ausland am Gesamtumsatz Ihres Unternehmens? _____ %
Anzahl Mitarbeiter	Wie viele Mitarbeiter hat Ihr Unternehmen (bei Konzernen: rechtlich selbständiger Geschäftsbereich bzw. strategische Geschäftseinheit)? Ca. _____
Alter der Organisation	In welchem Jahr wurde Ihr Unternehmen gegründet (bei Konzernen: rechtlich selbständiger Geschäftsbereich bzw. strategische Geschäftseinheit)? _____
Branche: NACE-Codes	29.1: Maschinen für die Erzeugung und Nutzung von mechanischer Energie 29.2: Sonstige Maschinen für unspezifische Verwendung 29.3: Maschinen für die Land- und Forstwirtschaft 29.4: Werkzeugmaschinen, Teile dafür 29.5: Maschinen für sonstige bestimmte Wirtschaftszweige/Verwendungszwecke 25.6: Waffen und Munitionen, Teile dafür 25.7: Haushaltsgeräte, anderweitig nicht genannt
Branche: allgemein	Dieses Projekt ist folgender Branche zuzuordnen: ❑ Maschinenbau ❑ Anlagenbau ❑ Maschinen- <u>und</u> Anlagenbau

	Ebene des interorganisationalen Projektes
Budget	Das Budget unseres Projektes betrug insgesamt: _____ €
Anzahl der Projektpartner	Die Gesamtzahl der Projektpartner, unser Unternehmen eingeschlossen, betrug: _____
Anzahl der Mitarbeiter im interorganisationalen Gesamtprojekt	Die Gesamtzahl der im Projekt eingebundenen Personen aller beteiligten Partner, unser Unternehmen eingeschlossen, betrug: ca. _____
Anzahl der Mitarbeiter im Teilprojekt der fokalen Organisation	Die Gesamtzahl der Mitarbeiter unseres Unternehmens an diesem Projekt betrug: _____
Projektlaufzeit	Die Projektlaufzeit betrug: _____ Monate
Gründe für ein interorganisationales Projekt	Bitte geben Sie im Folgenden alle <u>Gründe</u> an, aus denen das ausgewählte Projekt <u>in Zusammenarbeit mit Partnerunternehmen</u> durchgeführt wurde: (Mehrfachnennungen möglich) ❑ Kapazitätserfordernisse, Projektgröße ❑ Spezielle Kompetenzen der Partnerunternehmen ❑ Projektfinanzierung, Verteilung des Projektrisikos auf mehrere Unternehmen ❑ Lernen von Projektpartnern, Wissenstransfer Sonstige: _____ Die sonstige Gründe wurden kategorisiert und lassen sich wie folgt unterteilen: ❑ Bestehende Partnerschaft ❑ Gesetzliche Anforderungen ❑ Kundenforderung **Anmerkung**: Binärcodierte Dummyvariable mit den beiden Ausprägungen: 0 = Grund liegt nicht vor; 1 = Grund liegt vor

	Ebene des interorganisationalen Projekts
Erfolg des Projektes	Bitte wählen Sie ein <u>innerhalb der letzten drei Jahre erfolgreich abgeschlossenes Projekt</u> aus, an dem Ihr Unternehmen als <u>Generalunternehmer bzw. projektleitendes Unternehmen</u> gemeinsam mit anderen Partnerunternehmen gearbeitet hat. Ein erfolgreiches Projekt bezeichnet dabei ein Projekt, das a) effektiv war, d.h. seine Ziele bzgl. Kosten, Qualität und Zeit erreicht hat b) ökonomisch tragfähig war, d.h. zum Gesamtunternehmenserfolg beigetragen hat **Anmerkung**: Binärcodierte Dummyvariable mit der Ausprägung: 0 = Erfolgreiches Projekt liegt nicht vor; 1 = Erfolgreiches Projekt liegt vor
Aufgabenunsicherheit	(a) Dieses Projekt bestand in hohem Maße aus für uns neuartigen Aufgabenstellungen und Lösungsansätzen. (b) Unsere Vorgehensweise im Projekt stand nicht vorab fest, sondern ergab sich schrittweise während der Projektlaufzeit. (c) Im Projekt folgten die Mitarbeiter standardisierten Vorgehensweisen und Verfahren. **Anmerkung**: Der Indikator (c) ist recodiert Fünfstufige Intervallskala: 1= „stimme gar nicht zu" bis 5 = „stimme voll zu" Cronbachs Alpha-Wert: 0,60. Bildung eines additiven Index

Anhang 10: Teilmodell mit verringerter Anzahl an Kontrollvariablen

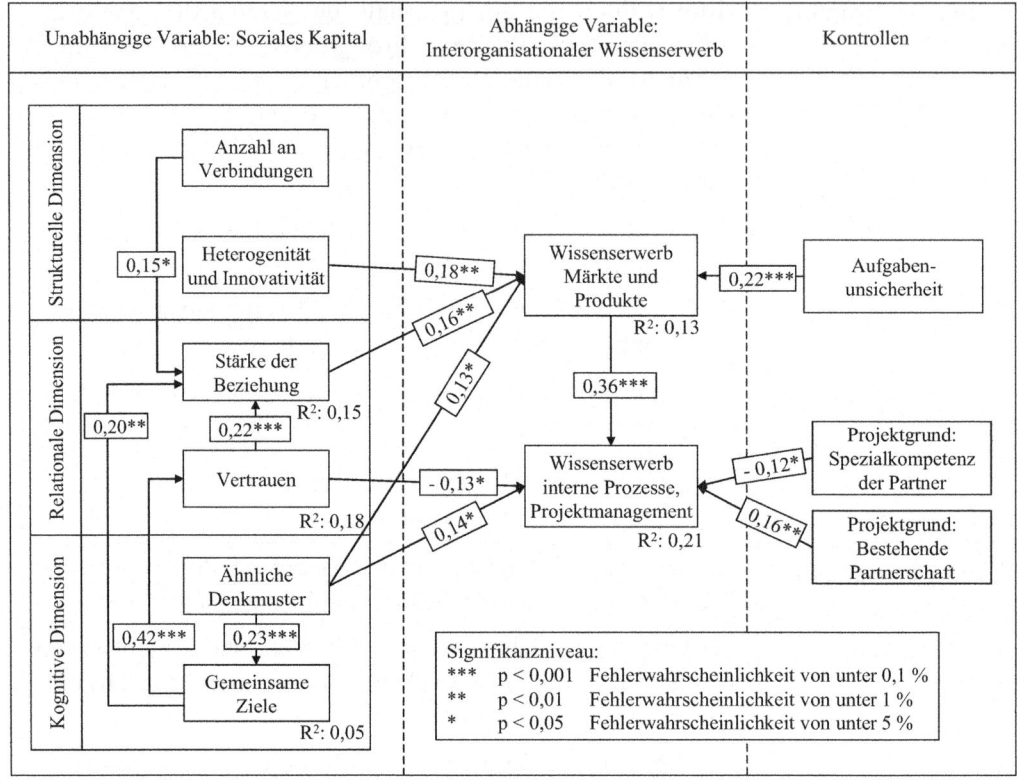

Anhang 11: T-Test: Wissenserwerb Märkte und Produkte mit Wissenserwerb interne Prozesse und Projektmanagement

Statistik bei gepaarten Stichproben				
	Mittelwert	N	Standardabweichung	Standardfehler des Mittelwertes
Wissenserwerb interne Prozesse und Projektmanagement	2,13	218	1,02423	0,06937
Wissenserwerb Märkte und Produkte	2,65	218	0,89157	0,06038

Korrelationen bei gepaarten Stichproben			
	N	Korrelation	Signifikanz
Wissenserwerb interne Prozesse und Projektmanagement & Wissenserwerb Märkte und Produkte	218	0,355	0,000

Test bei gepaarten Stichproben					
	Gepaarte Differenzen				
	Mittelwert	Standardabweichung	Standardfehler des Mittelwertes	95% Konfidenzintervall der Differenz	
				Untere	Obere
Wissenserwerb interne Prozesse und Projektmanagement & Wissenserwerb Märkte und Produkte	-0,51682	1,09354	0,07406	-0,6628	-0,37084

Test bei gepaarten Stichproben			
	T	df	Sig. (2-seitig)
Wissenserwerb interne Prozesse und Projektmanagement & Wissenserwerb Märkte und Produkte	-6,978	217	0,000

Erläuterung zum T-Test:

Um die Signifikanz der Unterschiede der beiden Mittelwerte „Wissenserwerb interne Prozesse und Projektmanagement" und „Wissenserwerb Märkte und Produkte" zu testen, wurde ein T-Test für gepaarte Stichproben durchgeführt. Gepaarte Stichproben liegen beispielsweise vor, wenn zwei unterschiedliche Sachverhalte, wie der „Wissenserwerb interne Prozesse und Projektmanagement" und der „Wissenserwerb Märkte und Produkte" von denselben befragten Personen bewertet werden und diese Bewertungen anschließend miteinander verglichen werden (Bortz 2005, S. 143f.; Brosius 2004, S. 490; Bühl/Zöfel 2005, S. 282f.).

Der T-Wert liegt mit |6,978| bei der gegebenen Anzahl an befragten Personen (N=218) beziehungsweise gegebener Anzahl an Freiheitsgraden (df=217) sehr hoch, so dass die 2-seitige Signifikanz bei 0,000 liegt (Bortz 2005, S. 819; Brosius 2004, S. 490ff.). Das bedeutet, dass die Fehlerwahrscheinlichkeit unter 0,1% liegt.

Die Nullhypothese, derzufolge der „Wissenserwerb interne Prozesse und Projektmanagement" und der „Wissenserwerb Märkte und Produkte" die gleiche durchschnittliche Bedeutung erlangt, kann somit zurückgewiesen werden. Signifikante Unterschiede zwischen „Wissenserwerb interne Prozesse und Projektmanagement" und „Wissenserwerb Märkte und Produkte" bestehen demzufolge.

Anhang 12: Zusätzliche Kontrollvariable für die Diskussion: Existenz eines Vertrages

Existenz eines Vertrages	Durch welche der folgenden vertraglichen Konstruktionen war das Projekt zwischen den drei wichtigsten Partnern geregelt? (Falls kein Vertrag vorliegt, gehen Sie direkt zu Teil IX, Seite 12): ❑ Ein Vertrag mit mehreren Parteien ❑ Eine Reihe von Verträgen ohne zentrale Vertragspartei ❑ Eine Reihe von Verträgen mit genau einer zentralen Vertragspartei **Anmerkung**: Teil IX, Seite 12 sind weitere Fragen im Rahmen des größeren Forschungsprojektes, die hier nicht relevant sind Binärcodierte Dummyvariable mit den beiden Ausprägungen: 0 = kein Vertrag; 1 = Existenz eines Vertrages

Anhang 13: Ergebnismodell erweitert um Kontrollvariable Existenz eines Vertrages

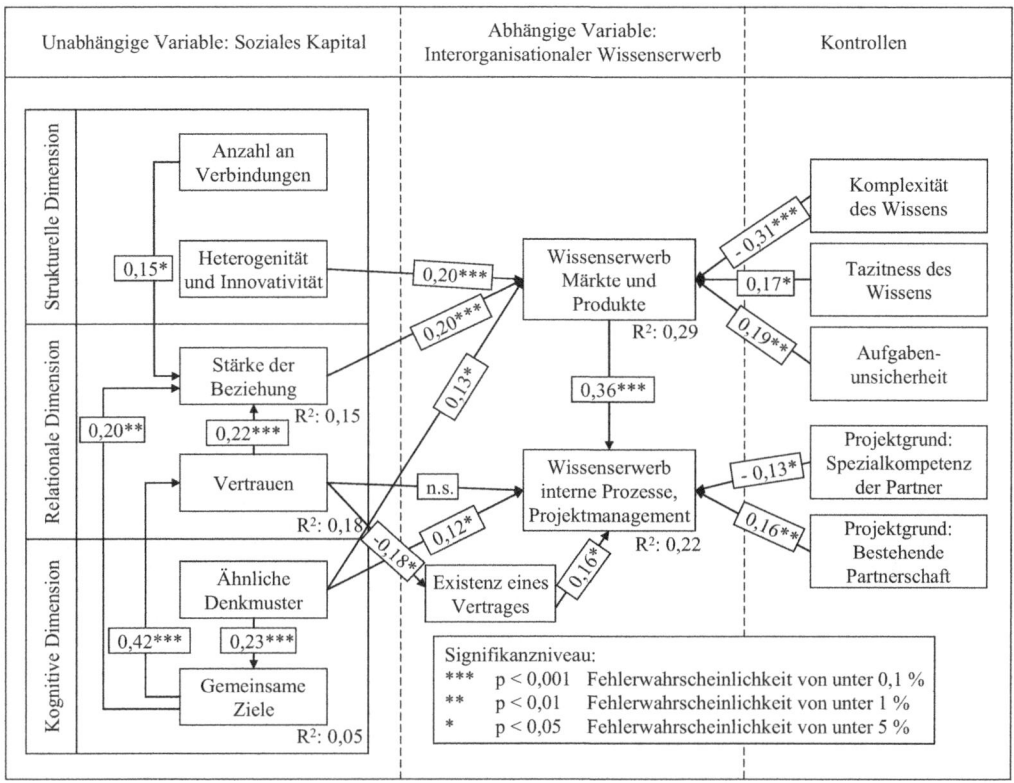

Gütekriterium	Abkürzung	Wert in Modell	Sollwerte
Chi-Quadrat/ Freiheitsgrade	χ^2/df	1,564 (erfüllt)	$\chi^2/df \leq 2,5$
Goodness-of-Fit-Index	GFI	nicht errechenbar	GFI $\geq$ 0,9
Adjusted-Goodness-of-Fit-Index	AGFI	nicht errechenbar	AGFI $\geq$ 0,9
Root Mean Square Error of Approximation	RMSEA	0,051 (guter Modellfit)	RMSEA $\leq$ 0,05: guter Modellfit; RMSEA $\leq$ 0,08: akzeptabler Modellfit; RMSEA $\geq$ 0,10: inakzeptabler Modellfit

(Sollwerte: Browne/Cudeck 1993, S. 136ff.; Homburg/Baumgartner 1995, S. 172)

Literaturverzeichnis

Aadne, J. H.; von Krogh, G.; Roos, J. (1996): Representationism: The traditional approach to cooperative strategies. In: Managing knowledge, Hrsg.: von Krogh, G.; Roos, J., Sage, London, 9-31.

Adler, P. S.; Kwon, S.-W. (2002): Social capital: Prospects for a new concept. In: Academy of Management Review, 27, 1, 17-40.

Ahuja, G. (2000): Collaboration networks, structural holes, and innovation: A longitudinal study. In: Administrative Science Quarterly, 45, 3, 425-455.

Al-Laham, A. (2004): Wettbewerbsvorteile aus Wissen? Was leistet der wissensbasierte Ansatz für die strategische Unternehmensführung? In: Die Unternehmung, 58, 6, 405-433.

Albers, S.; Hildebrandt, L. (2006): Methodische Probleme bei der Erfolgsfaktorenforschung - Messfehler, formative versus reflektive Indikatoren und die Wahl des Strukturgleichungsmodells. In: Schmalenbachs Zeitschrift für betriebswirtschaftliche Forschung, 58, 2-33.

Aldrich, H. E.; Rosen, B.; Woodward, W. (1987): The impact of social networks on business foundings and profit: A longitudinal study. In: Frontiers of entrepreneurship research, Hrsg.: Churchill, N. C.; Hornaday, J. A. et al., Babson College, Wellesley, 154-168.

Appleyard, M. M. (1996): How does knowledge flow? Interfirm patterns in the semiconductor industry. In: Strategic Management Journal, 17, 137-154.

Appleyard, M. M. (2002): Cooperative knowledge creation: The case of buyer-supplier co-development in the semiconductor industry. In: Cooperative strategies and alliances, Hrsg.: Contractor, F. J.; Lorange, P. et al., Pergamnon, Amsterdam, 381-418.

Arbuckle, J. L. (2006): Amos 7.0 user's guide, SPSS, Chicago.

Argote, L. (1999): Organizational learning. Creating, retaining and transferring knowledge, Kluwer, Norwell.

Argote, L.; McEvily, B.; Reagans, R. (2003): Managing knowledge in organizations: An integrative framework and review of emerging themes. In: Management Science, 49, 4, 571-582.

Argyris, C.; Putnam, R. D.; Smith, D. M. (1985): Action science. Concepts, methods, and skills for research and intervention, Jossey-Bass, San Francisco.

Argyris, C.; Schön, D. A. (1978): Organizational learning. A theory of action perspective, Addison-Wesley, Reading.

Atkinson, R. (1999): Project management: Cost, time and quality, two best guesses and a phenomenon, it's time to accept other success criteria. In: International Journal of Project Management, 17, 6, 337-342.Bachmann, A. (2007): Subjektive versus objektive Erfolgsmaße. In: Methodik der empirischen Forschung, Hrsg.: Albers, S.; Klapper, D. et al., 2. Aufl., Gabler, Wiesbaden, 89-90.

Backhaus, K.; Erichson, B.; Plinke, W.; Weiber, R. (2003): Multivariate Analysemethoden, 10. Aufl., Springer, Berlin.

Baker, W. E. (2000): Achieving success through social capital, Jossey-Bass, San Francisco.

Balkundi, P.; Harrison, D. A. (2006): Ties, leaders, and time in teams: Strong inference about network structure's effects on team viability and performance. In: Academy of Management Journal, 49, 1, 49-68.

Bandura, A. (1977): Social learning theory, Prentica-Hall, Englewood Cliffs.

Barber, B. (1983): The logic and limits of trust, Rutgers University Press, New Brunswick.

Barlow, J. (2000): Innovation and learning in complex offshore construction projects. In: Research Policy, 29, 7/8, 973-989.

Baron, R. M.; Kenny, D. A. (1986): The moderator-mediator variable distinction in social psychological research: Conceptual, and statistical considerations. In: Journal of Personality and Social Research, 51, 6, 1173-1182.

Baum, J. A. C.; Calabrese, T.; Silverman, B. S. (2000): Don't go it alone: Alliance network composition and startups' performance in canadian biotechnology. In: Strategic Management Journal, 21, 3, 267-294.

Becerra, M.; Lunnan, R.; Huemer, L. (2008): Trustworthiness, risk, and the transfer of tacit and explicit knowledge between alliance partners. In: Journal of Management Studies, 45, 4, 691-713.

Beck, C. (1994): Interorganisationales Projekt-Management, eine alternative Kooperationsform. Ein Beitrag unter Berücksichtigung des integrativen Informations-Managements als Basis für die projektbezogene Kooperation, Dissertation an der Universität der Bundeswehr Hamburg, Hamburg.

Belliveau, M. A.; O'Reilly III, C. A.; Wade, J. B. (1996): Social capital at the top: Effects of social similarity and status on CEO compensation. In: Academy of Management Journal, 39, 6, 1568-1593.

Benner, M. J.; Tushman, M. L. (2003): Exploitation, exploration, and process management: The productivity dilemma revisited. In: Academy of Management Review, 28, 2, 238-256.

Bensaou, M.; Venkatraman, N. (1995): Configurations of interorganizational relationships: A comparison between U.S. and Japanese automakers. In: Management Science, 41, 9, 1471-1493.

Berscheid, E.; Walster, E. (1969): Interpersonal attraction, Addison-Wesley, Massachusetts.
Blau, P. M. (1964): Exchange and power in social life, Wiley, New York.

Bleicher, K. (1991): Organisation: Strategien - Strukturen - Kulturen, 2. Aufl., Gabler, Wiesbaden.

Boland, R. J.; Tenkasi, R. V. (1995): Perspective making and perspective taking in communities of knowing. In: Organization Science, 6, 4, 350-372.

Bonoma, T. V.; Johnston, W. J. (1979): Locus of control, trust, and decision making. In: Decision Sciences, 10, 1, 39-56.

Borgatti, S. P.; Cross, R. (2003): A relational view of information seeking and learning in social networks. In: Management Science, 49, 4, 432-445.

Bortz, J. (2005): Statistik für Human- und Sozialwissenschaftler, 6. Aufl., Springer Medizin, Heidelberg.

Bortz, J.; Döring, N. (2006): Forschungsmethoden und Evaluation für Human und Sozialwissenschaftler, 4. Aufl., Springer, Berlin.

Borys, B.; Jemison, D. B. (1989): Hybrid arrangements as strategic alliances: Theoretical issues in organizational combinations. In: Academy of Management Review, 14, 2, 234-249.

Bourdieu, P. (1986): The forms of capital. In: Handbook of theory and research for the sociology of education, Hrsg.: Richardson, J. G., Greenwood, New York, 241-258.

Bradach, J. L.; Eccles, R. G. (1989): Price, authority, and trust: From ideal types to plural forms. In: Annual Review of Sociology, 15, 97-118.

Bresnen, M.; Edelman, L.; Newell, S.; Scarbrough, H.; Swan, J. (2005): Exploring social capital in the construction firm. In: Building Research & Information, 33, 3, 235-244.

Bresnen, M.; Goussevskaia, A.; Swan, J. (2004): Embedding new management knowledge in project-based organizations. In: Organization Studies, 25, 9, 1535-1555.

Bronder, C.; Pritzl, R. (1992): Wegweiser für strategische Allianzen, Gabler, Boston.

Brookes, N. J.; Morton, S. C.; Dainty, A. R. J.; Burns, N. D. (2006): Social processes, patterns and practices and project knowledge management: A theoretical framework and an empirical investigation. In: International Journal of Project Management, 24, 6, 474-482.

Brosius, F. (2004): SPSS 12, MITP-Verlag, Bonn.

Brown, J.; Collins, A.; Duguid, P. (1989): Situated cognition and the culture of learning. In: Educational Researcher, 18, 1, 32-42.

Brown, J. S.; Duguid, P. (1991): Organizational learning and communities-of-practice: Toward a unified view of working, learning, and innovating. In: Organization Science, 2, 1, 40-57.

Brown, R. (1965): Social psychology, Free Press, New York.
Browne, M.; Cudeck, R. (1993): Alternative ways of assessing equation model fit. In: Testing structural equation models, Hrsg.: Bollen, K. A.; Long, J. S., Sage, Newbury Park, 136-162.

Brusoni, S.; Prencipe, A.; Pavitt, K. (2001): Knowledge specialization, organizational coupling, and the boundaries of the firm: Why do firms know more than they make? In: Administrative Science Quarterly, 46, 4, 597-621.

Bühl, A.; Zöfel, P. (2005): SPSS 12: Einführung in die moderne Datenanalyse unter Windows, 9. Aufl., Pearson, München.

Bühner, M. (2004): Einführung in die Test- und Fragebogenkonstruktion, Pearson, München.

Burghardt, M. (1993): Projektmanagement. Leitfaden für die Planung, Überwachung und Steuerung von Entwicklungsprojekten, 2. Aufl., Siemens AG, Berlin.

Burt, R. S. (1982): Toward a structural theory of action. Network models of social structure, perception, and action, Academic Press, New York.

Burt, R. S. (1992): Structural holes. The social structure of competition, 2. Aufl., Harvard University Press, Cambridge.

Burt, R. S. (1997): The contingent value of social capital. In: Administrative Science Quarterly, 42, 2, 339-365.

Burt, R. S. (2000): The network stucture of social capital. In: Research in Organizational Behavior, 22, 345-421.

Burt, R. S.; Knez, M. (1996): Trust in third-party gossip. In: Trust in organizations. Frontiers of theory and research, Hrsg.: Kramer, R. M.; Tyler, T. R., Sage, Thousand Oaks, 68-89.

Byrne, B. M. (2001): Structural equation modeling with AMOS. Basic concepts, applications, and programming, Erlbaum, Mahwah.

Campbell, D. T.; Fiske, D. W. (1959): Convergent and discriminant validation by the multitrait-multimethod matrix. In: Psychological Bulletin, 56, 2, 81-105.

Chatman, J. A.; Flynn, F. J. (2001): The influence of demographic heterogeneity of the emergence and consequences of cooperative norms in work teams. In: Academy of Management Journal, 44, 5, 956-974.

Child, J. (2001): Learning through strategic alliances. In: Handbook of organizational learning and knowledge, Hrsg.: Dierkes, M.; Antal, A. B. et al., Oxford, 657-680.

Child, J.; Faulkner, D. (1998): Strategies of cooperation: Managing alliances, networks, and joint ventures, Oxford University Press, Oxford.

Choo, C. W.; Bontis, N. (2002): Knowledge, intellectual capital, and strategy. In: The strategic management of intellectual capital and organizational knowledge, Hrsg.: Choo, C. W., Oxford University Press, Oxford, 463-476.

Christophersen, T.; Grape, C. (2007): Die Erfassung latenter Konstrukte mit Hilfe formativer und reflektiver Messmodelle. In: Methodik der empirischen Forschung, Hrsg.: Albers, S.; Klapper, D. et al., 2. Aufl., Gabler, Wiesbaden, 103-118.

Chung, S. A.; Singh, H.; Lee, K. (2000): Complementarity, status similarity and social capital as drivers of alliance formation. In: Strategic Management Journal, 21, 1, 1-22.

Cicourel, A. V. (1973): Cognitive sociology, Penguin Books, Harmondsworth.

Coghlan, D. (2001): Insider action research projects. In: Management Learning, 32, 1, 49-60.

Cohen, W. M. (1995): Empirical studies of innovative activity. In: Handbook of the economics of innovation and technological change, Hrsg.: Stoneman, P., Blackwell, Oxford, 182-264.

Cohen, W. M.; Levinthal, D. A. (1989): Innovation and learning: The two faces of R&D. In: Economic Journal, 99, 397, 569-596.

Cohen, W. M.; Levinthal, D. A. (1990): Absorptive capacity: A new perspective on learning and innovation. In: Administrative Science Quarterly, 35, 1, 128-152.

Coleman, J. S. (1988): Social capital in the creation of human capital. In: American Journal of Sociology, 94, Supplement, 95-120.

Coleman, J. S. (1990): Foundations of social theory, Harvard University Press, Cambridge.

Constant, D.; Sproull, S.; Kiesler, L. (1999): The kindness of strangers: The usefulness of electronic weak ties for technical advice. In: Shaping organization form: Communication, connection, and community, Hrsg.: DeSanctis, G.; Fulk, J., Sage, Thousand Oaks, 415-444.

Contractor, F. J.; Eisenberg, E. M. (1990): Communication networks and new media in organizations. In: Organizations and communication technology, Hrsg.: Fulk, J.; Steinfeld, C. W., Sage, Newbury Park, 143-172.

Contractor, F. J.; Kim, C.-S.; Beldona, S. (2002): Interfirm learning in alliance and technology networks: An empirical study in the global pharmaceutical and chemical industries. In: Cooperative strategies and alliances, Hrsg.: Contractor, F. J.; Lorange, P. et al., Pergamnon, Amsterdam, 493-516.

Contractor, F. J.; Lorange, P. (2002): Why should firms cooperate: The strategy and economic basis for cooperative ventures. In: Cooperative strategies in international business, Hrsg.: Contractor, F. J.; Lorange, P., 2. Aufl., Pergamnon, Amsterdam, 3-30.

Cooke-Davies, T. (2002): The "real" success factors on projects. In: International Journal of Project Management, 20, 3, 185-190.

Corsten, H. (2000): Projektmanagement, Oldenburg, München.

Cova, B.; Holstius, K. (1993): How to create competitive advantage in project business. In: Journal of Marketing Management, 9, 2, 105-121.

Cronbach, L. J. (1951): Coefficient alpha and the internal structure of tests. In: Psychometrika, 16, 297-334.

Cronbach, L. J.; Linn, R. L.; Brennan, R. L.; Haertel, E. H. (1997): Generalizability analysis for performance assessments of student achievement or school effectiveness. In: Educational and Psychological Measurement, 57, 3, 373-399.

Cross, R.; Cummings, J. N. (2004): Tie and network correlates of individual performance in knowldge-intensive work. In: Academy of Management Journal, 47, 6, 928-937.

Cyert, R.; March, J. (1963): A behavioral theory of the firm, Prentice-Hall, Englewood Cliffs.

Daft, R. L.; Huber, G. P. (1978): How organizations learn: A communication framework. In: Research in the Sociology of Organizations, 5, 1-36.

Daft, R. L.; Lengel, R. H. (1984): Information richness: A new approach to managerial behaviour and organization design. In: Research in Organizational Behavior, 6, 191-233.

Daft, R. L.; Lengel, R. H. (1986): Organizational information requirements, media richness and structural design. In: Management Science, 32, 5, 554-571.

Dahlgren, J.; Söderlund, J. (2001): Managing inter-firm industrial projects - On pacing and matching hierarchies. In: International Business Review, 10, 3, 305-322.

Das, T. K.; Teng, B.-S. (1998): Between trust and control: Developing confidence in partner cooperation in alliances. In: Academy of Management Review, 23, 3, 491-512.

Das, T. K.; Teng, B.-S. (2001a): A risk perception model of alliance structuring. In: Journal of International Management, 7, 1, 1-29.

Das, T. K.; Teng, B.-S. (2001b): Trust, control, and risk in strategic alliances: An integrated framework. In: Organization Studies, 22, 2, 251-282.

Das, T. K.; Teng, B.-S. (2004): The risk-based view of trust: A conceptual framework. In: Journal of Business & Psychology, 19, 1, 85-116.

DeCarolis, D. M.; Saparito, P. (2006): Social capital, cognition, and entrepreneurial opportunities: A theoretical framework. In: Entrepreneurship: Theory & Practice, 30, 1, 41-56.

DeFillippi, R. J. (2001): Introduction: Project-based learning, reflective practices and learning outcomes. In: Management Learning, 32, 1, 5-10.

DeFillippi, R. J.; Arthur, M. B. (1998): Paradox in project-based enterprise: The case of film making. In: California Management Review, 40, 2, 125-139.

DeFillippi, R. J.; Ornstein, S. (2003): Psychological perspectives underlying theories of organizational learning. In: The Blackwell handbook of organizational learning and knowledge management, Hrsg.: Easterby-Smith, M.; Lyles, M., A., Blackwell, Malden, 19-37.

Deutsche Bank Research (2007): Deutscher Maschinenbau, Aktuelle Themen 386, Deutsche Bank Research, Deutsche Bank AG, Frankfurt.

Dewar, R. D.; Dutton, J. E. (1986): The adoption of radical and incremental innovations: An empirical analysis. In: Management Science, 32, 11, 1422-1433.

Diamantopoulos, A.; Winklhofer, H. M. (2001): Index construction with formative indicators: An alternative to scale development. In: Journal of Marketing Research, 38, 2, 269-277.

DIHK (2007): Fachkräftebedarf und Image von F+E-Förderprogrammen auf dem Prüfstand. DIHK-Innovationsreport 2007, Deutscher Industrie- und Handelskammertag e.V. (DIHK), Berlin.

Diller, H. (2006): Probleme der Handhabung von Strukturgleichungsmodellen in der betriebswirtschaftlichen Forschung. In: Die Betriebswirtschaft, 66, 6, 611-617.

DIN (1987): Projektwirtschaft, Projektmanagement, Begriffe.

Dodgson, M. (1993): Technological collaboration in industry: Strategy, policy, and internationalization in innovation, Routledge, London.

Dosi, G.; Nelson, R. R. (1994): An introduction to evolutionary theories in economics. In: Journal of Evolutionary Economics, 4, 3, 153-172.

Dougherty, D. (1992): Interpretive barriers to successful product innovation in large firms. In: Organization Science, 3, 2, 179-202.

Doz, Y. L. (1996): The evolution of cooperation in strategic alliances: Initial conditions or learning in processes? In: Strategic Management Journal, 17, 7, 55- 83.

Dresdner Bank (2006): Branchenreport Maschinenbau, Dresdner Bank AG, CEO Economics, Sectoral and Market Studies, Frankfurt.

Dresdner Bank (2008): Branchenreport Maschinenbau, Dresdner Bank AG, Allianz Dresdner Economic Research, Sectoral Studies, Frankfurt.

Drolet, A. L.; Morrison, D. G. (2001): Do we really need multiple-item measures in service research? In: Journal of Service Research, 3, 3, 196-204.

Duanmu, J.-L.; Fai, F. M. (2007): A processual analysis of knowledge transfer: From foreign MNEs to Chinese suppliers. In: International Business Review, 16, 4, 449-473.

Duncan, R.; Weiss, A. (1979): Organizational learning: Implications for organizational design. In: Research in Organizational Behaviour, 1, 75-123.

Dyer, J. H.; Hatch, N. W. (2006): Relation-specific capabilities and barriers to knowledge transfers: Creating advantage through network relationships. In: Strategic Management Journal, 27, 8, 701-719.

Dyer, J. H.; Nobeoka, K. (2000): Creating and managing a high-performance knowledge-sharing network: The Toyota case. In: Strategic Management Journal, 21, 3, 345-367.

Dyer, J. H.; Singh, H. (1998): The relational view: Cooperative strategy and sources of interorganizational competitive advantage. In: Academy of Management Review, 23, 4, 660-679.

Eberl, M. (2006): Formative und reflektive Konstrukte und die Wahl des Strukturgleichungsverfahrens. In: Die Betriebswirtschaft, 66, 6, 651-668.

Ebers, M.; Jarillo, J. C. (1997-98): The construction, forms, and consequences of industry networks. In: International Studies of Management & Organization, 27, 4, 3-21.

Eccles, R. G. (1981): The quasifirm in the construction industry. In: Journal of Economic Behavior & Organization, 2, 4, 335-357.

Ekinsmyth, C. (2002): Project organization, embeddedness and risk in magazine publishing. In: Regional Studies, 36, 3, 229-243.

Ekstedt, E.; Lundin, R. A.; Söderholm, A.; Wirdenius, H. (1999): Neo-industrial organising. Renewal action and knowledge formation in a project-intensive economy, Routledge, London.

Elfring, T.; Hulsink, W. (2003): Networks in entrepreneurship: The case of high-technology firms. In: Small Business Economics, 21, 4, 409-422.

Erikkson, K.; Johanson, J.; Majkgard, A.; Sharna, D. D. (1997): Experiential knowledge and cost in the internationalization process. In: Journal of International Business Studies, 28, 2, 337-360.

Ernst, H. (2001): Erfolgsfaktoren neuer Produkte: Grundlagen für eine valide empirische Forschung, Deutscher Universitätsverlag, Wiesbaden.

Ernst, H. (2003): Ursachen eines Informant Bias und dessen Auswirkung auf die Validität empirischer betriebswirtschaftlicher Forschung. In: Zeitschrift für Betriebswirtschaft, 73, 12, 1249-1275.

Ettlie, J. E.; Bridges, W. P.; O'Keefe, R. D. (1984): Organization strategy and structural differences for radical versus incremental innovation. In: Management Science, 30, 6, 682-695.

Faix, W. G.; Kisgen, S.; Lau, A.; Schulten, A.; Zywietz, T. (2006): Praxishandbuch Außenwirtschaft. Erfolgsfaktoren im Auslandsgeschäft, Teil IV, Gabler, Wiesbaden.

Fassott, G. (2006): Operationalisierung latenter Variablen in Strukturgleichungsmodellen: Eine Standortbestimmung. In: Schmalenbachs Zeitschrift für betriebswirtschaftliche Forschung, 58, 67-88.

Ferguson, R. J.; Paulin, M.; Bergeron, J. (2005): Contractual governance, relational governance, and the performance of interfirm service exchanges: The influence of boundary-spanner closeness. In: Journal of the Academy of Marketing Science, 33, 2, 217-234.

Fischer, H.; Brown, J.; Porac, J. F.; Wade, J. B.; DeVaughn, M.; Kanfer, A. (2002): Mobilizing knowledge in interorganizational alliances. In: The strategic management of intellectual capital and organizational knowledge, Hrsg.: Choo, C. W.; Bontis, N., Oxford University Press, Oxford, 523-536.

Fischer, H. M.; Pollock, T. G. (2004): Effects of social capital and power on surviving transformational change: The case of initial public offerings. In: Academy of Management Journal, 47, 4, 463-481.

Fong, P. S. W. (2003): Knowledge creation in multidisciplinary project teams: An empirical study of the processes and their dynamic interrelationships. In: International Journal of Project Management, 21, 7, 479-486.

Fong, P. S. W.; Lung, B. W. C. (2007): Interorganizational teamwork in the construction industry. In: Journal of Construction Engineering & Management, 133, 2, 157-168.

Ford, J. K.; MacCallum, R. C.; Tait, M. (1986): The application of exploratory factor analysis in applied psychology: A critical review and analysis. In: Personnel Psychology, 39, 2, 291-314.

Fornell, C.; Larcker, D. F. (1981): Evaluating structural equation models with unobservable variables and measurement error. In: Journal of Marketing Research, 18, 1, 39-50.

Frazier, P. A.; Tix, A. P.; Barron, K. E. (2004): Testing moderator and mediator effects in counseling psychology research. In: Journal of Counseling Psychology, 51, 1, 115-134.

Gabbay, S. M.; Leenders, R. T. A. J. (1999): CSC: The structure of advantage and disadvantage. In: Corporate social capital and liability, Hrsg.: Leenders, R. T. A. J.; Gabbay, S. M., Kluwer, Boston, 1-14.

Gabbay, S. M.; Leenders, R. T. A. J. (2001): Social capital of organizations: From social capital to the management of corporate social capital. In: Social capital of organizations, Hrsg.: Gabbay, S. M.; Leenders, R. T. A. J., JAI, Amsterdam, 1-20.

Gabbay, S. M.; Zuckerman, E. W. (1998): Social capital in corporate R&D: The contingent effect of contact density on mobility expectations. In: Social Science Research, 27, 2, 189-217.

Galbraith, J. R. (1982): Organization design: Organization structure and communication networks. In: Organizational psychology: Readings on human behavior in organizations, Hrsg.: Kolb, D. A.; Rubin, I. M. et al., Prentice-Hall, Englewood Cliffs.

Gann, D. M.; Salter, A. J. (2000): Innovation in project-based, service-enhanced firms: The construction of complex products and systems. In: Research Policy, 29, 7/8, 955-972.

Garcia, R.; Calantone, R.; Levine, R. (2003): The role of knowledge in resource allocation to exploration versus exploitation in technologically oriented organizations. In: Decision Sciences, 34, 2, 323-349.

Gargiulo, M.; Benassi, M. (1999): The dark side of social capital. In: Corporate social capital and liability, Hrsg.: Leenders, R. T. A. J.; Gabbay, S. M., Kluwer, Boston, 298-322.

Gatignon, H.; Tushman, M. L.; Smith, W.; Anderson, P. (2002): A structural approach to assessing innovation: Construct development of innovation locus, type, and characteristics. In: Management Science, 48, 9, 1103-1122.

Ghoshal, S.; Bartlett, C. A. (1988): Creation, adoption, and diffusion of innovation by subsidiaries of multinational corporations. In: Journal of International Business Studies, 19, 365-388.

Gierl, H. (1995): Marketing, Kohlhammer, Stuttgart.

Grabher, G. (1993): Rediscovering the social in the economics of interfirm relations. In: The embedded firm. On the socioeconomics of industrial networks, Hrsg.: Grabher, G., Routledge, London, 1-31.

Grabher, G. (2002): Cool projects, boring institutions: Temporary collaboration in social context. In: Regional Studies, 36, 3, 205-214.

Grabher, G. (2004): Temporary architectures of learning: Knowledge governance in project ecologies. In: Organization Studies, 25, 9, 1491-1514.

Grandori, A.; Cacciatori, E. (2006): From relational to constitutional contracting: The case of project-based strategic alliances, Paper accepted for the 22nd EGOS Colloquium, Bergen, 1-14.

Grandori, A.; Soda, G. (1995): Inter-firm networks: Antecedents, mechanisms and forms. In: Organization Studies, 16, 2, 183-214.

Granovetter, M. (1973): The strength of weak ties. In: American Journal of Sociology, 78, 6, 1360-1380.

Granovetter, M. (1982): The strength of weak ties: A network theory revisited. In: Social structure and network analysis, Hrsg.: Marsden, P. V.; Lin, N., Sage, Beverly Hills, 105-130.

Granovetter, M. (1985): Economic action and social structure: the problem of embeddedness. In: American Journal of Sociology, 91, 3, 481-510.

Grant, R. M. (1996a): Prospering in dynamically-competitive environments: Organizational capability as knowledge integration. In: Organization Science, 7, 4, 375-388.

Grant, R. M. (1996b): Toward a knowledge-based theory of the firm. In: Strategic Management Journal, 17, 109-123.

Grant, R. M.; Baden-Fuller, C. (2004): A knowledge accessing theory of strategic alliances. In: Journal of Management Studies, 41, 1, 61-84.

Greve, A. (1995): Networks and entrepreneurship - an analysis of social relations, occupational background, and use of contacts during the establishment process. In: Scandinavian Journal of Management, 11, 1, 1-24.

Gulati, R. (1995): Does familiarity breed trust? The implications of repeated ties for contractual choice in alliances. In: Academy of Management Journal, 38, 1, 85-112.
Gulati, R.; Higgins, M. C. (2003): Which ties matter when? The contingent effect of interorganizational partnerships on IPO success. In: Strategic Management Journal, 24, 2, 127-144.

Gulati, R.; Singh, H. (1998): The architecture of cooperation: Managing coordination costs and appropriation concerns in strategic alliances. In: Administrative Science Quarterly, 43, 4, 781-814.

Gunter, B.; Bonaccorsi, A. (1996): Project marketing and systems selling - In search of frameworks and insights. In: International Business Review, 5, 6, 531-537.

Gupta, A. K.; Govindarajan, V. (1991): Knowledge flows and the structure of control within multinational corporations. In: Academy of Management Review, 16, 4, 768-792.

Gupta, A. K.; Govindarajan, V. (2000): Knowledge flows within multinational corporations. In: Strategic Management Journal, 21, 4, 473.

Gupta, A. K.; Smith, K. G.; Shalley, C. E. (2006): The interplay between exploration and exploitation. In: Academy of Management Journal, 49, 4, 693-706.

Haberfellner (1992): Projektmanagement. In: Handwörterbuch der Organisation, Hrsg.: Frese, E., 3. Aufl., Poeschel, Stuttgart, 2090-2116.

Hagedoorn, J. (1990): Organizational modes of inter-firm co-operation and technology transfer. In: Technovation, 10, 1, 17-30.

Hagedoorn, J. (2002): Inter-firm R&D partnerships: An overview of major trends and patterns since the 1960s. In: Research Policy, 31, 4, 477-492.

Hagedoorn, J. (2006): Understanding the cross-level embeddedness of interfirm partnership formation. In: Academy of Management Review, 31, 3, 670-680.

Hair, J. F.; Black, B.; Babin, B. J.; Anderson, R. E.; Tatham, R. (2006): Multivariate data analysis, 5. Aufl., Pearson Prentice Hall, Upper Saddle River.

Hamel, G. (1991): Competition for competence and inter-partner learning within international strategic alliances. In: Strategic Management Journal, 12, 4, 83-103.

Hansen, M. T. (1999): The search-transfer problem: The role of weak ties in sharing knowledge across organization subunits. In: Administrative Science Quarterly, 44, 1, 82-111.

Hansen, M. T. (2002): Knowledge networks: Explaining effective knowledge sharing in multiunit companies. In: Organization Science, 13, 3, 232-248.

Hansen, M. T.; Podolny, J. M.; Pfeffer, J. (2001): So many ties, so little time: A task contingency perspective on corporate social capital in organizations. In: Social capital of organizations, Hrsg.: Gabbay, S. M.; Leenders, R. T. A. J., JAI, Amsterdam, 21-57.

Hargadon, A.; Sutton, R. I. (1997): Technology brokering and innovation in a product development firm. In: Administrative Science Quarterly, 42, 4, 716-749.
Harland, C. (1999): Supply network strategy and social capital. In: Corporate social capital and liability, Hrsg.: Leenders, R. T. A. J.; Gabbay, S. M., Kluwer, Boston, 409-427.

Hauschildt, J. (2004): Innovationsmanagement, 3. Aufl., Vahlen, München.

Heath, S. B. (1991): "It's about winning!" The language of knowledge in baseball. In: Perspective on socially shared cognition, Hrsg.: Resnick, L. B.; Levine, J. M. et al., American Psychological Association, Washington, 101-124.

Hellgren, B.; Stjernberg, T. (1995): Design and implementation in major investments - A project network approach. In: Scandinavian Journal of Management, 11, 4, 377-394.

Henderson, R. M.; Clark, K. B. (1990): Architectural innovation: The reconfiguration of existing product technologies and the failure of established firms. In: Administrative Science Quarterly, 35, 1, 9-30.

Hildebrandt, L.; Temme, D. (2006): Probleme der Validierung mit Strukturgleichungsmodellen. In: Die Betriebswirtschaft, 66, 6, 618-639.

Hobbs, B.; Andersen, B. (2001): Different alliance relationships for project design and execution. In: International Journal of Project Management, 19, 8, 465-469.

Hobday, M. (1998): Product complexity, innovation and industrial organisation. In: Research Policy, 26, 6, 689-710.

Hobday, M. (2000): The project-based organisation: An ideal form for managing complex products and systems? In: Research Policy, 29, 7/8, 871-893.

Hoffmann, W. H. (2004): Allianz, strategische. In: Handwörterbuch Unternehmensführung und Organisation, Hrsg.: Schreyögg, G.; von Werder, A., 4. Aufl., Schäffer-Poeschel, Stuttgart, 11-20.

Holmbeck, G. N. (1997): Toward terminological, conceptual, and statistical clarity in the study of mediators and moderators. In: Journal of Consulting & Clinical Psychology, 65, 4, 599-610.

Holmqvist, M. (2004): Experiential learning processes of exploitation and exploration within and between organizations: An empirical study of product development. In: Organization Science, 15, 1, 70-81.

Holtbrügge, D. (2003): Management internationaler strategischer Allianzen. In: Kooperationen, Allianzen und Netzwerke, Hrsg.: Zentes, J.; Swoboda, B. et al., Gabler, Wiesbaden.

Homburg, C.; Baumgartner, H. (1995): Beurteilung von Kausalmodellen. In: Marketing Zeitschrift für Forschung und Praxis, 17, 162-176.

Homburg, C.; Giering, A. (1996): Konzeptualisierung und Operationalisierung komplexer Konstrukte. Ein Leitfaden für die Marketingforschung. In: Marketing Zeitschrift für Forschung und Praxis, 1, 5-24.

Homburg, C.; Klarmann, M. (2006): Die Kausalanalyse in der empirischen betriebswirtschaftlichen Forschung - Probleme und Anwendungsempfehlungen. In: Die Betriebswirtschaft, 66, 6, 727-748.

Howells, J.; James, A.; Malik, K. (2003): The sourcing of technological knowledge: Distributed innovation processes and dynamic change. In: R&D Management, 33, 4, 395-409.

Huber, F.; Heitmann, M.; Herrmann, A. (2006): Ansätze zur Kausalmodellierung mit Interaktionseffekten. In: Die Betriebswirtschaft, 66, 6, 696-710.

Huber, G. (1982): Organizational information systems: Determinants of their performance and behavior. In: Management Science, 28, 2, 138-155.

Huber, G. P. (1991): Organizational learning: The contributing processes and the literatures. In: Organization Science, 2, 1, 88-115.

Human, S. E.; Provan, K. G. (1997): An emergent theory of structure and outcomes in small-firm strategic manufactoring networks. In: Academy of Management Journal, 40, 2, 368-403.

Ibarra, H. (1992): Homophily and differential returns: Sex differences in network structure and access in an advertising firm. In: Administrative Science Quarterly, 37, 3, 422-447.

Ibarra, H. (1995): Race, opportunity, and diversity of social circles in managerial networks. In: Academy of Management Journal, 38, 3, 673-703.

IKB (2004): Märkte im Fokus: Maschinenbau in Deutschland - Traditionsbranche mit hoher Innovationskraft, Deutsche Industriebank (IKB), Düsseldorf, 1-50.

Ingram, P. (2005): Interorganizational learning. In: Companion to organizations, Hrsg.: Baum, J. A. C., 2. Aufl., Blackwell, Malden, 642-663.

Inkpen, A. C. (1996): Creating knowledge through collaboration. In: California Management Review, 39, 1, 123.

Inkpen, A. C. (1998): Learning and knowledge acquisition through international strategic alliances. In: Academy of Management Executive, 12, 4, 69.

Inkpen, A. C. (2002): Learning, knowledge management, and strategic alliances: So many studies, so many unanswered questions. In: Cooperative strategies and alliances, Hrsg.: Contractor, F. J.; Lorange, P. et al., Pergamnon, Amsterdam, 267-289.

Inkpen, A. C.; Beamish, P. W. (1997): Knowledge, bargaining power, and the instability of international joint ventures. In: Academy of Management Review, 22, 1, 177-202.

Inkpen, A. C.; Dinur, A. (1998): Knowledge management processes and international joint ventures. In: Organization Science, 9, 4, 454-468.

Inkpen, A. C.; Tsang, E. W. K. (2005): Social capital, networks, and knowledge transfer. In: Academy of Management Review, 30, 1, 146-165.

Jacobs, J. (1962): The death and life of great American cities, Cape, London.

Jansen, J. J. P.; van den Bosch, F. A. J.; Volberda, H. W. (2006): Exploratory innovation, exploitative innovation, and performance: Effects of organizational antecedents and environmental moderators. In: Management Science, 52, 11, 1661-1674.

Kadefors, A. (2004): Trust in project relationships - Inside the black box. In: International Journal of Project Management, 22, 3, 175-182.

Kaiser, H. F.; Rice, J. (1974): Little Jiffy, Mark IV. In: Educational and Psychological Measurement, 34, 111-117.

Kale, P.; Singh, H.; Perlmutter, H. (2000): Learning and protection of proprietary assets in stategic alliances: Building relational capital. In: Strategic Management Journal, 21, 3, 217-237.

Kalkowski, P. (1996): Innovationsstrategien des deutschen Maschinenbaus – Traditionelle Stärken, neue Herausforderungen, Ansätze zur Bewältigung, Soziologisches Forschungsinstitut Göttingen (SOFI), SOFI-Mitteilungen Nr. 24, 71-82.

Kallmeyer, O.; Hauss, I.; Seidel, K.-A. (2001): Engineering-Cooperations - Der Nutzen von Engineering Workflow, Fraunhofer-Institut IAO/IPA, Stuttgart.

Karlsen, J. T.; Gottschalk, P. (2004): Factors affecting knowledge transfer in IT projects. In: Engineering Management Journal, 16, 1, 3-10.

Keegan, A.; Turner, J. R. (2001): Quantity versus quality in project-based learning practices. In: Management Learning, 32, 1, 77-99.

Keegan, A.; Turner, J. R. (2002): The management of innovation in project-based firms. In: Long Range Planning, 35, 4, 367-388.

Kerzner, H. (2006): Project management, 9. Aufl., Wiley, Hoboken.

Khanna, T.; Gulati, R.; Nohria, N. (1998): The dynamics of learning alliances: Competition, cooperation, and relative scope. In: Strategic Management Journal, 19, 3, 193-210.

Kim, I. (2001): Absorptive capacity, co-opetition, and knowledge creation. In: Knowledge emergence, Hrsg.: Nonaka, I.; Nishiguchi, T., Oxford University Press, Oxford, 270-285.

Kim, T.-Y.; Oh, H.; Swaminathan, A. (2006): Framing interorganizational network change: A network inertia perspective. In: Academy of Management Review, 31, 3, 704-720.

King, A. W. (2007): Disentangling interfirm and intrafirm causal ambiguity: A conceptual model of causal ambiguity and sustainable competitive advantage. In: Academy of Management Review, 32, 1, 156-178.

Kinkel, S.; Som, O. (2007): Strukturen und Treiber des Innovationserfolgs im deutschen Maschinenbau, Fraunhofer ISI, PI-Mitteilung Nr. 41.

Kogut, B. (1988): Joint ventures: Theoretical and empirical perspectives. In: Strategic Management Journal, 9, 4, 319-332.

Kogut, B.; Zander, U. (1992): Knowledge of the firm, combinative capabilities, and the replication of technology. In: Organization Science, 3, 3, 383-397.

Kogut, B.; Zander, U. (2003): Knowledge of the firm and the evolutionary theory of the multinational corporation. In: Journal of International Business Studies, 34, 6, 516-529.

Koka, B. R.; Prescott, J. E. (2002): Strategic alliances as social capital: A multidimensional view. In: Strategic Management Journal, 23, 9, 795.

Korbmacher, E.-M. (1991): Organisationsstrukturelle Problemfelder im überbetrieblichen Projektmanagement, S+W Steuer und Wirtschaftsverlag, Hamburg.

Kostova, T.; Roth, K. (2003): Social capital in multinational corporations and a micro-macro model of its formation. In: Academy of Management Review, 28, 2, 297-317.

Kotabe, M.; Martin, X.; Domoto, H. (2003): Gaining from vertical partnerships: Knowledge transfer, relationship duration and supplier performance improvement in the U.S. and Japanese Automotive industries. In: Strategic Management Journal, 24, 4, 293-316.

Koza, M. P.; Lewin, A. Y. (1998): The co-evolution of strategic alliances. In: Organization Science, 9, 3, 255-264.

Kraatz, M. S. (1998): Learning by association? Interorganizational networks and adaption to environmental change. In: Academy of Management Journal, 41, 6, 621-643.

Krackhardt, D. (1992): The strength of strong ties. The importance of philos in organizations. In: Networks and organizations: Structure, form and action, Hrsg.: Nohria, N.; Eccles, R. G., Harvard Business School Press, Boston, 216-239.

Laigle, L. (1998): Co-operative buyer-supplier relationships in development projects in the car industry. In: Projects as arenas for renewal and learning processes, Hrsg.: Lundin, R. A.; Midler, C., Kluwer, Boston, 207-217.

Lane, C. (2001): Organizational learning in supplier networks. In: Handbook of organizational learning and knowledge, Hrsg.: Dierkes, M.; Antal, A. B. et al., Oxford University Press, Oxford, 699-715.

Lane, P. J.; Koka, B. R.; Pathak, S. (2006): The reification of absorptive capacity: A critical review and rejuvention of the construct. In: Academy of Management Review, 31, 4, 833-863.

Lane, P. J.; Lubatkin, M. (1998): Relative absorptive capacity and interorganizational learning. In: Strategic Management Journal, 19, 5, 461-477.

Langlois, R.; Robertson, P. (1995): Firms, markets and economic change, Routledge, London.

Larson, A. (1992): Network dyads in entrepreneurial settings: A study of the governance of exchange relationships. In: Administrative Science Quarterly, 37, 1, 76-104.

Lee, S.-C.; Chang, S.-N.; Liu, C.-Y.; Yang, J. (2007): The effect of knowledge protection, knowledge ambiguity, and relational capital on alliance performance. In: Knowledge & Process Management, 14, 1, 58.

Leonard, D.; Sensiper, S. (2000): The role of tacit knowledge in group innovations. In: Knowledge, groupware and the internet, Hrsg.: Smith, D. E., Butterworth-Heinemann, Boston, 281-301.

Levin, D. Z.; Cross, R. (2004): The strength of weak ties you can trust: The mediating role of trust in effective knowledge transfer. In: Management Science, 50, 11, 1477-1490.

Levinthal, D. A.; March, J. G. (1993): The myopia of learning. In: Strategic Management Journal, 14, 8, 95-112.

Levitt, B.; March, J. G. (1988): Organizational learning. In: Annual Review of Sociology, 14, 319-340.

Lewin, K. (1946): Action research and minority problems. In: Journal of Social Issues, 2, 4, 34-46.

Lin, N. (2001): Building a network theory of social capital. In: Social capital - Theory and research, Hrsg.: Lin, N.; Cook, K. et al., Walter de Gruyter, New York, 3-29.

Lin, N. (2003): Social capital. A theory of social structure and action, Cambridge University Press, Cambridge.

Lin, N.; Ensel, W. M.; Vaughn, J. C. (1981): Social resources and strength of ties: Structural factors in occupational status attainment. In: American Sociological Review, 46, 4, 393-405.

Lind, M. R.; Zmund, R. W. (1999): Improving interorganizational effectiveness through voice mail facilitatiion of peer-to-peer relationships. In: Shaping organization form: Communication, connection, and community, Hrsg.: DeSanctis, G.; Fulk, J., Sage, Thousand Oaks, 369-397.

Litke, H.-D. (2007): Projektmanagement. Methoden, Techniken, Verhaltensweisen, 5. Aufl., Hanser, München.

Long, C. P.; Cardinal, L. B. (2005): Managerial action to build control, trust, and fairness in organizations: The effect of conflict, Academy of Management Proceedings, 1-6.

Lorange, P.; Roos, J. (1993): Strategic alliances. Formation, implementation, and evolution, Blackwell, Cambridge.

Lorange, P.; Roos, J.; Bronn, P. S. (1992): Building successful strategic alliances. In: Long Range Planning, 25, 6, 10-17.

Lowendahl, B. R. (1995): Organizing the Lillehammer Olympic winter games. In: Scandinavian Journal of Management, 11, 4, 347-362.

Lui, S. S.; Ngo, H.-Y. (2004): The role of trust and contractual safeguards on cooperation in non-equity alliances. In: Journal of Management, 30, 4, 471-485.

Lui, S. S.; Ngo, H.-Y. (2005): An action pattern model of inter-firm cooperation. In: Journal of Management Studies, 42, 6, 1123-1153.

Lundin, R. A. (1995): Editorial: Temporary organizations and project management. In: Scandinavian Journal of Management, 11, 4, 315-318.

Lundin, R. A.; Midler, C. (1998): Projects as arenas for renewal and learning processes, Kluwer, Boston.

Lundin, R. A.; Söderholm, A. (1995): A theory of the temporary organization. In: Scandinavian Journal of Management, 11, 4, 437-455.

Lundin, R. A.; Söderholm, A. (1998): Conceptualizing a projectized society - Discussion of an eco-institutional approach to a theory on temporary organizations. In: Projects as arenas for renewal and learning processes, Hrsg.: Lundin, R. A.; Midler, C., Kluwer, Boston, 13-35.

Luo, Y. (2002): Contract, cooperation, and performance in international joint ventures. In: Strategic Management Journal, 23, 10, 903-919.

Lyles, M. (2002): Learning among joint venture-sophisticated firms. In: Cooperative strategies, Hrsg.: Contractor, F. J.; Lorange, P., 2. Aufl., Pergamnon, Amsterdam, 301-316.

Lyles, M. A.; Salk, J. E. (2007): Knowledge acquisition from foreign parents in international joint ventures: An empirical examination in the Hungarian context. In: Journal of International Business Studies, 38, 3-18.

Lyons, B.; Mehta, J. (1997): Contracts, opportunism and trust: Self-interest and social orientation. In: Cambridge Journal of Economics, 21, 2, 239-258.

Machazina, K.; Wolf, J. (2005): Unternehmensführung, 5. Aufl., Gabler, Wiesbaden.

Madauss, B. J. (2000): Handbuch Projektmanagement, 6. Aufl., Schäffer-Poeschel, Stuttgart.

Madhok, A.; Tallman, S. B. (1998): Resources, transactions and rents: Managing value through interfirm collaborative relationships. In: Organization Science, 9, 3, 326-339.

Makhija, M. V.; Ganesh, U. (1997): The relationship between control and partner learning-related joint ventures. In: Organization Science, 8, 5, 508-527.

March, J. G. (1991): Exploration and exploitation in organizational learning. In: Organization Science, 2, 1, 71-87.

Marquardt, K.; Reynolds, A. (1994): The global learning organization, Irwin, New York.

Marr, R.; Steiner, K. (2004): Projektmanagement. In: Handwörterbuch Unternehmensführung und Organisation, Hrsg.: Schreyögg, G.; Werder, A., Schäffer-Poeschel, Stuttgart, 1196-1208.

Marsden, P. V. (1990): Network data and measurement. In: Annual Review of Sociology, 16, 1, 435-463.

Marsden, P. V.; Campbell, K. E. (1984): Measuring tie strength. In: Social Forces, 63, 2, 482-501.

Matiaske, W. (1996): Statistische Datenanalyse mit Mikrocomputern. Einführung in P-STAT und SPSS/PC, 2. Aufl., Oldenbourg, München.

Mattsson, L.-G. (1973): Systems selling as a strategy on industrial markets. In: Industrial Marketing Management, 3, 2, 107-120.

Maurer, I. (2003): Soziales Kapital als Erfolgsfaktor junger Unternehmen. Eine Analyse der Gestaltung und Entwicklungsdynamik der Netzwerke von Biotechnologie Start-Ups, Westdeutscher Verlag, Wiesbaden.

Maurer, I.; Bartsch, V.; Ebers, M.; Knöpfler, S. (2007): Learning in project-based organizations: How project members' social capital affects effective knowledge transfer and organizational performance, Paper presented at the 23rd EGOS Colloquium, Wien, 1-37.

Maurer, I.; Ebers, M. (2006): Dynamics of social capital and their performance implications: Lessons from biotechnology start-ups. In: Administrative Science Quarterly, 51, 2, 262-292.

McEvily, B.; Marcus, A. (2005): Embedded ties and the acquisition of competitive capabilities. In: Strategic Management Journal, 26, 11, 1033-1056.

McEvily, B.; Zaheer, A. (1999): Bridging ties: A source of firm heterogeneity in competitive capabilities. In: Strategic Management Journal, 20, 12, 1133-1156.

McEvily, S. K.; Chakravarthy, B. (2002): The persistence of knowledge-based advantage: An empirical test for product performance and technological knowledge. In: Strategic Management Journal, 23, 4, 285-305.

Meredith, J. R.; Mantel, S. J. (2003): Project management: A managerial approach, 5. Aufl., Wiley, New York.

Midler, C. (1995): "Projectification" of the firm: The Renault case. In: Scandinavian Journal of Management, 11, 4, 363-375.

Miller, R.; Lessard, D. R. (2000): The strategic management of large engineering projects, Massachusetts Institute of Technology, Cambridge.

Mitchell, W.; Singh, K. (1996): Survival of businesses using collaborative relationships to commercialize complex goods. In: Strategic Management Journal, 17, 3, 169-195.

Mohr, J.; Spekman, R. (1994): Characteristics of partnership success: Partnership attributes, communication behavior, and conflict resolution techniques. In: Strategic Management Journal, 15, 2, 135-152.

Moran, P. (2005): Structural vs. relational embeddedness: Social capital and managerial performance. In: Strategic Management Journal, 26, 12, 1129-1151.

Morris, P. W. (1994): The management of projects, Telford, London.
Mowery, D. C.; Oxley, J. E.; Silverman, B. S. (1996): Strategic alliances and interfirm knowledge transfer. In: Strategic Management Journal, 17, 77-91.

Mowery, D. C.; Oxley, J. E.; Silverman, B. S. (2002): The two faces of partner-specific absorptive capacity: Learning and cospecialization in strategic alliances. In: Cooperative strategies and alliances, Hrsg.: Contractor, F. J.; Lorange, P. et al., Pergamnon, Amsterdam, 291-319.

Muehlberger, U. (2005): Hierarchies, relational contracts and new forms of outsourcing, working paper Nr. 22/2005, International Center for Economic Research, 1-25.

Müller, D. (2007): Moderatoren und Mediatoren in Regressionen. In: Methodik der empirischen Forschung, Hrsg.: Albers, S.; Klapper, D. et al., 2. Aufl., Gabler, Wiesbaden, 245-260.

Muthusamy, S. K.; White, M. A. (2005): Learning and knowledge transfer in strategic alliances: A social exchange view. In: Organization Studies, 26, 3, 415-441.

Nahapiet, J.; Ghoshal, S. (1998): Social capital, intellectual capital, and the organizational advantage. In: Academy of Management Review, 23, 2, 242-266.

Nelson, R. R.; Winter, S. G. (1982): An evolutionary theory of economic change, Belknap Press, Cambridge.

Nishiguchi, T. (2001): Coevolution of interorganizational relations. In: Knowledge emergence, Hrsg.: Nonaka, I.; Nishiguchi, T., Oxford University Press, Oxford.

Nohria, N.; Eccles, R. G. (1992): Face-to-face: Making network organizations work. In: Networks and organizations: Structure, form and action, Hrsg.: Nohria, N.; Eccles, R. G., Harvard Business School Press., Boston, 288-308.

Nonaka, I. (1991): The knowledge-creating company. In: Harvard Business Review, 69, 6, 96-104.

Nonaka, I. (1994): A dynamic theory of organizational knowledge creation. In: Organization Science, 5, 1, 14-37.

Nonaka, I.; von Krogh, G.; Voelpel, S. (2006): Organizational knowledge creating theory: Evolutionary paths and future advances. In: Organization Studies, 27, 8, 1179-1208.

Nooteboom, B. (1996): Trust, opportunism and governance: A process and control model. In: Organization Studies, 17, 6, 985-1010.

Nooteboom, B. (1999): Inter-firm alliances - Analysis and design, Routledge, New York.

Nooteboom, B. (2004): Inter-firm collaboration, learning and networks. An integrated approach, Routledge, London.

Nooteboom, B. (2008): Learning and innovation in interorganizational relationships. In: The Oxford handbook of inter-organizational relations, Hrsg.: Cropper, S.; Ebers, M. et al., Oxford University Press, Oxford, 607-634.

Obstfeld, D. (2005): Social networks, the tertius Iungens orientation, and involvement in innovation. In: Administrative Science Quarterly, 50, 1, 100-130.

Oh, H.; Chung, M.-H.; Labianca, G. (2004): Group social capital and group effectiveness: The role of informal socializing ties. In: Academy of Management Journal, 47, 6, 860-875.

Oh, H.; Labianca, G.; Chung, M.-H. (2006): A multilevel model of group social capital. In: Academy of Management Review, 31, 3, 569-582.

Oliver, A. L.; Ebers, M. (1998): Networking network studies: An analysis of conceptual configurations in the study of inter-organizational relationships. In: Organization Studies, 19, 4, 549-583.

Orlikowski, W. J. (2002): Knowing in practice: Enacting a collective capability in distributed organizing. In: Organization Science, 13, 3, 249-273.

Ouchi, W. G. (1980): Markets, bureaucracies, and clans. In: Administrative Science Quarterly, 25, 1, 129-141.

Packendorff, J. (1995): Inquiring into the temporary organization: New directions for project management research. In: Scandinavian Journal of Management, 11, 4, 319-333.

Parkhe, A. (1993): Strategic alliance structuring: A game theoretic and transaction cost examination of interfirm cooperation. In: Academy of Management Journal, 36, 4, 794-829.

Peter, S. I. (1997): Kundenbindung als Marketingziel. Identifikation und Analyse zentraler Determinanten, Gabler, Wiesbaden.

Pinto, J. K.; Covin, J. G. (1989): Critical factors in project implementation: A comparison of construction and R&D projects. In: Technovation, 9, 49-62.

Plaskoff, J. (2003): Intersubjectivity and community building: Learning to learn organizationally. In: The Blackwell handbook of organizational learning and knowledge management, Hrsg.: Easterby-Smith, M., Blackwell, Malden, 161-183.

Platz, J.; Schmelzer, H. J. (1986): Projektmanagement in der industriellen Forschung und Entwicklung. Einführung anhand von Beispielen aus der Informationstechnik, Springer, Berlin.

Podolny, J. M.; Baron, J. N. (1997): Resources and relationships: Social networks and mobility in the workplace. In: American Sociological Review, 62, 5, 673-693.

Podolny, J. M.; Page, K. L. (1998): Network forms of organizations. In: Annual Review of Sociology, 24, 1, 57-76.

Podolny, J. M.; Stuart, T. E. (1995): A role-based ecology of technological change. In: American Journal of Sociology, 100, 5, 1224-1260.

Podsakoff, P. M.; MacKenzie, S. B.; Jeong-Yeon, L.; Podsakoff, N. P. (2003): Common method biases in behavioral research: A critical review of the literature and recommended remedies. In: Journal of Applied Psychology, 88, 5, 879-903.

Podsakoff, P. M.; Organ, D. W. (1986): Self-reports in organizational research: Problems and prospects. In: Journal of Management, 12, 4, 531-544.

Polanyi, M. (1985): Implizites Wissen, Suhrkamp, Frankfurt.

Poppo, L.; Zenger, T. (2002): Do formal contracts and relational governance function as substitutes or complements? In: Strategic Management Journal, 23, 8, 707-725.

Porac, J. F.; Wade, J. B.; Fischer, H. M.; Brown, J.; Kanfer, A.; Bowker, G. (2004): Human capital heterogeneity, collaborative relationships, and publication patterns in a multidisciplinary scientific alliance: A comparative case study of two scientific teams. In: Research Policy, 33, 4, 661-678.

Portes, A. (1998): Social capital: Its origins and applications in modern sociology. In: Annual Review of Sociology, 24, 1, 1-24.

Powell, T. C.; Lovallo, D.; Caringal, C. (2006): Causal ambiguity, management perception, and firm performance. In: Academy of Management Review, 31, 1, 175-196.

Powell, W. W. (1987): Hybrid organizational arrangements: New form or transitional development? In: California Management Review, 30, 1, 67-87.

Powell, W. W. (1990): Neither markets nor hierarchy: Network forms of organization. In: Research in Organizational Behavior, 12, 295-337.

Powell, W. W.; Koput, K. W.; Smith-Doerr, L. (1996): Interorganizational collaboration and the locus of innovation: Networks of learning in biotechnology. In: Administrative Science Quarterly, 41, 1, 116-145.

Prange, C. (1999): Organizational learning - Desperately seeking theory? In: Organizational learning and the learning organization, Hrsg.: Easterby-Smith, M.; Burgoyne, J. et al., Sage, London, 23-43.

Prange, C.; Probst, G.; Rüling, C.-C. (1996): Lernen zu kooperieren - Kooperieren, um zu lernen. In: Zeitschrift Führung und Organisation, 1, 10-16.

Prencipe, A.; Tell, F. (2001): Inter-project learning: Processes and outcomes of knowledge codification in project-based firms. In: Research Policy, 30, 9, 1373-1394.

Probst, G.; Büchel, B.; Raub, S. (1998): Knowledge as a strategic resource. In: Knowing in firms, Hrsg.: von Krogh, G.; Roos, J. et al., Sage, London, 240-252.

Probst, G.; Büchel, B. S. T. (1998): Organisationales Lernen. Wettbewerbsvorteile der Zukunft, Gabler, Wiesbaden.

Probst, G.; Raub, S.; Romhardt, K. (2003): Wissen managen, Gabler, Wiesbaden.

Provan, K. G. (1984): Technology and interorganizational activity as predictors of client referrals. In: Academy of Management Journal, 27, 4, 811-829.

Provan, K. G.; Milward, H. B. (1995): A preliminary theory of interorganizational network effectiveness: A comparative study of four community mental health systems. In: Administrative Science Quarterly, 40, 1, 1-33.

Putnam, R. D. (1993): The prosperous community. Social capital and public life. In: The American Prospect, 13, 35-42.

Putnam, R. D. (1995): Bowling alone: America's declining social capital. In: Journal of Democrazy, 6, 1, 65-78.

Putnam, R. D. (2000): Bowling alone. The collapse and revival of American community, Simon & Schuster, New York.

Putnam, R. D. (2001): Gesellschaft und Gemeinsinn. Sozialkapital im internationalen Vergleich, Bertelsmann, Gütersloh.

Putnam, R. D.; Leonardi, R.; Nanetti, R. Y. (1993): Making democracy work. Civic traditions in modern Italy, Princeton University Press, Princeton.

Quintana-Garcia, C.; Benavides-Velasco, C. A. (2008): Innovative competence, exploration and exploitation: The influence of technological diversification. In: Research Policy, 37, 3, 492-507.

Rao, H.; Drazin, R. (2002): Overcoming resource constraints on product innovation by recruiting talent from rivals: A study of the mutual fund industry, 1986-94. In: Academy of Management Journal, 45, 3, 491-507.

Reagans, R.; McEvily, B. (2003): Network structure and knowledge transfer: The effects of cohesion and range. In: Administrative Science Quarterly, 48, 2, 240-267.

Reagans, R.; Zuckerman, E. W. (2001): Networks, diversity, and productivity: The social capital of corporate R&D teams. In: Organization Science, 12, 4, 502-517.

Reed, R.; DeFillippi, R. J. (1990): Causal ambiguity, barriers to imitation, and sustainable competitive advantage. In: Academy of Management Review, 15, 1, 88-102.

Reihlen, M. (2003): Wege zur Neuorientierung des Wissensmanagements - eine kritisch-konstruktive Würdigung des Beitrags von Schreyögg und Geiger. In: Die Betriebswirtschaft, 63, 5, 571-581.

Reinecke, J. (2005): Strukturgleichungsmodelle in den Sozialwissenschaften, Oldenburg, München.

Riemer, K. (2005): Sozialkapital und Kooperation. Zur Rolle von Sozialkapital im Management zwischenbetrieblicher Kooperationsbeziehungen, Mohr Siebeck, Tübingen.

Ring, P. S.; van de Ven, A. H. (1994): Developmental processes of cooperative interorganizational relationships. In: Academy of Management Review, 19, 1, 90-118.

Rinza, P. (1994): Projektmanagement. Planung, Überwachung und Steuerung von technischen und nichttechnischen Vorhaben., 3. Aufl., VDI Verlag, Düsseldorf.
Rogers, E. M. (1983): Diffusion of innovations, 3. Aufl., The Free Press, New York.

Rossiter, J. R. (2002): The C-OAR-SE procedure for scale development in marketing. In: International Journal of Research in Marketing, 19, 4, 305-335.

Rowley, T.; Behrens, D.; Krackhardt, D. (2000): Redundant governance structures: An analysis of structural and relational embeddedness in the steel and semiconductor industries. In: Strategic Management Journal, 21, 3, 369-386.

Rüsberg, K.-H. (1976): Praxis des Project- und Multiproject-Management, 3. Aufl., Verlag moderne Industrie, München.

Sakakibara, M. (1997): Heterogeneity of firm capabilities and cooperative research and development: An empirical examination of motives. In: Strategic Management Journal, 18, 6, 143-164.

Salk, J. E.; Simonin, B. L. (2003): Beyond alliances: Towards a meta-theory of collaborative learning. In: The Blackwell handbook of organizational learning and knowledge management, Hrsg.: Easterby-Smith, M.; Lyles, M., A., 2. Aufl., Blackwell, Malden, 253-277.

Sammarra, A.; Biggiero, L. (2008): Heterogeneity and specificity of inter-firm knowledge flows in innovation networks. In: Journal of Management Studies, 45, 4, 800–829.

Saxton, T. (1997): The effects of partner and relationship characteristics on alliance outcomes. In: Academy of Management Journal, 40, 2, 443-461.

Scarbrough, H.; Swan, J.; Laurent, S.; Bresnen, M.; Edelman, L.; Newell, S. (2004): Project-based learning and the role of learning boundaries. In: Organization Studies, 25, 9, 1579-1600.

Schnell, R.; Hill, P. B.; Esser, E. (1999): Methoden der empirischen Sozialforschung, 6. Aufl., Oldenbourg, München.

Schulz, M. (2005): Organization learning. In: Companion to organizations, Hrsg.: Baum, J. A. C., 2. Aufl., Blackwell, Malden, 415-441.

Schumpeter, J. (1964): Theorie der wirtschaftlichen Entwicklung, 6. Aufl., Duncker & Humbold, München.

Seeley, J. R.; Sim, R. A.; Loosley, E. W. (1956): Crestwood heights. A study of the culture of suburban life, Basic Books, New York.

Seshadri, S.; Shapira, Z. (2003): The flow of ideas and timing of evaluation as determinants of knowledge creation. In: Industrial & Corporate Change, 12, 5, 1099-1124.

Sessing, G. (2006): Wissenstransfer zwischen Organisationen, Eul, Lohmar.

Shannon, C.; Weaver, W. (1963): The mathematical theory of communication, University of Illinois Press, Urbana.

Shenhar, A. J.; Dvir, D.; Levy, O.; Maltz, A. C. (2001): Project success: A multidimensional strategic concept. In: Long Range Planning, 34, 699-725.

Shenkar, O.; Li, J. (1999): Knowledge search in international cooperative ventures. In: Organization Science, 10, 2, 134-143.

Shin, S. J.; Jing, Z. (2007): When is educational specialization heterogeneity related to creativity in research and development teams? Transformational leadership as a moderator. In: Journal of Applied Psychology, 92, 6, 1709-1721.

Shipilov, A. V. (2006): Network strategies and performance of Canadian investment banks. In: Academy of Management Journal, 49, 3, 590-604.

Simonin, B. L. (1997): The importance of collaborative know-how: An empirical test of the learning organization. In: Academy of Management Journal, 40, 5, 1150-1174.

Simonin, B. L. (1999): Ambiguity and the process of knowledge transfer in strategic alliances. In: Strategic Management Journal, 20, 7, 595-623.

Simonin, B. L. (2002): The nature of collaborative know-how. In: Cooperative strategies and alliances, Hrsg.: Contractor, F. J.; Lorange, P. et al., Pergamnon, Amsterdam, 237-263.

Simonin, B. L. (2004): An empirical investigation of the process of knowledge transfer in international strategic alliances. In: Journal of International Business Studies, 35, 5, 407-427.

Sitkin, S. B.; Roth, N. L. (1993): Explaining the limited effectiveness of legalistic "remedies" for trust/distrust. In: Organization Science, 4, 3, 367-392.

Sitkin, S. B.; Sutcliffe, K. M.; Schröder, R. G. (1994): Distinguishing control from learning in total quality management: A contingency perspective. In: Academy of Management Review, 19, 3, 537-564.

Smith-Doerr, L.; Manev, I. M.; Rizova, P. (2004): The meaning of success: Network position and the social construction of project outcomes in an R&D lab. In: Journal of Engineering & Technology Management, 21, 1/2, 51-82.

Smith-Doerr, L.; Owen-Smith, J.; Koput, K. W.; Powell, W. W. (1999): Networks and knowledge production: Collaboration and patenting in biotechnology. In: Corporate social capital and liability, Hrsg.: Leenders, R. T. A. J.; Gabbay, S. M., Kluwer, Boston, 390-408.

Smith, B.; Dodds, B. (1997): Developing managers through project based learning, Gower, Aldershot.

Smith, K. G.; Collins, C. J.; Clark, K. D. (2005): Existing knowledge, knowledge creation capability, and the rate of new product introduction in high-technology firms. In: Academy of Management Journal, 48, 2, 346-357.

Soda, G.; Usai, A. (1999): The dark side of dense networks. From embeddedness to indebtedness. In: Interfirm networks, Hrsg.: Grandori, A., Routledge, London, 276-302.

Soda, G.; Usai, A.; Zaheer, A. (2004): Network memory: The influence of past and current networks on performance. In: Academy of Management Journal, 47, 6, 893-906.

Söderlund, J. (2004): On the broadening scope of the research on projects: A review and a model for analysis. In: International Journal of Project Management, 22, 8, 655-667.

Söderlund, J.; Andersson, N. (1998): A framework for analysing project dyads - The case of discontinuity, uncertainity and trust. In: Projects as arenas for renewal and learning processes, Hrsg.: Lundin, R. A.; Midler, C., Kluwer, Boston, 181-189.

Söhnchen, F. (2007): Common Method Variance und Single Source Bias. In: Methodik der empirischen Forschung, Hrsg.: Albers, S.; Klapper, D. et al., 2. Aufl., Gabler, Wiesbaden, 135-150.

Sorensen, J. B.; Stuart, T. E. (2000): Aging, obsolescence, and organizational innovation. In: Administrative Science Quarterly, 45, 1, 81-112.

Spreitzer, G. M.; Mishra, A. K. (1999): Giving up control without losing control: Trust and its substitutes' effects on managers' involving employees in decision making. In: Group & Organization Management, 24, 2, 155-187.

Staber, U. (2004): Netzwerke. In: Handwörterbuch Unternehmensführung und Organisation, Hrsg.: Schreyögg, G.; von Werder, A., 4. Aufl., Schäffer-Poeschel, Stuttgart, 932-940.

Stata, R. (1989): Organizational learning - The key to management innovation. In: Sloan Management Review, 30, 3, 63-74.

Statistisches Bundesamt (2001): Güterverzeichnis für Produktionsstatistiken, Metzler-Poeschel, Stuttgart.

Statistisches Bundesamt (2003): Klassifikation der Wirtschaftszweige mit Erläuterung, Wiesbaden.

Statistisches Bundesamt (2006): Beschäftigung, Umsatz und Energieversorgung der Betriebe des verarbeitenden Gewerbes sowie des Bergbaus und der Gewinnung von Steinen und Erden, Fachserie 4, Reihe 4.1.1.

Steensma, H. K. (1996): Acquiring technological competencies through inter-organizational collaboration: An organizational learning perspective. In: Journal of Engineering and Technology Management, 12, 4, 267-286.

Steier, L.; Greenwood, R. (2000): Entrepreneurship and the evolution of angel financial networks. In: Organization Studies, 21, 1, 163-192.

Stuart, T. E. (2000): Interorganizational alliances and the performance of firms: A study of growth and innovation. In: Strategic Management Journal, 21, 8, 791-811.

Subramaniam, M.; Youndt, M. A. (2005): The influence of intellectual capital on the types of innovative capabilities. In: Academy of Management Journal, 48, 3, 450-463.

Sydow, J. (1992): Strategische Netzwerke - Evolution und Organisation, Gabler, Wiesbaden.

Sydow, J. (2004): Unternehmenskooperation. In: Handwörterbuch Unternehmensführung und Organisation, 4. Aufl., 1541-1548.

Sydow, J.; Lindkvist, L.; DeFillippi, R. (2004): Project-based organizations, embeddedness and repositories of knowledge: Editorial. In: Organization Studies, 25, 9, 1475-1489

Sydow, J.; Staber, U. (2002): The institutional embeddedness of project networks: The case of content production in German television. In: Regional Studies, 36, 3, 215-227.

Sydow, J.; Windeler, A. (1999): Projektnetzwerke: Management von (mehr als) temporären Systemen. In: Kooperation im Wettbewerb. Neue Formen und Gestaltungskonzepte im Zeichen von Globalisierung und Informationstechnologie. 61. Wissenschaftliche Jahrestagung des Verbandes der Hochschullehrer für Betriebswirtschaft e.V., Hrsg.: Engelhard, J.; Sinz, E. J., Gabler, Wiesbaden.

Szulanski, G. (1996): Exploring internal stickiness: Impediments to the transfer of best practice within the firm. In: Strategic Management Journal, 17, 27-43.

Talmud, I. (1999): Corporate social capital and liability: A conditional approach to three consequences of corporate social structure. In: Corporate social capital and liability, Hrsg.: Leenders, R. T. A. J.; Gabbay, S. M., Boston, Norwell, 106-117.

Tsai, W. (2000): Social capital, strategic relatedness and the formation of intraorganizational linkages. In: Strategic Management Journal, 21, 9, 925-939.

Tsai, W. (2001): Knowledge transfer in intraorganizational networks: Effects of network position and absorptive capacity on business unit innovation and performance. In: Academy of Management Journal, 44, 5, 996-1004.

Tsai, W. (2002): Social structure of "coopetition" within a multiunit organization: Coordination, competition, and intraorganizational knowledge sharing. In: Organization Science, 13, 2, 179-190.

Tsai, W.; Ghoshal, S. (1998): Social capital and value creation: The role of intrafirm networks. In: Academy of Management Journal, 41, 4, 464-476.

Uzzi, B. (1996): The sources and consequences of embeddedness for the economic performance of organizations: The network effect. In: American Sociological Review, 61, 4, 674-498.

Uzzi, B. (1997): Social structure and competition in interfirm networks: The paradox of embeddedness. In: Administrative Science Quarterly, 42, 1, 37-67.

van de Ven, A. H. (1976): A framework for organization assessment. In: Academy of Management Review, 1, 1, 64-78.

van de Ven, A. H.; Delbecq, A. (1974): A task contingent model of work-unit structure. In: Administrative Science Quarterly, 19, 2, 183-197.

van de Ven, A. H.; Ferry, D. L. (1980): Measuring and assessing organizations, Wiley, New York.

van Wijk, R.; van den Bosch, F. A. J.; Volberda, H. W. (2003): Knowledge and networks. In: The Blackwell handbook of organizational learning and knowledge management, Hrsg.: Easterby-Smith, M.; Lyles, M., A., 2. Aufl., Blackwell, Malden, 428-453.

VDI-Gesellschaft (1991): Projektkooperation beim internationalen Vertrieb von Maschinen und Anlagen, Schäffer, Stuttgart.

VDMA (2006a): Maschinenbau in Zahl und Bild 2006, VDMA, Frankfurt.

VDMA (2006b): Statistisches Handbuch für den Maschinenbau 2006, VDMA, Frankfurt.

VDMA (2007): Maschinenbau in Zahl und Bild 2007, VDMA, Frankfurt.

VDMA (2008a): Kennzahlen zu Forschung und Innovation im Maschinenbau, VDMA, Frankfurt.

VDMA (2008b): Maschinenbau in Zahl und Bild 2008, VDMA, Frankfurt.

Vera, D.; Crossan, M. (2003): Organizational learning and knowledge management: Toward an integrative framework. In: The Blackwell handbook of organizational learning and knowledge management, Hrsg.: Easterby-Smith, M.; Lyles, M., A., 2. Aufl., Blackwell, Malden, 122-141.

Vickery, S. K.; Droge, C.; Stank, T. P.; Goldsby, T. J.; Markland, R. E. (2004): The performance implications of media richness in a business-to-business service environment: Direct versus indirect effects. In: Management Science, 50, 8, 1106-1119.

von Hippel, E. A. (1988): The sources of innovation, Oxford University Press, New York.

von Krogh, G.; Venzin, M. (1995): Anhaltende Wettbewerbsvorteile durch Wissensmanagement. In: Die Unternehmung, 6, 49, 417-436.

Wathne, K.; Roos, J.; von Krogh, G. (1996): Towards a theory of knowledge transfer in a cooperative context. In: Managing knowledge, Hrsg.: Von Krogh, G.; Roos, J., Sage, London, 55-81.

Weber, H.; Wegge, M.; Neitzel, M.; Schauerte, M. (2000): Report Maschinenbau. Branchenanalyse - Struktur, wirtschaftliche Entwicklung und Beschäftigung in Rheinland-Pfalz, FG Soziologie Universität Kaiserslautern, Nr. 005, Kaiserslautern.

Wenger, E. (2000): Communities of practice and social learning systems. In: Organization, 7, 2, 225-246.

Westney, D. E. (2002): Domestic and foreign learning curves in managing international cooperative strategies. In: Cooperative strategies in international business, Hrsg.: Contractor, F. J.; Lorange, P., 2. Aufl., Pergamnon, Amsterdam, 339-346.

White, S.; Siu-Yun Lui, S. (2005): Distinguishing costs of cooperation and control in alliances. In: Strategic Management Journal, 26, 10, 913-932.

Whitley, R. (2006): Project-based firms: New organizational form or variations on a theme? In: Industrial & Corporate Change, 15, 1, 77-99.

Wiersema, M. F.; Bird, A. (1993): Organizational demography in Japanese firms: Group heterogeneity, individual dissimilarity, and top management team turnover. In: Academy of Management Journal, 36, 5, 996-1025.

Williams, L. J.; Edwards, J. R.; Vandenberg, R. J. (2003): Recent advances in causal modeling methods for organizational and management research. In: Journal of Management, 29, 6, 903-936.

Williamson, I. O.; Cable, D. M. (2003): Organizational hiring patterns, interfirm network ties, and interorganizational imitation. In: Academy of Management Journal, 46, 3, 349-358.

Windeler, A.; Sydow, J. (2001): Project networks and changing industry practices - Collaborative content production in the German television industry. In: Organization Studies, 22, 6, 1035-1060.

Witte, E. (2006): Managementleitfaden Maschinen- und Anlagenbau. Erfolgsfaktoren im internationalen Wettbewerb. Hrsg.: Microsoft Deutschland, BurdaYukom Publishing, München.

Woolthuis, R. K.; Hillebrand, B.; Nooteboom, B. (2005): Trust, contract and relationship development. In: Organization Studies, 26, 6, 813-840.

Wu, W.-P. (2008): Dimensions of social capital and firm competitiveness improvement: The mediating role of information sharing. In: Journal of Management Studies, 45, 1, 122-146.

Yalcinkaya, G.; Calantone, R. J.; Griffith, D. A. (2007): An examination of exploration and exploitation capabilities: Implications for product innovation and market performance. In: Journal of International Marketing, 15, 4, 63-93.

Yli-Renko, H.; Autio, E.; Sapienza, H. J. (2001): Social capital, knowledge acquisition, and knowledge exploitation in young technology-based firms. In: Strategic Management Journal, 22, 6/7, 587-613.

Zaheer, A.; Bell, G. G. (2005): Benefiting from network position: Firm capabilities, structural holes, and performance. In: Strategic Management Journal, 26, 9, 809-825.

Zahra, S. A.; Ireland, R. D.; Hitt, M. A. (2000): International expansion by new venture firms: International diversity, mode of market entry, technological learning, and performance. In: Academy of Management Journal, 43, 5, 925-950.

Zander, U.; Kogut, B. (1995): Knowledge and the speed of the transfer and imitation of organizational capabilities: An empirical test. In: Organization Science, 6, 1, 76-92.

ZEW (2008a): Branchenreport Innovationen. Ergebnisse der deutschen Innovationserhebung 2007, ZEW, Mannheim.

ZEW (2008b): Branchenreport Innovationen: Maschinenbau, ZEW, Mannheim.

Zhao, L.; Aram, J. D. (1995): Networking and growth of young technology-intensive ventures in China. In: Journal of Business Venturing, 10, 5, 349-370.

The manufacturer's authorised representative in the EU is Springer Nature Customer Service Centre GmbH, Europaplatz 3, 69115 Heidelberg, Germany. If you have any concerns regarding our products, please contact ProductSafety@springernature.com

Printed and bound by CPI Group (UK) Ltd, Croydon, CR0 4YY

25/03/2026

02078195-0016